PHILOSO-PHICAL ARGUMENTS AND ECONOMIC ETHICS

The Limits of Reason and the Relativity of Justice

徐大建 著

哲学方法与经济伦理

理性的有限 与公平的相对

上海人民出版社

目录

前　言

本书是我历年来所发表的部分学术文章的文集，它大致反映了我的学术发展历程。

20世纪70年代文革结束之后，我这个只接受了8年正规中小学教育的初中学生和3年非正规英语教育的贵州大学工农兵学员，于1978年报考"文革"后第一届中国社会科学院硕士研究生，在初试成绩名列前茅的情况下，却阴差阳错地被送入了河北大学攻读西方哲学史专业。

国内哲学界所说的"西方哲学史"，是指从古希腊哲学到德国古典哲学的欧洲哲学发展史，可简要地分为古代哲学和近代哲学两个部分。古代欧洲哲学以古希腊哲学为代表，其内容囊括了当时几乎全部的人类理性思辨知识，可分为三个方面：一是对自然界的思辨，包括各门自然哲学及其背后的所谓"形而上学"，探讨各门自然学科的原理以及适用于它们的普遍范畴；二是对人生的思辨，包括伦理学和政治学，探讨人生的意义以及实现人生意义的社会政治条件；

三是辩证法与形式逻辑，[1] 探讨达到普遍绝对真理的方法。近代欧洲哲学则始于对古代哲学权威发起挑战的欧洲文艺复兴运动和启蒙运动：随着各门自然科学乃至社会科学的自身发展逐渐从哲学思辨中独立出来，近代欧洲哲学的重点从形而上学转向认识论，试图揭示人类认识的基础和真理的标准，为科学的发展扫清道路；它沿着两条路径向前发展，一方面，以洛克等人为代表的英国经验论以自然科学为基础，强调科学真理的经验标准，最后发展为苏格兰学派基于有限理性和历史演化无法预测的怀疑论，另一方面，以笛卡尔等人为代表的欧洲大陆唯理论以数学为基础，强调科学真理的理性基础，最后发展为基于绝对理性和历史发展必然可知的德国古典哲学。

由于长时期的思想封闭，当时国内的欧美哲学研究和教学可以说充斥着德国古典哲学，不仅极少涉及 19 世纪之后的欧美哲学，甚至其他时期的西方哲学研究也并不多见。可我在系统学习整个欧洲哲学史的过程中逐渐感到，德国古典哲学不仅有一种将简单的东西往复杂里说的玄虚味道，显得晦涩难懂，而且为了追求绝对真理，将玄想当做事实，走不出西方古代哲学的独断论。我的天性不喜欢玄虚不实的纯概念思辨而偏好常识，因此选择了尊重常识、更具现代性的近代英国经验论作为自己的主攻方向，重点研究了洛克的认识论。[2]

1981 年我研究生毕业并获得南开大学哲学硕士学位时，国内改革开放的大门已经打开，随着当时各种颇为新鲜的西方思潮的蜂拥而入，自己的研究兴趣不免为现代西方哲学所吸引。

国内哲学界所说的"现代西方哲学"，是指 19 世纪德国古典哲学之后的欧美哲学。过于简略一些说，它大致可分为两个截然不同的研究方向。一是从近代英国经验论哲学发展而来的现代英美哲学，

---

[1] 参阅本书第一编"辩证法涵义探源"。
[2] 参阅本书第一编有关洛克认识论的部分。

二是从近代欧洲大陆唯理论哲学发展而来的现代欧洲大陆哲学，包括现象学、存在主义、解释学等各个学派；前者偏重于语言逻辑分析，主要探讨各门学科的基础概念；后者则偏重于诗性思辨，主要探讨人生意义的本体论和方法论基础。鉴于我之前偏好英国经验论，在现代西方哲学研究中自然会将重点放在现代英美哲学之上。

现代英美哲学是从近代英国经验论发展而来的，在我看来，它的基本要素主要有两个：其一是休谟的怀疑论结论；[1] 其二是基于现代数理逻辑和语言哲学之上的概念分析技术。两者相结合，就可得出如下的基本精神：以追求终极真理为对象的传统形而上学不过是一种误解了语言逻辑的理智迷惑，哲学研究不再能够作为凌驾于各门科学之上的所谓"科学的科学"，旨在探讨包容一切却脱离现实的终极真理，而必须与各门科学相结合，探讨各门科学的基础概念及其关系。[2] 因此，现代英美哲学的主流是哲学分析，大致包含两个部分。一是基于数理逻辑和语言意义理论之上的哲学分析方法，另一就是运用这种分析方法，对各门科学的基础概念进行哲学分析，由此形成了以"科学"、"心灵"等基本概念为分析对象的"科学哲学"、"心灵哲学"等各门分支学科。

就我自己的现代英美哲学研究来说，1987 年 11 月至 1989 年 3 月我有幸获得包玉刚奖学金去英国做了一年多的访问学者，使我对英美分析哲学的概貌有了更为全面的了解。这段经历让我认识到，一方面，由于自己的自然科学基础非常薄弱，对各门科学哲学如物理学哲学、心灵哲学等哲学分支的前沿问题感到力不从心，另一方

---

　　[1] 休谟怀疑论的结论可总结为：所有的人类认识，只有经验科学与数学可分别通过经验和逻辑来验证其真假，因此才有认识意义，此外一切思辨，包括形而上学和宗教，由于其真假无法验证，便只有重要的情绪价值，虽然也很重要，却无认识意义；由于经验科学的真理性来自不可靠的归纳推理，数学的真理性来自同义反复的演绎推理，因此世界上根本不存在普遍必然的终极真理。

　　[2] 参阅本书第一编"后期维特根斯坦哲学的实质"。

面，虽然恶补了一些现代数理逻辑知识，但由于自己的数学基础也很薄弱，无法掌握数理逻辑的最新进展，对现代西方逻辑哲学、数学哲学问题，乃至对语言哲学的一些前沿问题也颇感吃力，因此主要的精力便放在了基于语言意义理论的一般哲学分析方法论之上，具体来说就是放在英国日常语言哲学分析的方法论上面。[1]

1990年代初之后，随着研究的深入，我发觉，自己感兴趣的英美语言哲学分析前沿问题已变得越来越繁琐、越来越琐碎，其发展令人失望。鉴于自己既无能力专攻各门自然科学哲学的前沿问题，又对繁琐和琐碎的英美语言哲学分析不感兴趣，遂下决心改弦更张，转而去研究自己感兴趣的经济哲学问题，主要是经济活动的伦理基础问题。因此，自1990年代中期开始，我的学术研究便从英美语言哲学分析方法论转移到了广义的经济伦理研究之上。

1994年，我考入复旦大学管理学院攻读经济学博士学位，一方面恶补了各种管理学和经济学知识，另一方面则根据自己掌握的西方伦理学理论和基本概念及其历史演变，初步构建了一个以"公平正义"和"总体效率"为基础概念的伦理框架，作为分析社会科学之伦理基础的工具，并对企业管理的伦理基础做出了初步的分析。

以各种经济活动的伦理基础作为对象的哲学分析，可广义地称为"经济伦理研究"。不过，现在所谓的"经济伦理研究"并没有统一的定义，而是一种针对各种经济活动的五花八门、包容万象的伦理批判。鉴于上述对于现代西方哲学与经验科学的关系的理解，在我看来，这样的经济伦理研究往往存在着两大缺陷：其一，不懂得现代经济伦理研究应当是经济学、政治学、社会学和管理学等各门社会科学的基础部分，内含于这些社会科学之中，因而往往在并不真正理解各

---

[1] 参阅本书第一编有关英国日常语言哲学分析的方法论文章。

门社会科学的情况下，将所谓的伦理批判从外部强加于各种经济活动，显得脱离现实；其二，缺少一个能够涵盖经济伦理基本问题的伦理分析框架，因而往往缺乏统一的伦理评价标准，显得杂乱无章。

因此，就广义的经济伦理研究而言，我大致做了三方面的工作。首先，根据自己掌握的西方伦理学理论和基本概念及其历史演变，构建了一个以"公平正义"和"总体效率"为基础概念的伦理分析框架，作为经济伦理研究的工具。[1] 其次，将这一分析工具用来分析管理学的伦理基础，并对具体的经济管理活动作出伦理评价，这样的经济伦理研究可称为"企业伦理"（Business Ethics）。[2] 其三，将这一分析工具用来分析经济学的伦理基础，并对一般的经济活动作出伦理评价，这样的经济伦理研究则可称为狭义的"经济伦理"（Economic Ethics）。[3]

以上便是对我这一生学术经历的简要概括，总结起来说可分为前后两期。前期从事英美哲学研究，时间是从 1970 年代末到 1990 年代初，后期从事经济伦理研究，时间是从 1990 年代中期到 2010 年代中期。本书所选的文章，在很大程度上反映了我这两个时期的学术研究。这些文章在时间上横跨了 30 余年，有些东西现在看来不免有些幼稚，如果可以说它们还没有完全过时，还能对读者有所启发，笔者就足以感到欣慰了。

徐大建

2025 年 2 月于上海财经大学

---

[1]　参阅本书第二编和第三编。

[2]　参阅本书第四编；系统的研究可参阅：徐大建，《企业伦理学》，北京大学出版社 2009 年版。

[3]　参阅本书第五编；系统的研究可参阅：徐大建，《西方经济伦理思想史》，上海人民出版社 2020 年版。

第一编

求"真"之哲学方法

1　洛克认识论的自然科学基础 [1]

伟大的英国思想家约翰·洛克（1632—1704）在西方哲学史上占有重要地位。他的认识论继承了培根和霍布斯的基本观点，把经验主义哲学第一次发展成为一个经过论证的系统的体系，对后来的经验主义乃至康德哲学和现代哲学，都有重大的影响。但有一种较为普遍的看法，将洛克视为一个典型的狭隘经验论者，这就有点偏狭了。这种看法，对洛克哲学体系中含有的矛盾和复杂性估计不足，并不理解17 世纪的欧洲哲学对于自然科学的依赖及其特征，难以解释洛克的认识论与当时光辉灿烂的英国经验科学之间的紧密关系。本文仅从洛克哲学与自然科学的关系这个角度，简略地对此发表一些看法。

一

自然科学是哲学的一大支柱，两者的关系密不可分；有什么样

---

[1] 原标题是《试论洛克认识论的自然哲学基础》，载《河北大学学报》1985 年第 1 期，个别文字有改动。

的自然科学，就有什么样的哲学。自然科学的发展在很大程度上决定着哲学的发展和面貌。

在生产力落后的古代，人类还不具备物质的实验手段，只能依靠感性直观和理性的天才直觉，通过演绎法对自然进行猜测并加以理论上的探讨。这时的自然科学还处于萌芽状态，它与哲学并没有明显的不同：自然科学就是自然哲学，二者的研究方向是一个，即探讨宇宙整体的本原及其规律。到了宗教权威统治一切的中世纪欧洲，神学体系吞灭了与宗教信仰相对立的自然科学。科学的衰亡和宗教的兴起决定了哲学成为神学的婢女。既然宇宙是上帝合乎目的地创造出来的等级体系，探究自然界本身的非目的性规律岂非妄自尊大，理性应当卑微地努力去领会和解释上帝的智慧，哲学的任务就是在神学信条的基础上运用三段论法进行种种繁琐无聊的演绎来对上帝创造的各种自上而下的实体作出定义和说明。哲学随着科学的衰亡而堕落了。"实体的形式""隐秘的质"和以质说明质的伪科学方式成为经院哲学的特征。

随着生产力的进步和城市资产阶级的兴起，受到宗教权威压抑的自然科学重新获得了发展动力。近代自然科学的产生和发展向宗教权威提出了强有力的挑战，它的一个又一个巨大成就使 17 世纪成为"理性的时代"，从而把哲学从中世纪的权威和三段论式中拯救了出来，同时它自己也在这种胜利中从哲学中分化出来，宣告独立。这种独立地位使它取代了以往自然哲学的崇高地位及其对于宇宙的研究，使得自然哲学逐渐转向认识论和科学方法论。科学把哲学从神学的婢女变成了自己的探究工具。

洛克的认识论集中体现了近代自然科学对于哲学的这种影响。在洛克看来，只有科学才具有至高无上的地位，而他自己的认识论研究不过是科学的准备工作。他在自己的主要哲学著作《人类理智论》(以下简称《理智论》)一书的致读者书中明白地表示自己的使命是要为科学开辟道路:"不过并不是人人都能成为一个波义耳或西登哈姆;在这个产生了杰出的惠更斯、举世无双的牛顿先生以及其他一些著名人物的伟人辈出的时代里,我们只能充当一个副手,来清理一下地基,来扫除一些堵在知识道路上的胡言乱语,就够野心勃勃了。"[1]他把哲学变成了一部着重于认识论的"人类理智论"。

洛克生活的时代是英国资产阶级革命的时代,是英国的经验科学光辉灿烂的时代。这是一个英国人的时代,是一个"教会的威信衰落下去,科学的威信逐步上升"的理性时代。英国资产阶级为了发展生产,积聚财富,大力倡导科学技术,和自然科学家结成了紧密的联盟,当时的一些英国著名科学家,"全都和造船家、航海家以及当时的商人有交往"[2]。"知识就是力量"是17世纪雄心勃勃的英国资产阶级的口号。洛克作为资产阶级的杰出代表,其思想不能不集中反映了尊崇科学和理性的时代特点。

二

科学对于洛克的影响首先表现于贯穿他一生的强烈的科学兴趣和他自己的科学成就。洛克本人是一个科学家和杰出的医生,在1667年以前,他的主要研究对象是自然科学。

年轻的洛克在牛津大学学习时就由于对经院哲学感到厌烦而转向医学。他通过中学时代的老同学、生理学家洛厄[3]的引导,以牛

---

[1] John Locke, *An Essay Concerning Human Understanding*, A. C. Fraser ed., New York, 1959, Vol. I, pp. 12—13.
[2] [英] 秦斯,《物理学与哲学》,吴大猷译,商务印书馆1964年版,第223页。
[3] Richard Lower,曾对心血管系统作出一系列重要发现,是第一个实现输血的人。

津新科学运动的著名人物威里斯[1]和巴德斯特[2]为师进行医学研究，并逐渐成为当时最著名的科学团体"牛津实验哲学俱乐部"的一个成员，在牛津新科学运动的圈子里，他又曾在波义耳的指导下从事化学和气象学的研究。他关于气象的研究报告曾被皇家学会出版的《哲学学报》刊载，他本人也被皇家学会接受为会员并被任命为"实验考察指导委员会"十一位委员之一。尽管他在 1667 年以后把主要精力转向了经济学、政治哲学、教育学及宗教等社会科学，但他毕生保持了对自然科学的爱好，尤其是对医学孜孜不倦的研究。他在医学和心理学方面有出色的成就，被誉为英国心理学之父，在当时的英国上层社会中享有很高的医学声誉。[3]

科学对洛克的影响也表现于他和当时许多著名英国科学家及国外科学家的密切交往，尤其值得指出的是英国经验科学当时的代表人物西登哈姆、波义耳和牛顿与他的亲密关系。

1667 年洛克结识了当时英国最伟大的医生，非机械论医学派首领西登哈姆，二人在很长时间内合作进行医学研究，并在认识论和方法论方面进行了共同的探讨。西登哈姆在给友人的题词中曾经提到洛克说："你知道我的方法得到了我们共同的亲密朋友，一个异常透彻地考察了方法论问题的人——我指的是约翰·洛克先生——毫无保留的赞同；这个人在理智的敏锐方面，在判断的可靠方面，在态度的坦率方面，亦即就他的优秀风度而言，我敢肯定地说，在我们这个时代中，极少有人能与他并驾齐驱，更不必说有人能超过他

---

[1] Thomas Willis，著名解剖学家，洛厄的老师，以研究人和动物的大脑著名。

[2] Ralph Bathurst，威里斯的好友，医学教授。

[3] 洛克的医术高明，经常被朋友们请去看病，1668 年他为莎夫茨伯利伯爵的肝脏脓肿施行了手术，挽救了他的生命，在当时是了不起的成功。1677 年英国驻法大使的夫人生病，经法国医生治疗无效，遂请洛克前去诊治；根据 Kenneth Dewhurst 博士的看法，洛克的这次诊治是医学史上对同类病例的第一次正确诊断。参阅：M. Cranston, *John Locke: a biography*, London, 1957, p. 173。仅此二例就可见洛克的医学造诣。

了。"[1] 这些称颂之词明确地提示了洛克与西登哈姆的交往及其医学实践活动对于洛克思想的影响。

17世纪英国经验科学学派首领、杰出的物理学家和哲学家、在科学史上被尊为化学之父的罗伯特·波义耳，是洛克的老师和亲密朋友。洛克自从1663年左右结识波义耳后，终生与波义耳保持着亲密的友谊。波义耳逝世前把洛克列为他的遗嘱执行人之一，并嘱托洛克编辑出版他所留下的《空气通史》一书的残稿。[2]17世纪60年代中期是他们二人在科学和哲学思想上交往最为密切的时期，波义耳在这一时期著作最为丰富，洛克的认识论观点主要也是在这一时期形成的。由于他们之间这种不同寻常的关系，波义耳的科学—哲学思想不能不对洛克产生巨大的影响。

对洛克的认识论有重大影响的自然科学家还有伊萨克·牛顿。牛顿是洛克的好朋友。洛克还曾为牛顿谋求造币厂的职务出过力。他们二人经常通信探讨科学、哲学和神学问题。洛克对牛顿的方法论思想进行过相当的研究，并多次在自己的著作中以尊敬的心情提到牛顿的权威，表明了牛顿在他心目中据有极其重要的地位。

三

不容置疑，欧洲近代哲学的形成和发展与近代自然科学的形成和发展息息相关，不可分离；17世纪英国经验科学的状况决定了洛克认识论的主要特征。为了更好地理解洛克哲学的思想来源及其与自然科学的关系，有必要简略地概括一下近代自然科学特别是17世

---

[1]　M. Cranston, *John Locke: a biography*, p. 93.
[2]　此书于1692年由洛克出版。

纪英国经验科学在认识论、方法论和科学理论基础诸方面的特征以及这些特征如何反映在近代哲学与洛克的认识论之中。我们将从近代自然科学与哲学的共同产物：经验论的方法论、唯理论的方法论、机械唯物论的科学世界观这三个方面来阐述这个问题。

近代经验论哲学的方法论和认识论起因于近代科学的一个首要条件和特征：真理在于经验验证而不在于宗教权威和理性直观。近代经验科学之所以能产生，首先在于它用科学家的经验观察向教会和亚里士多德的权威发起挑战。它诉诸人们的经验观察而反对对权威的盲从和迷信。另一方面，它也不同于只能求助于理性猜测的古代自然哲学，它之所以能从哲学中分离出来而成为独立的真正的自然科学，还在于理性的思维和经验验证的结合，在于"在经验能力与理性能力之间永远建立了一个真正合法的婚姻"[1]。简言之，生产力的发展为实验方法提供了物质条件，使强迫自然界作出回答的实验与经验验证在实际上成为可能，于是人们才能够诉诸经验而反抗传统权威，近代自然科学也因此可能应历史潮流而生。

以医学革命为先导的各门近代经验科学的发展，充分展示了实验方法及其用经验来反对权威和纯思辨的革命精神对于近代科学的必要性以及在哲学上发展为经验论的必然性。

在近代科学史上，意大利医生和解剖学家维萨里，其合作者塞尔维特以及伟大的英国医生哈维等人首先以经验和实验作为自己的根本原则，开始了自然科学对于古代权威的反叛。他们用一系列活体解剖方法取代了亚里士多德、盖伦等医学权威的典籍和超经验的观念，创立了血液循环学说，发动了医学革命。与此同时，医生们把观察和实验的原则进一步推广到化学和物理学等各个领域。16世

---

[1] 北京大学哲学系编，《十六—十八世纪西欧各国哲学》，商务印书馆1975年版，第8页。

纪的医生和医疗化学家帕拉塞尔苏斯力图用经验论的原则把医学和化学结合起来，他不仅焚烧了当时公认的医学权威盖伦和阿维森纳的著作，而且明确无误地宣称："眼所见的，手所触的，才是他的老师"，"人们靠内心的默想，绝不会知道万物的本性……"[1] 在他看来，知识的获得只有通过经验探索与理智的洞察和类比，机械论的逻辑探讨方法不值得信任。英国伊丽莎白女王一世的御医威廉·吉尔伯特则把医学所根据的观察和实验原则用于磁学研究。他于 1600年出版的《论磁体》一书不仅奠定了近代磁学的基础，而且摸索出了一套系统的科学实验方法。

唯物主义经验论哲学家弗兰西斯·培根敏锐地看到了以医学为引导的经验科学所含有的原则和方法的进步性和合理性，看到了从科学方法论和哲学方法论的高度上对之加以总结对于科学发展的必要性。他把经验科学所依据的观察和实验原则提升到哲学高度，得出了科学知识起源于观察的经验论原则。他抨击经院哲学的权威，对理性演绎法极不信任。在他看来，假说—演绎法从感觉和个别现象立刻升腾到最一般的东西，然后由此演绎出其余一切，这种方法不能得到真理，而只适用于争论，探究自然、获求确实可靠的知识的正确途径应当是基于经验的不断上升的归纳。他总结了吉尔伯特和哈维的实验方法，建立了定性分析的科学归纳法。

培根的经验论哲学的一般思想，对于 17 世纪中期主要由医生们组成的"牛津实验哲学俱乐部"和英国科学界具有很大的影响。就洛克同时代的科学代表人物来说，波义耳在方法论方面继承了吉尔伯特和哈维的实验主义传统，信奉培根的经验论方法。1666 年他与洛克关系最密切时所出版的《形式和性质的起源》一书概括了他和

---

[1] [英] 丹皮尔，《科学史》，李珩译，商务印书馆 1979 年版，第 177—178 页。

洛克所共有的经验论原则。他说:"我们对于外在物体的知识绝大部分得自心灵借助于感官所获得的报道。因此,除了物体的性质之外,我们几乎对物体中作用于我们感官的任何其他事物一无所知;有些人设想一切自然物体都有实体的形式,但这类东西究竟是否存在并不是很明白的,在承认这类东西的人中间,最聪明的人都承认他们并没有很好地认识它们。"[1]

牛顿采用的方法虽然由于引进了假说—演绎法而不完全同于培根的经验归纳法,但他特别强调其方法的经验论原则:第一,物理—数学演绎的起点应当是在实验或经验中所观察到的效果或规律;[2] 第二,物理—数学演绎的结果应当是可用实验加以验证的解释或预测,这两点构成了牛顿把笛卡尔学派的理性直观称为臆断或猜测的主要根据,并使牛顿基本上成为一个经验论者。

至于洛克的医学挚友西登哈姆,则更为明确地体现了他的医学革命前辈反对传统权威和唯理论的纯思辨,而以经验和观察为唯一根据的经验论原则;他主张:"我一直非常小心谨慎,只写下由观察得到的确实结果……我既不能忍受以无用的思辨来欺骗自己,也从没有欺骗过别人——从没有把一些东西强加给别人。我只告诉人们直接的事实。"他把他的方法归结如下:"医生的职责(是)根据唯一真正的老师即经验的指示,来勤奋地探究疾病的历史和治疗效果……正确的实践在于观察自然,这胜于任何思辨。"[3]

由此可见,17世纪英国经验科学在认识论和方法论方面的首要特点就是经验论的原则,它通过各种途径在洛克的思想中留下了

---

[1] R. I. Aaron, *John Locke*, Oxford, 1955, p. 14.

[2] 牛顿在《自然哲学的数学原理》一书中具体阐明了,不仅物体的广延性、坚硬性、不可入性和惯性等基本力学概念,而且力学的运动定律,都来自经验的推演。参阅:[美]H. S. 塞耶编,《牛顿自然哲学著作选》,上海外国自然科学哲学著作编译组译,上海人民出版社1974年版,第4、7页。

[3] 参阅:M. Cranston, *John Locke: a biography*, p. 92。

深深的烙印。我们从洛克一本题为《医术》的残缺手稿中看到这样的话："世上的真正知识首先起源于经验和合理的观察，但妄自尊大的人不满足于他所能得到的对他有用的知识就想深入到事物的隐秘的原因中去，为自己定下观察自然的原则和公理，然后徒然地希望自然或上帝应当根据他的公理所规定的法则行事。"把这种思想进一步加以哲学上的提炼，便成为他的认识论的基石和主要骨架。

近代唯理论哲学的认识论和方法论起因于近代科学的另一基本条件和特征，即数学方法的运用。科学方法的本质在于用量说明质，在于把数学方法用于各种现象之上，由此揭示现象之中的本质和规律。一门科学只有做到了在自身中使用数学，才能成为真正的科学。古代的数学还没有成为经验科学的工具，所以并没有发展为一种应用的逻辑推理方法。中世纪把世界看成是上帝创造的永恒不变的种与类的体系，它用来说明事物的方式只能是经院哲学的定义方法和三段论式推理，这种用质说明质的方法，正如所有近代的科学家和哲学家，不论是经验论者还是唯理论者，所指出的那样，只是"一堆无用而混杂的词藻"，什么也说明不了。近代科学认为世界是一个统一的有其内在规律的物质整体，它在本质上并没有质的差别，这种看法为科学的说明世界提供了可能，数学的方法由此而成为必要的逻辑推理方式。

由于数学方法的运用，近代科学取得了辉煌的成就。伟大的天文学家哥白尼主要依靠理论的"逻辑的简单性"原则[1]和数学演绎法创立了太阳中心说。近代精密科学的奠基人伽利略把吉尔伯特的

---

[1]　参阅：[德] 爱因斯坦，《爱因斯坦文集》，许良英、范岱年译，商务印书馆 1978 年版，第 1 卷，第 10 页；[英] 梅森，《自然科学史》，上海外国自然科学哲学著作编译组译，上海人民出版社 1977 年版，第 12 章。

实验方法和归纳法与数学的演绎方法结合起来，建立起适用于精密科学的实验—数学方法。他批判地分析由实验所得到的感性经验，抛开不可度量的现象和次要的度量现象，抓住本质的具有普遍性的可度量现象，并把数学方法用于这些现象之上，这样，伽利略就抓住了问题的根本，运用数学演绎法来建立一个具有普遍性的理论结构，并推演出一些可以用实验进行验证的结论。伽利略建立的实验—数学演绎法不仅使他对近代科学做出了巨大的贡献，而且开创了科学方法论的典范。

笛卡尔作为伟大的数学家和哲学家，极其推崇数学的公理演绎法。他深信，数学方法可推广到哲学和经验科学领域中去；像数学一样，自然界的一切特征都可以从理性直观所获得的几条无可怀疑的自明公理出发，运用演绎法推演出来。笛卡尔在他的主要哲学著作《方法谈》中总结出一套以分析—理性直观—综合为主要方式的完整的定量的数学演绎法并从哲学角度对人的认识进行了分析。在笛卡尔看来，真理或真知识必须如同数学命题那样是确实可靠的，换言之，必须具有普遍必然性。但从经验中并不能得到数学命题那样普遍确实可靠的知识，因此他对经验中得到的认识极不信任，而求助于理性直观，以此作为数学演绎法的起点。

由于普遍确实可靠的自明公理不能来自经验而是来自理性直观，所以，一切真知识归根到底并非来自经验而是理智先天具有的。

笛卡尔由于把数学方法的特殊性绝对化，割裂了感性认识和理性认识的联系，得出了知识起源于天赋观念，科学在于以理性直观认识为基础的演绎的唯理论原则，这是违反经验科学的本性的。但他所发展的数学演绎法却为科学的定量分析所需要，对当时的精密科学起了很大的促进作用。

在洛克的时代，英国科学界一方面对于大陆唯理论学派强调理性直观和数学演绎的先验方法不满，他们认为，这种高度先验的方法由于排斥经验验证而必然要导致猜测和幻想。另一方面，大部分英国科学家—哲学家对于欧几里得几何学的明晰性、可靠性及其在天文学、力学中的应用也具有深刻的印象。因此，他们继承了伽利略的传统，力图把伽利略和笛卡尔所发展的数学方法与实验方法结合起来，把数学方法纳入经验论的轨道。

英国著名的机械唯物论者霍布斯对伽利略和笛卡尔的数学方法就极表赞赏，他试图把这种以分析和综合为特征的数学方法纳入他自己的经验论哲学体系。他认为，哲学或科学的本质就是因果性推理，而推理或科学思维可简单地归结为加与减，亦即机械的分析和综合："我所谓推理是指计算，计算或者是把要加到一起的许多东西聚成总数，或者是求知从一件事物中取去另一件事物还剩下什么，所以推理是与加和减相同的。"[1]

牛顿采取的科学方法可说是当时英国科学界的典范，他的见解与伽利略最为接近。一方面，他在经验论原则和实验的重要性方面，深受伽利略、培根和波义耳的影响，另一方面，他也研究过笛卡尔的数学和哲学著作，对笛卡尔总结的数学演绎方法有深刻的理解。在牛顿看来，笛卡尔的方法由于排斥了实验证明，容易陷入空想和虚构，而培根的方法则由于不信任自然界的和谐一致，要做太多的实验和观察。他说："我们既不该由于自己的空想和虚构而抛弃实验证明，也不应该取消自然界的相似性，因为自然界习惯于简单化，而且总是与自身和谐一致的。"[2]

他认为，进行哲学研究的最好和最可靠的方法，看来"第一是，勤恳地去探索事物的属性，并用实验来证明这些属性，然后进而建

---

[1] 北京大学哲学系编，《十六—十八世纪西欧各国哲学》，第 61 页。
[2] 《牛顿自然哲学著作选》，第 4 页。

立一些假说，用以解释这些事物本身"[1]；"在实验哲学中，命题都从现象推出，然后通过归纳而使之成为一般"[2]。在牛顿的方法中，科学的基本原理最初是从个别现象中推演而不是归纳出来的，推演出来的假说或原理经过演绎而得出一些需要用实验验证的结果，然后由实验进行归纳性的验证而上升为一般原理。因此，牛顿的方法既含有假说——演绎法，不同于培根的经验归纳法，又具有强烈的经验论色彩，不同于笛卡尔的数学演绎法，而是两者的结合。

牛顿对于数学方法的重视及其努力把数学方法纳入经验论原则的企图更为明确地表现在下面一段方法论论述中："在自然科学里，应该像在数学里一样，在研究困难的事物时，总是应当先用分析的方法，然后才用综合的方法。这种分析方法包括做实验和观察，用归纳法去从中作出普遍结论，并且不使这些结论遭到异议。用这样的分析方法，我们就可以从复合物论证到它们的成分，从运动到产生运动的力；一般地说，从结果到原因，从特殊原因到普遍原因，一直论证到最普遍的原因为止。这就是分析的方法；而综合的方法则假定原因已经找到，并且已把它们立为原理，再用这些原理去解释由它们发生的现象，并证明这些解释的正确性。"[3] 牛顿的方法除了经验论的原则之外，几乎与笛卡尔在《方法谈》中所总结的数学方法近于一致，然而正是这种对实验验证的强调，保证了把数学的量运用于可观察的现象之上，保证了把数学分析法运用于经验科学。

为了更好地概括当时英国学术界的一般状况，我们在此特地引证一下 17 世纪牛顿学派的发言人科茨对于笛卡尔的唯理论和牛顿的经验论二者所作的比较。[4] 科茨首先肯定了笛卡尔学派用量说明质，

---

[1] 《牛顿自然哲学著作选》，第 6 页。
[2] 同上书，第 8 页。
[3] 同上书，第 212 页。
[4] 科茨的这些见解代表了牛顿的想法，参阅：《牛顿自然哲学著作选》，第 239—241 页。

用简单的事物说明复杂的事物的方法："他们假定所有物质都是同质的，而物体上的千差万别，只是由于其成分粒子之间的某些非常明显而简单的关系所引起。当然，如果他们把这些原始的关系不是归诸别的什么关系而只是归诸自然界所给定的关系，那么他们从一些简单的事物出发，而后过渡到复杂的事物的这种思想方法也就是正确的。"接着科茨批评了笛卡尔学派忽略经验验证的不足之处："但是他们放肆地随心所欲地想象一些未知的图象和量度，物体各部分的不确定的状况和运动，甚至假定有一种隐蔽性质的流体，它们自由地进物体孔隙，并赋有一种万能的微细性，它能为隐蔽的运动所激动，这样，他们便陷入到梦幻中去，忽略了物体的真实构造，这种构造，在我们不能用最确实的观察来获得时，当然是不能从错误的猜想中把它推导出来的。那些把假说看作他们思辨的原则的人，尽管他们从这些原则出发，然后用最严密的方法进行工作，但实际上他们写的只是一部传奇，这虽是一种精心结构的工作，但传奇终究只是传奇而已。"科茨最后说明了牛顿学派的经验论方法："这些人固然从尽可能简单的原理中导出了所有事物的原因，但是他们从不把没有为现象证明的东西作为原理。他们不作任何假说，除非把假说作为其真理性尚待讨论的一些问题，否则就不把它们引进哲学中去。因此，他们是用双重方法，也就是用综合法和分析法进行工作的。从一些特选的现象，经过分析，他们导出了自然界的各种力，以及这些力所遵循的比较简单的规律，再从这里经过综合而说明其他事物的构造。"[1]科茨的简明扼要分析指出了欧洲大陆笛卡尔学派与英国学术界的同异，也有力地表明，当时的英国经验论已吸取了强调数学分析法的唯理论的一些合理因素，而与培根的经验论有所

---

[1]　《牛顿自然哲学著作选》，第139—141页。

不同。

英国学术界力图在自己的经验论传统中纳入数学方法和唯理论因素的这种特点，不可避免地要反映到洛克的思想中，并在某种程度上决定了其认识论的一般特征。

正如当时大部分英国科学家都受到了大陆唯理论的影响，近代唯理论哲学的创始人笛卡尔的认识论对于洛克也有一定的影响，洛克大约在 1666—1667 年间开始阅读笛卡尔的著作。当时洛克已经深受波义耳等经验科学家的影响，不过，假如把二人的著作加以比较，仍然可以看出笛卡尔关于直观和演绎知识的论述以及"我思故我在"等说法，都在《理智论》一书中留下了不同程度的痕迹。但足，如同牛顿一样，洛克是在经验论的基础之上改造和吸收笛卡尔的这些思想的。洛克曾把笛卡尔和牛顿加以比较，认为笛卡尔的方法只能产生"假说"，而牛顿的方法却能得到真理。[1] 这种说法与牛顿的信徒科茨的见解毫无二致。洛克思想中的唯理论因素更接近于牛顿而不是接近于笛卡尔。

因此，洛克认识论中的唯理论因素，与其说是直接来自笛卡尔，不如说是受之于英国经验科学学派。克兰斯顿提到，洛克曾询问惠更斯，牛顿的《自然哲学的数学原理》一书的所有命题是否都正确，惠更斯表示了肯定的见解，于是，洛克采纳了这些命题，并小心考察了由他们演绎出来的推论。由于洛克的几何学知识不够完备，牛顿还特地以比《自然哲学的数学原理》一书更为通俗的方式，为洛克写了一份论证行星的椭圆运动轨道的手稿。[2] 洛克后来曾对此表示自己的看法道："虽则我所遇到的各种物理学派很难鼓励我去从那些自命能够根据一般物质的基本原则给予我们一种自然哲学体系的

---

[1]　参阅：M. Cranston, *John Locke: a biography*，第 193、194 页。
[2]　参阅：同上书，第 337 页。

任何论文中，去获得多少确切的知识或科学，但是博大无伦的牛顿先生却告诉了我们，说，我们根据事实证明的原则，把数学用到自然界的某些部分，我们是可以从此获得关于这个不可思议的宇宙的特定领域的知识的，牛顿在他的名著《自然哲学之数学原理》中，对于我们这个行星世界以及它的最重大的，可观察的现象，给了我们一个良好的明晰的说明，……"[1] 由此可见，洛克对于牛顿在自然科学中所运用的数学演绎具有深刻的印象，这种印象在其认识论中便表现为各种唯理论因素。

近代科学的第三个基本条件和特征就是它所主张的机械唯物论的世界观。这一点与近代科学的第二个基本条件和特征亦即数学方法的运用是密切相关的，可以说，机械唯物论的世界观是运用数学方法的必要前提。在中世纪经院哲学看来，世界是各种永恒不变的种和属的集合，这些种和属彼此之间并不能相互转化，它们之间的区别就不得不归之于它们各有自己的特殊而隐蔽的质，由此又必然导致了玩弄字藻的定义方法和以质说明质的方法。反之，近代科学采纳了机械唯物论的世界观，它把世界看成是一个同质的物质整体，各种物体的千差万别仅仅是由于同质的物质粒子的不同数量和组织结构所造成，这种世界观必然要把数学方法作为说明世界的主要方式。

17世纪的伟大思想家，大部分是机械唯物论者。培根一反中世纪经院哲学传统，对亚里士多德抱有敌意，却对古希腊原子论者德谟克利特赞扬备至。伽桑狄"把伊壁鸠鲁从禁书里拯救出来"，使原子唯物论的影响日益扩大。霍布斯、伽利略、笛卡尔在自然观上，都是杰出的机械唯物论者。

---

[1] [英] 洛克，《教育漫话》，傅任敢译，人民教育出版社1963年版，第174页。

就 17 世纪英国科学界而言，波义耳是一个著名的机械唯物论者，他在《形式和性质的起源》一书中全盘接受了为伽桑狄所复兴的伊壁鸠鲁原子论。他认为，原始物质只有一种，亦即为一切物体所共有的物质。物质的单位是无限可分的质点（particles），质点的大小，形态、运动和组合结构的不同便构成了性质各异的微粒（corpuscles）和形形色色的物体。微粒的各种属性决定了各种实体的本质属性和声、色、味等其他可感性质。[1] 在波义耳原子论学说的基础上，牛顿在他的《光学》一书中对物质世界作了原子唯物论的总结，他接受了物质的原子结构和二种性质的思想，确立了机械唯物论的原则。

机械唯物论的世界观在洛克的认识论中得到了有力的反映，成为其哲学的重要组成部分。洛克从机械唯物论的世界观出发，发挥了二种性质的学说。阐明了二种本质的理论。需要指出的是，机械唯物论主要依据理性的思辨，又与数学方法密不可分，就此而言，它与唯理论有着内在的联系。

四

从近代科学和 17 世纪英国经验科学的上述特征及其对洛克哲学的影响出发，不难理解，洛克的认识论虽然属于英国的经验论传统，却并不能简单地归结为狭隘经验论。所谓狭隘经验论或纯粹经验主义，是指忽视人的理性思维能力，把认识局限于感觉经验的归纳、例证、描述，从而使认识不能上升到理性阶段——即把握事物本质——的"形而上学"的认识论理论。然而由于当时经验科学的

---

[1] 参阅：R. E. W. Maddlson, *The Life of the Honorable Robert Boyle*, pp. 119—120。

特征及其影响，第一，洛克坚持了强调理性思维的机械唯物论，第二，洛克在人的认识中强调了人具有的分析和综合的数学构造能力，强调了人的直觉和演绎能力，强调了类比假说地位这样一些唯理论因素；第三，洛克是一个概念论者，他并不否认共相的存在，并不否认对于事物的本质或所谓名义本质的认识。所有这些东西，都是与狭隘经验论格格不入的。

当然，说洛克在主流上是一个重视理性的唯物主义经验论者，并不排斥他的认识论有一些含糊不清、混乱错误的地方，甚至在许多地方有陷入二元论的倾向。不过正如洛克的认识论对于科学和哲学所作的贡献有其自然科学背景一样，其本身的缺陷也是为当时的自然科学状况所决定的。

在17世纪后半期，物理学刚刚出现，化学还与炼金术混杂在一起，尚未达到幼稚的燃素说的形态，生物学正处于萌芽状态，洛克所熟悉的医学也刚开始摆脱经院哲学的控制；所有自然科学学科中，只有刚体力学达到了某种完善的地步。这样的科学状况使人们习惯于用机械力学去解释一切现象。牛顿说："在自然界的其他一切现象，全可以根据力学的原理，用相似的推理演绎出来"，惠更斯说："在真正的哲学里，所有自然现象的原因都用力学的术语来陈述。"[1]机械论的立场和方法虽然有分析有综合，用量变说明质变，其中也有辩证法因素，但它主要强调机械量变，其综合的结果往往是量的堆积而非整体结构；它的注意力集中在区别各种事物或其组成部分，对于各种事物相互之间的联系及其组成部分的整体结构没有足够的认识，因此仍不免陷入形而上学片面性。

其次，17世纪的近代自然科学还处在形成阶段，各门科学谈不

---

[1] 秦斯，《物理学与哲学》，第 vi 页。

上有自己的发展史；对人的历史观的形成有决定性意义的学科如地质学、胚胎学和进化论还没有完全形成。因此，历史发展观念在当时还不具备条件。这种看不到事物的发展变化的形而上学观点尤其限制了人的眼界。

再者，当时的各门自然科学学科都处于收集材料的阶段，人们还没有达到利用这些科学进行工业革命的水平。从哲学角度上看，主客观之间的界线还比较清楚。人们对自己的能动地改造自然的实践作用没有足够的认识。

所有这些因素便使得 17 世纪的科学和哲学大师们不可能懂得社会实践在认识中的重要地位，不可能懂得人的认识能力本身是在社会实践的长期发展中历史地形成的，也不可能懂得人的认识是一个随着实践的发展而不断深化的过程。所以，机械论和形而上学成为 17 世纪的普遍思维方式，它使典型的经验论者和唯理论者各执一端，彼此之间争论不休；而使牛顿和洛克这样一些强调理性的能动作用的经验论者难以调和二者而陷于矛盾和混乱，最终又往往以形式上的"不可知"作为掩盖矛盾的烟雾。恩格斯在谈到 18 世纪法国唯物主义的历史局限性时说，根据当时的自然科学状况，"大可不必责备 18 世纪的哲学家"[1]。这句话对 17 世纪的哲学家同样适用，我们应当看到洛克认识论的缺陷的必然性。

---

[1] 《马克思恩格斯全集》第 4 卷，人民出版社 1972 年版，第 225 页。

2 洛克的知识观和真理观 [1]

17世纪伟大的英国哲学家约翰·洛克为了论证科学的合理性，对知识和真理的本质作了较为详细的探讨，在西方哲学史上具有深远的影响。目前国内的哲学史教科书大都对洛克的真理学说缺乏论述，少数几种研究文献也缺乏具体的分析批判。本文试图对洛克的知识和真理学说作一较为深入的分析批判。

一、知识和真理

洛克对于真理的论述是建立在他对知识本质的探讨的基础上的。作为一个唯物主义经验论者，他详细论述了一切概念都起源于经验，为他论述知识和真理奠定了经验论的基础。正是在概念的基础上，洛克展开了对于知识和真理的探讨。

洛克认为，知识就是"对于我们的任何两个观念之间的联系

[1]　原载《河北大学学报》1992年第4期，个别文字有改动。

与符合、或不符合与冲突的知觉"[1]。这种知觉亦即直觉。比如心灵
对"圆形不是三角形""三大于二而等于一加二""自我存在着"这
类表示概念之间的关系的命题就有一种直觉的认识，它们就是直觉
的知识。他断言，直觉所获得的知识"是不可抗拒的，就像耀眼的
阳光一样，只要心灵向它一看，它就立刻迫使心灵知觉到它，它丝
毫不为犹豫怀疑或检视留余地，立刻以自己明亮的光辉充满了心
灵"[2]。这类知识是人类所能达到的最清楚最可靠的知识，连怀疑论
者都无法否认。确实可靠的知识除了直觉知识之外，还有一种基于
直觉之上的证明的知识。洛克说，当人心在两个概念之间不能直接
知觉到它们是否符合时，就需要在两个概念之间插入一个或多个中
介观念来知觉它们是否符合，这就是推理。由推理而得到证明的知
识就称为证明的知识。这类知识的典范是数学命题，如"三角形三
内角之和等于两直角之和"就需要推理的证明。他分析道，推理的
每一步都是一种直觉，整个推理过程不过是一连串的直觉过程，推
理不同于直觉的地方仅在于推理中含有直觉本身所不具有的记忆
因素；推理之所以成立，其本质仍在于直觉。所以，知识的"可
靠性完完全全依靠这种直觉"，"没有它，我们就不能得到知识和可
靠性"[3]。

到此为止，洛克把知识看作是人通过直觉和推理所达到的对于
概念之间的必然联系的清楚明白的认知。这种看法基本上也是唯理
论者的一致看法，表明了洛克认识论中的唯理论因素。然而，洛克
对于知识和真理的看法从总体上来说仍然是经验论的，为了说明这
一点，有必要进一步分析他的知识理论与笛卡尔的唯理论在知识的

---

[1] John Locke, *An Essay Concerning Human Understanding*, A. C. Frazer ed., New York, 1959, 4-1-2.

[2] Ibid., 4-2-1.

[3] Ibid.

意义和条件等问题上除了相似的见解之外还有什么根本不同之处。

洛克关于知识的见解不同于笛卡尔的地方首先在于，笛卡尔在原则上抛弃一切不通过直觉和演绎推理所得到的知识；因为，除直觉和演绎推理之外，"其余一切方法都由于可能导致错误和危险而应当加以抛弃"[1]。所以，人对于外界感性存在所具有的知识在笛卡尔那里是通过经由上帝的演绎推理来保证的。相反，洛克虽然也认为知识的确实可靠性只在于直觉和基于直觉之上的推理，没有直觉，"我们就不能得到知识和可靠性"。但他发觉，知识假如仅仅局限在对于概念之间符合与不符合的直觉之内，那么我们就不能确知外界自然物究竟是否真正存在。于是他越出观念，超出直觉和推理，从感觉观念出发直接论证外界事物的存在；这样就提出了由感觉得到的第三种知识，亦即感性的知识。他认为，关于外界事物存在的感性知识虽然比不上直觉的知识和证明的知识那样确实可靠，可是超出了或然性的范围，因此也是知识。洛克的这种论证反映了他和笛卡尔的不同：唯理论者笛卡尔不相信经验，只相信理性，因此他用上帝来保证外界事物的客观存在，自圆其说；经验论者洛克相信经验，因此他甘愿冒自相矛盾的风险，由基于经验的理性直接推出外界事物的存在。

其次，洛克和笛卡尔虽然都主张，知识的确实可靠在于人的直觉能力，直觉是人类理性所具有的一种洞察力或天赋的理性之光，但如进一步究其内容，分析他们两人各自的直觉对象，他们之间的分歧也就由隐而显了。关于直觉的对象，洛克所给的例子有："圆非三角形""黑非白""三大于二而等于一加二""我存在"，等等；笛卡尔给的例子则有："我思故我在""三角形由三条直线围成""二加二

---

[1] Haldane & Ross ed., *The Philosophical Work of Descartes*, I, Cambridge, 1911—1912, p. 8.

等于三加一""物质的本性是广延""心灵的本性是思维",等等。把两人所举的例子进行比较,不难看出他们的直觉对象有同有不同。洛克所举的例子与他的知识定义是一致的,也就是说,其直觉对象在于概念与概念之间的关系;而这些概念,他在《人类理智论》第二篇中已加以论证,是从感觉和反省中通过对简单观念的分析和综合而抽象出来的。因此,洛克的直觉对象是概念之间的关系而非概念本身的含义;概念的含义是理智从经验中抽象出来的,不是由直觉得到的;其直觉活动虽然不是感性的,却完全建立在感性经验的基础上。另一方面,根据笛卡尔所举的例子来看,其直觉对象则不仅包括概念之间的关系,并且包括概念本身的含义。如"三角形由三条直线围成""物质的本性是广延"等例子即是对概念本身的含义的直觉。笛卡尔看不出一般概念如何能来自经验,于是就用直觉来获得这些概念。由此可见,他的直觉对象比洛克的范围要广。相比之下,洛克的直觉更可称之为一种"比较的洞察力",没有猜测的意义。而笛卡尔的直觉更可称之为一种"抽象的洞察力",具有理性猜测的含义在内。在直觉这个问题上,洛克和笛卡尔的根本不同在于,经验论者洛克的直觉完全建立在感性经验的基础之上,而唯理论者笛卡尔的直觉并没有牢固的感性经验基础。

最后,在知识问题上,笛卡尔和洛克对于真理的意义和标准的不同看法构成了他们的根本分歧。在笛卡尔那里,知识和真理是同义词,知识或真理的意义就在于数学式的自明性或确实可靠性。他说:"任何事物,如果看来不比几何学家以往的那些证明更加明白,更加清楚,我就不把它当作真的。"[1] 笛卡尔不懂得数学与实践的关系,不懂得数学对象的特殊性,坚持在一切知识领域中形而上学地

---

[1] 北京大学哲学系,《十六—十八世纪西欧各国哲学》,商务印书馆 1975 年版,第 152 页。

追求绝对可靠性，其真理的标准只能是自明的直觉和正确的逻辑推理。这种排斥经验和实践的做法使笛卡尔难于把自己的真理观与客观外界统一起来，他不得不又一次求助于上帝："上帝一方面把这些规律建立在自然之中，一方面又把它们的概念印入我们的心灵之中，所以我们对此充分反省之后，便决不会怀疑这些规律之为世界上所存在、所发生的一切事物所遵守。"[1] 归根结底，真理的确实可靠性所依赖的独断性的直觉高于一切。

洛克不愿意陷入这种主观性，他宁愿用经验而不是用上帝来保证真理的客观性。于是他把知识与真理相区别，给真理下了这样一个定义："所谓真理，顾名思义讲来，不是别的，只是按照实在事物的契合与否，而进行的各种符号的分合。"[2] 在他看来，知识只是两个概念之间是否相符的一种知觉或直觉，它在原则上是主观的；而真理则不仅涉及概念，还要涉及概念所代表的客观实在，看它们之间是否相符合："我们的知识所以为真，只是因为在我们的观念和事物的真相之间有一种契合。"[3] 这样，洛克就给出了一个与笛卡尔不同的真理观。在此真理观中，洛克强调的是命题与事实（原型）、主观与客观的符合或一致。

二、确实性知识和或然性认识

综上所述，在洛克的认识论中，知识和真理是两个不同的概念。尽管知识和真理都是以命题形式表述出来的，但知识在于对命题中各个观念之间的联系的一种知觉或直觉，而真理则在于命题与事实

---

[1]　北京大学哲学系，《十六—十八世纪西欧各国哲学》，商务印书馆 1975 年版，第 152 页。

[2]　John Locke, *An Essay Concerning Human Understanding*, 4-5-2.

[3]　Ibid., 4-4-3.

(原型)、主观与客观的符合或一致。知识的概念强调了命题的确实无误性，真理的概念则强调了命题的客观实在性。不过，在《人类理智论》一书中，洛克往往把知识和真理当作同义词来使用，在这种用法中，知识被看作对于真理的知觉或认知，而真理则被看作实在的知识；于是知识和真理都有了两重意义，它们既具有确实无误性，又具有客观实在性。问题在于，具有这两重意义的知识观或真理观是否能协调一致地说明所有科学认识的本质，甚至还可以进一步问，世上是否真存在着具有这两重意义的知识或真理。

事实表明，洛克对于知识和真理的这两重要求是太强了。一方面，确实无误的要求来源于数学知识的特征，因为数学知识的检验标准仅仅是由直觉而来的明确定义和正确的逻辑推演，因而数学知识具有确实无误性却很难说符合什么事实；另一方面，客观实在性的要求来源于经验科学的特征，因为经验科学的检验标准主要是实践性的经验验证，因此经验科学虽然在一定的范围内符合事实，然而有限的经验并不能保证经验科学的确实无误。换言之，不论是数学知识还是经验科学，都难以满足洛克的上述两重要求。所以洛克在具体论述各门学科时也不得不在实际上抛弃了真理和知识的二重性要求，而把科学认识两分为以数学为代表的确实性知识和以物理科学为代表的或然性认识。在这种划分中，数学等学科虽然保有了知识和真理的称号，实质上却已失去了真理的意义，而各门经验科学虽然被剥夺了知识和真理的称号，实质上却在一定的程度上具有真理的意义。

洛克研究过几何学，也研究过牛顿对于万有引力体系的数学演绎；这些研究不仅使他对数学的确实可靠性印象深刻，还使他发现了数学不同于经验科学的一些特点。他在应用二重意义的知识真理观于数学时就强调了它的确实可靠性意义。在他看来，数学命题的确实可靠来自直觉和推理，但是，数学命题所具有的客观实在意义不能由直觉得到，更不能从经验中获得。为了使知识或真理的二种意义相一致，他不得不抽掉了客观实在性意义的经验基础，把知识或真理的实在性意义变成了一种适应于绝对可靠性意义的装饰品，他指出，数学观念"是心灵自己所造的原型，它们并不被认为是任何事物的原本，亦不以任何事物的存在为原本，而与之参照。因此，它们便不缺乏实在知识所需要的任何一种相应关系"[1]。数学之所以为真，就在于数学观念所代表的事物或原型是它自身，或者说，数学的客观实在性就在于数学观念与它自身相符合。这种客观实在意义取消了观念与客观事物的相符，成为毫无意义的主观范围之内的东西，实际上是取消了客观实在性。

经验论的基本立场使洛克看到，虽然以数学为代表的关于观念的知识的"实在性"在于观念自身，但关于自然界或实体的知识的实在性却完完全全在于自然界本身。"我们在实体的观念方面，要想有实在的知识，则必须使它们同事物本身契合"，"我们只能在经验和可感的观察之内，知道某些事物在自然中是矛盾的或相符的"[2]。不过，经验并不能证明在自然界中存在着绝对不变的普遍真理，经验论立场迫使洛克终于抛弃了在自然界中追求绝对不变的企图，而强调真理的客观实在性，强调经验标准，主张所谓或然性的认识："或然性的意思就是很可能是真的；这个词的涵义所指的是这样一个命题，对于这个命题，我们有一些论据或论证来认为它是真的，或把它当作真的来接受。"[3] 他认为，我们对自然界几乎没有确实可靠的知识，在生活的大部分时间中，我们不得不求助于或然性认识，

---

[1]　John Locke, *An Essay Concerning Human Understanding*, 4-4-5.

[2]　Ibid., 4-4-12.

[3]　Ibid., 4-15-3.

所以应当重视或然性认识。

把人类认识二分为确实性知识与或然性认识，认为前者如数学是关于观念的认识，后者如经验科学是关于自然界的认识，这种见解不仅以二重的知识真理观为其基础，还与洛克的名义本质说和实在本质说有关。

按《理智论》的定义，所谓名义本质，就是"种和属这种人为的构造"，即种或类的本质，或种名与类名所"代表的那个抽象观念"；所谓实在本质，"就是各种各类事物的实在构造"[1]。不过，由于洛克往往把客观事物的实在与各种观念的实在混为一谈，名义本质和实在本质二词如同《理智论》中许多其他名词一样，彼此之间有时并没有明确的区分。在洛克看来，数学等学科不同于经验科学，是以相对独立的抽象的样式观念为其研究对象的，这种看法有其合理之处，然而他却进而夸大这种相对独立性，倾向于割裂它们的感性经验基础，认为数学概念一经人心抽象出来之后就可以完全独立而不参照外界实在，由此而成为它们自己（名义本质）的原型（实在本质），换言之，名义本质就是实在本质。由于在数学、伦理学等学科中达到了对实在本质的认识，人心就可以知觉其间的确实性联系，从而获得普遍必然的知识。这种普遍必然的知识不参照外界实在，因此数学等学科又被称为关于观念的认识。相反，经验科学以复杂的实体概念为其研究对象；实体概念虽然也是人心抽象的产物，却依赖于外物的实在构造而不得不时时参照外部自然界或经验，实体概念（名义本质）的原型不是它自身而是外物的原子构造（实在本质）。洛克认为，虽然实体概念或名义本质表象着事物的实在构造或实在本质，但由于我们在经验科学中并没有达到对实在本质的认

---

[1]　John Locke, *An Essay Concerning Human Understanding*, 3-3-15.

识，不能像在数学中那样根据实在本质就可知觉或推演出事物的各种性质，只能请教经验，而经验除了提供或然性的认识之外并不能保证普遍必然性知识。因此我们关于自然界的认识大都是或然的，没有普遍的确实性。[1]

关于获得或然性认识的途径，洛克认为，科学家应当通过对外界现象的观察，从中归纳出一般性因果规律，或者通过现象的类比，形成假说，指导实验，求得真理。他指出，由类比得到的或然性认识，使人形成各种假说，是合理的实验的最好指南："一种谨慎的类比推理，常常引导我们发现本来隐而不显的真理和有用的成果。"[2]洛克强调，或然性认识的根据在于经验验证，其可靠性程度就在于自己的经验与别人的经验（包括历史记载和社会交流）相互符合一致到什么程度；大家一致公认，其或然性程度就近于确实可靠，反之便离开确实可靠性。

三、琐屑不足道的命题和有教益的命题

洛克在论述知识和真理时不仅区分了以数学为代表的确实性知识和以物理科学为代表的或然性认识，而且还区分了所谓琐屑不足道的命题和有教益的命题。

洛克说，有些概括的命题虽然是确实可靠的，但却并不能给我们带来什么教益，它们是些琐屑不足道的命题。洛克认为，这样的命题有两类。第一类是一些逻辑公理，如同一律、矛盾律等，它们不过是些"A 是 A"之类的同义反复命题。[3] 第二类则是对名词的

---

[1]　John Locke, *An Essay Concerning Human Understanding*, 4-6-15.
[2]　Ibid., 4-16-12.
[3]　参阅：Ibid., 4-8-2~3。

意义进行分析而得到的命题，如"铅是一种金属""一切黄金都是可熔的""三角形有三条边"，等等；在这类命题中，谓词的内容显然已包含在主词的定义之中。因此这类命题是依据定义而来的，只指示了文字的意义，而没有给我们带来新的知识。[1]

相反，还有些命题，它们的谓词的内容并没有包含在主词的内容之中，因此能给人以教益，给人带来新知识。如"人有一个上帝的概念""鸦片使人入睡""三角形的外角大于其不相依的任何一内角"，等等，它们都是有教益的命题。[2]

由此可见，所谓琐屑不足道的命题，就是谓词的内容包含在主词之中、因而仅根据命题中各个语词或命题的定义（但不问定义是否正确）就能判定命题的真假的命题，而有教益的命题则是谓词的内容并不包含在主词之中、因而命题的真假不能仅靠逻辑和定义来判定的命题，这类命题的判定显然要求助于经验（如经验科学）和理性直观（如数学）。

那么，琐屑不足道的命题和有教益的命题的区分，与确实性知识和或然性认识的区分彼此之间有何关联呢？洛克并没有明确探讨这个问题。不过，只要仔细分析一下，就可以看出，它们彼此之间是相互交叉的。首先，在确实性知识之中，既有琐屑不足道的命题，如纯逻辑命题，也有有教益的命题，如数学命题。在洛克看来，数学命题与纯逻辑命题是不同的，因为后者是琐屑不足道的，没有给人带来新知识，而前者却给人以新知识。虽然洛克没有详细讨论过数学与纯逻辑之间的差异，但他明确指出，即使推理也不同于逻辑公理和三段论演绎的运用，而要靠理性直观找出中介观念："一个人如果想扩大自己或他人的心理，使他知道自己从前所不知道的一些

---

[1] 参阅：John Locke, *An Essay Concerning Human Understanding*, 4-8-4~7。

[2] 参阅：Ibid., 4-8-8。

真理，则他必须找寻出中介观念来，并且把它们排列起来，使理智看到所讨论的各个观念的契合或相违。各种命题，只要能做到这一层，就能启发人们，不过它们这样仍不是以一个名词来肯定同一个名词，因为这种做法并不能使自己或他人得到任何知识。"[1]

其次，在或然性认识中，也既有琐屑不足道的命题，如把或然性认识当作确实性知识的时候，也有有教益的命题，如或然性认识本身："我们在实体方面所建立的概括命题如果是确定的，则它们大部分是琐屑的；反之，它们如果是有教益的，则它们是不确定的……"[2]

不难看出，洛克的这种区分，其主要目的是把逻辑从数学和经验科学中区分出来，把纯逻辑与理性区分开来，并指出纯逻辑在发现新知识方面的无所作为，他认为，知识的条件在于直觉和推理，而不在于逻辑公理和三段论式演绎。逻辑公理依赖于直觉，如同一律和矛盾律之所以不证自明，其根据就在于人心的直觉能力；然而直觉能力并不依赖逻辑公理。同样，推理的活动领域也比三段论演绎要广。公理和三段论式演绎并不能成为新知识的源泉，而只能作为阐述和论证已有知识的工具。[3]

通过对确实性知识和或然性认识以及上述两类命题的区分，洛克把经验科学、数学和逻辑作了区分。他在某种程度上揭示出，经验科学的根据在于实践经验，因此从逻辑上不可能达到最终的绝对真理，用洛克的话说，它们只是或然性的认识。另一方面，数学和逻辑的根据在于理性直观得到的定义和逻辑公理，就此而言，它们都是普遍确实的命题，如果说它们是绝对不变的终极真理，那不是

---

[1] John Locke, *An Essay Concerning Human Understanding*, 4-8-3.
[2] Ibid., 4-8-9.
[3] 参阅：Ibid., 4-7-10~11, 4-17-4。

就真理的实践标准而言的；后二者的不同在于，逻辑所依赖的理性直观是纯分析的，而数学所依赖的理性直观还含有综合的因素。

四、评论

我们应当如何评价洛克的知识和真理的学说呢？在国内的学者专家中，盛行着两种比较有影响的看法。在我们看来，这两种看法虽然有一定的道理，却仍然存在着简单化的倾向。

第一种看法是，洛克的真理学说只是在"简单观念"的层次上坚持了唯物经验主义的摹本说，而在"复杂观念"和"命题"的层次上，由于洛克认为真理只在于观念之间的正确分合，真理的标准只在于概念之间有无逻辑矛盾，已不再谈论思维与存在的关系，因此已"陷入与唯心主义乃至理性主义合流的观点"[1]。简而言之，洛克的真理说已背离了符合论，而走向融贯论了。

这种看法不无道理，但缺乏具体的分析批判。

根据前面的阐述，就洛克对于数学真理的论述而言，这种批评是有道理的。但就洛克对于经验科学的论述而言，这种批评就是似是而非的了。在洛克看来，经验科学不同于数学，其认识对象不是心中抽象观念而是客观的实体，因此经验科学的真理标准不是理性直观而是实践经验。诚然，洛克说过，真理在于观念或语词之间的正确分合，但他还强调，所谓正确的分合就在于观念或语词的分合符合于它们所代表的原型或客观事物的分合，而不在于观念本身的分合；这就是说，观念之间的联系必须符合客观事物之间的联系，

---

[1]　参阅：陈修斋主编，《欧洲哲学史上的经验主义和理性主义》，人民出版社 1986 年版，第 311—312 页。

而检验这种正确分合的手段就是诉诸经验。所以，在经验科学的真理问题上，洛克谈的的确是思维与存在的关系，而不是观念本身的关系。

至于观念之间的联系如何符合它们所代表的事物的联系，这种符合又是一种什么样的符合，这是一个十分复杂的问题，本文不宜多加探讨。不过我们至少能肯定地说，不论这是一种什么样的符合，符合的检验标准只能是洛克所说的实践经验，就此而言，洛克的真理说在根本上是唯物主义符合论。

第二种看法是，洛克所谓的名义本质或抽象的一般观念只是某些可感性质的结合物，并不表示事物的实在本质；根据洛克的论证，自然事物的本质是不可知的，自然科学只能提供一种或然性的知识。结论是，洛克的这些理论都是片面强调感觉经验的狭隘经验论的必然结果。[1]

这种意见也有一定的道理，可是同样缺乏具体的历史的分析。

应当看到，洛克所谓的名义本质或抽象的一般观念已经上升到了理性认识，也是对事物本质的一种认识；从历史的角度出发就更能理解这个问题。洛克曾举黄金　例，认为黄金的颜色、重量、可熔性、耐火性等属性构筑在一起，就是它的名义本质，这符合当时人类对于黄金的本质的认识水平，尽管是一种粗浅的本质认识；在化学还处于萌芽状态，金相分析闻所未闻的 17 世纪，人们只能通过比较原始的实验和粗糙的感受去研究金属。而且，洛克明确主张名义本质依赖并表象事物的实在本质："不同种类的物体都有一个实在的内在的本质，有了这种本质，各种特定的实体才自成一类，才得到名称。名称既然是标志着各种事物所具有的实在本质，因此，名

---

[1]　参阅当时国内各种版本的西方哲学史教科书。

称原来就是指称那种本质的，……而且名称所表示的观念也就是用来表象那种本质的。"[1] 所以，认为《理智论》中的名义本质或抽象的一般观念并不表示事物的实在本质，不是对于事物本质的一种认识，这种看法并不恰当。

诚然，洛克说过实在本质不可知，但其真正的含义在于：实体观念或名义本质"虽然参照于实在的本质，可是那些原型是我们所不知道的，因此，那些观念便必然是不相称的"[2]，"所谓不相称的观念，则只是部分地、不完全地表象和它们相关的那些原型"[3]。这就是说，在洛克看来，完全绝对地可知才叫做可知，部分的可知就是不可知。他认为，就自然界而言，实在本质就是自然物的原子结构，它决定着一切可感性质和名义本质，假如实在本质为我们所知，或者说，假如名义本质完全充分地表象实在本质，那么各种可感性质"都可以由这个观念演绎得出，而且它们的必然联系亦应该为我们所知道，就如三角形的三边围了一段空间，我们可由三边的复杂观念推演出三角形的一切可发现的性质一样"[4]。举个不完全恰当的例子，洛克的上述思想应当表述如下：假如实在结构或实在本质意味着光波的波长和空气波的频率，可感性质或名义本质意味着颜色和声音，那么，光波的波长决定着颜色，空气波的频率决定着声音，我们如若认识了光波的波长或空气波的频率，就会演绎出它们会产生的颜色或声音；但17世纪并不能测出光波的波长和空气波的频率，也就不能从光波和空气波演绎出颜色和声音；所以，光波的波长和空气波的频率或物质的实在结构不可知，除非——用洛克的话来说——上帝赋予我们某些特殊的感官。

---

[1] John Locke, *An Essay Concerning Human Understanding*, 2-31-6.
[2] Ibid.
[3] Ibid., 2-31-1.
[4] Ibid., 2-31-6.

这些思想和论述表明了洛克之所以认为事物的实在本质不可知的原因。细而察之，我们可以从这些原因中找到洛克的机械唯物论立场和形而上学的思维方式，可以找到洛克的历史局限性和合理思想，却找不到足以表示狭隘经验论的东西。洛克从机械唯物论立场出发肯定了物质原子结构的存在，肯定了这些物质结构与可感性质之间存在着必然的因果关系，预言了数学将用于物理学和化学，指明了自然科学的发展方向，这些都是合理的唯物主义唯理论的因素。另一方面，洛克从形而上学的思维方式出发，认为存在着最终不变的物质结构，认识不是发展的，可知就是对这些终极物质结构的一下子把握；此外，他又从唯理论立场出发，试图以数学的公理法则和逻辑法则取代自然科学的经验验证原则，认为不通过实践就能从可知的物质结构自然而然地演绎出事物的种种可感性质，这些又都是洛克哲学中存在的缺陷。

由于当时的自然科学状况和生产力水平并不能提供发现物质深层结构的光谱仪、电子显微镜、加速器之类的物质手段，洛克的形而上学思维方式又不可能从发展的眼光来解决唯理论的机械唯物论所提出的问题，最后只能求助于上帝。可见，使洛克得出实在本质不可知的原因正是合理的或不合理的唯理论因素、绝对主义的形而上学思维方式、当时自然科学的局限性三者在他头脑中相互冲突的结果，而不能归结为狭隘经验论。

由此看来，洛克关于知识和真理的学说本身并不是一以贯之的，其内部含有各种矛盾和对立的因素，虽然其主要倾向是唯物经验论，但也杂有不少唯理论和唯心主义的成分。

就洛克的知识和真理学说在哲学史上的地位而言，我们认为，洛克的贡献主要不在于他提出了某一种新的理论，也不在于他的论述反映了当时英国经验科学学派试图在经验论的立场上吸收唯理论的合理因素的努力，而在于他通过对确实性知识、或然性认识、琐屑不足道的命题、有教益的命题等的论述，指出了经验科学、数学以及纯逻辑各自的特征，提出了一些令人深思的问题，指出了哲学发展的方向，激发了后来的哲学家的思考。在洛克之后，莱布尼茨、休谟、康德乃至当代分析哲学家都步洛克的后尘，对科学知识作了相应的区分，并以此作为认识论研究的出发点或重要课题。大致说来、确定性知识相当于必然命题和先验命题，或然性认识相当于偶然命题和后验命题，琐屑不足道的命题相当于分析命题，有教益的命题相当于综合命题。洛克对于或然性认识的论述，被休谟进一步发挥为对归纳的逻辑批判和怀疑论；洛克对于知识种类的论述，则直接启发康德去反驳休谟的怀疑论；莱布尼茨和休谟一致认为，先验的必然命题和与分析命题是重合的，可是康德站在洛克一边，不认为它们是重合的，由此便形成了康德哲学的主题："先天综合命题如何可能。"[1] 通过莱布尼茨、休谟和康德，我们还可以在当代各派英美分析哲学中看到洛克的影响。

---

[1] 参阅：[德] 康德，《未来形而上学导论》，庞景仁译，商务印书馆 1978 年版，第18—19、26—27 页。

3　赖尔的哲学方法论思想 [1]

吉尔伯特·赖尔（Gilbert Ryle）是英国分析哲学牛津学派最有影响的代表人物。有些西方哲学家认为，赖尔与后期维特根斯坦一起支配了20世纪中期的英国哲学，并对60年代的美国分析哲学有很大的影响。赖尔的哲学思想可以分为两个主要部分。一个主要部分是他的哲学方法论思想，另一主要部分是他的精神哲学，后一部分是前一部分的具体运用。弄清楚他的哲学方法论思想，有助于我们理解他的哲学的本质和当代英美分析哲学的一个主要倾向。本文试对赖尔的哲学方法论思想作一初步的述评。

一

从总体上看，赖尔的哲学方法论思想体现在他的哲学观之中。我们就先从他的哲学观着手考察一下他的哲学方法论思想。

---

[1]　原载《河北大学学报》1990年第1期，个别文字有改动。

19 世纪以前，哲学研究与科学研究的分界线是不清楚的。到了19 世纪中期以后，西方思想界开始明确认识到，由于各门具体科学自 17 世纪以来一个接一个地从哲学中独立出来，哲学研究已逐渐失去了它原来的研究对象。哲学在实质上已成为认识论和方法论的研究，哲学的主要成分应当是形式逻辑和辩证法，换言之，哲学应当主要研究人的思想或认识的逻辑结构。赖尔也并不例外。他写道："我们不再能声称，哲学与物理学、化学和生物学的不同在于，前者研究心理现象而后者研究物质现象。我们不再能宣称或承认，我们是非实验的心理学家。因此我们便去寻找非心理的、非物质的对象——或者说'对象'——它们之对于哲学正如蜜蜂和蝴蝶之对于昆虫学。'柏拉图的形式''命题''意向对象''逻辑对象'，甚至往往还有'感觉材料'，便被补充吸收为我们自己的题材，来满足我们的专业渴望。"[1]

不过，人的思想或认识的结构是什么，哲学应当如何研究人的思想或认识，各派哲学家由于不同的背景，有不同的回答。赖尔也有自己的回答。

赖尔认为，人的思想结构主要表现为概念和命题的逻辑机能。在思想和论证中，命题与命题在逻辑上存在着前提、结论、相容、不相容或矛盾等关系，这就是说，命题具有一定的逻辑机能。由于命题包含着概念的使用，概念便也具有相应的逻辑机能。

然而，思想结构的复杂性却尤其表现为命题和概念具有不同的逻辑层次。

最低层次的思想是具体概念和使用具体概念的具体命题。具体概念是由于注意到自然界的事物的相似性而构成的，如"卷毛

---

[1] William Lyons, *Gilbert Ryle: An Introduction to his Philosophy*, Harvester Press, 1980, p. 10.

狗""狗""痛""闪电"等等,它们反映的是实在世界中的种类或这些
种类的物理模型、图象或心理现象、只含有具体概念的命题是描述经
验世界的现象的,它们是最低层次的命题,它们的真假可由观察确
定。直接描述自然现象的具体命题由于是最低层次的命题,所以也叫
一阶命题。谈论一阶命题的命题就是高一层次的命题,叫做二阶命
题,谈论关于一阶命题的命题的命题,也就是二阶命题的命题,可叫
做三阶命题。依次类推,命题就有各个不同层次。在一阶命题的基础
上,注意各个层次的命题之间的相似性,把这种相似性抽象出来,就
形成了各个不同层次的抽象概念。如在命题"苏格拉底是聪明的"和
"柏拉图是聪明的"中可抽象出它们的共同因素,即"如此这般的东
西是聪明的"这个骨架句,谈论这个骨架句所表达的东西的命题就是
比上述两个命题高一阶的命题,它们就是抽象命题,而这个骨架句所
含有的"聪明的"这个概念在这里就成为抽象概念。因此,相应于不
同层次的命题,就有不同层次的抽象概念。二阶以上的高阶命题都是
抽象命题,它们都含有不同层次的抽象概念。抽象命题和抽象概念并
不直接描述经验世界,它们只是适用于经验世界。

由此可见,人的思想结构有着错综复杂的立体层次结构。为
了表明思想的这种立体层次的复杂性,赖尔吸取了罗素的类型论中
的"类型"概念,提出了逻辑范畴或逻辑类型这个概念。赖尔说,
"一个特定的语词在不同种类的上下文中表达了各种观念,这些观
念具有范围不确定的种种不同的逻辑类型,因而具有不同的逻辑机
能"[1]。举例来说,"准时的"一词既可以用来刻画一个人到达一个地
方,也可以用来刻画一个人或一个人的品性,甚至一类人的品性。
赖尔认为用"准时的"这个词去作这种种不同的刻画实际上是在不

---

[1] Gilbert Ryle, "Philosophical Arguments", in A. J. Ayer ed., *Logical Positivism*, Illinois, 1960, p. 339.

同抽象层次上使用这个词，这个词在不同层次上的使用便具有不同的逻辑类型或逻辑范畴，这些使用表示了不同的观念，它们具有不同的逻辑机能。如将它们加以混淆，就会在逻辑上产生谬误。

逻辑类型或逻辑范畴这个概念在赖尔的哲学中占有极其重要的地位。但赖尔对这个概念并没有作出明确的定义，他在不同的地方有不同的说法。根据赖尔的一些论述，它具有如下的含义。首先，这个概念仍然含有范畴这个词的本义，即命题中的项或观念的划分、分类或种类的意思。换句话说，范畴就是抽象的一般概念。按此说法，范畴当然不仅仅限于亚里士多德开列的十个八个范畴，可以说，由于人的抽象观念是无穷的，范畴便也是无穷多的。[1] 其次，更为重要的是，赖尔把罗素类型论中的类型概念吸收到了自己的范畴概念中，也就是说，赖尔的范畴概念不仅仅包含了观念的横向的划分，还包含了观念的立体划分。同一个概念，如"存在"，在使用中具有不同的逻辑层次，因此具有不同的逻辑类型或逻辑范畴。简言之，"存在"不是一个范畴，而是多个不同的范畴或观念。"抽象观念的类型和阶是无限多样的"。[2] 看来，赖尔的范畴概念是亚里士多德的范畴概念和罗素类型论中的类型概念的一种结合。他提出这个概念，目的在于强调人的思想层次的复杂性，在于强调一个特定的概念由于层次的不同而成为不同的概念，因而具有不同的逻辑机能的可能性；在于强调我们使用概念时要细心区分它们的逻辑类型而合乎逻辑地使用它，即不要将其混淆。

然而在事实上，我们往往做不到这一点，这不仅是由于我们的思想具有极其复杂的逻辑结构，概念和命题具有极其复杂的逻辑机能，尤其是因为，我们用来表达我们的日常思想和科学的思维的日

[1] 参阅：Gilbert Ryle, *Collected Papers*, Volume II, Barnes & Noble, 1971, p. 179。

[2] Gilbert Ryle, "Philosophical Arguments", in A. J. Ayer ed., *Logical Positivism*, p. 343.

常语言并不能反映出人的思想的这种复杂的层次结构。"概念和命题并不带有标志，以表明它们所属的逻辑类型。人们用具有相同语法形式的表达式来表达具有众多逻辑种类的思想。"[1] 这样，人们就容易把表达式的语法形式误认为是所表达的事实的逻辑形式，认不出事实的真正的逻辑形式，从而产生范畴混淆的错误。一旦一个人认为一个概念属于一种逻辑类型而实际上它属于另一种逻辑类型时，就会在逻辑上导致矛盾，令人不知所措，产生哲学疑惑。

例如，考虑下面三句话："存在着一座位于牛津的天主教堂"，"存在着一种牌号的三引擎轰炸机"，"存在着 25 与 9 之间的一个平方数"。三句话都使用了"存在"一词，但"存在"一词在这三句话中是在不同的层次上使用的，它们分别表达的概念属于不同的逻辑类型，因而是不同的概念。只有"位于牛津的天主教堂"是实在的存在，其他两种存在分别是类的存在和类的类的存在。若认为这三种存在都是一样的存在，那就是混淆了它们的逻辑类型，混淆了不同的概念，就会导致共相实存的哲学疑惑或哲学谬误。

赖尔认为，理智上的迷惑和哲学问题的根源就在于日常语言相似会引起这种概念的类型混淆或范畴混淆。赖尔把它简称为"范畴混淆"的错误。他比喻说，这种错误正如一个人在参观了牛津大学的教学楼、图书馆、体操场之后又问牛津大学在什么地方一样，这个人误认为牛津大学是与教学楼、图书馆和体操场并列的一种存在，而事实上牛津大学只是协调它们的一种方式而已，换句话说，牛津大学的存在是比它们高一个层次的存在。

在赖尔看来，笛卡尔的心物二元论、哲学上的各种逻辑矛盾、二律背反等等，都是由于这种范畴混淆的错误引起的。因此，哲学

---

[1]　Gilbert Ryle, "Philosophical Arguments", in A. J. Ayer ed., *Logical Positivism*, p. 333.

的任务就是要使人看清人的思想的复杂性，通过仔细的哲学分析消除范畴错误或概念混淆，澄清概念的逻辑机能和逻辑范畴，从而消除理智的迷惑，解决哲学问题。

由于各特定概念和命题的逻辑机能和逻辑类型体现在概念之间或命题之间的逻辑关系之中，因此，要弄清楚某个特定概念的逻辑机能和逻辑类型，就必须考虑它与其他概念或命题的逻辑关系，从整体上考虑问题。赖尔说："在此，问题也不是分别确定指出这个或那个单个单独概念的所在地点，而是要确定属于同一个领域或一些相邻接的领域的一群观念的全部交叉方位。这就是说，问题不是去剖析单独的概念，如自由这个单独概念，而是去抽取它的与法律、服从、责任、忠诚、政治等各种观念的逻辑机能相关的逻辑机能。如同地理的勘测一样，哲学的勘测必须是大纲性的，哲学问题不能片断地提出和解决。"[1] 从而，赖尔又把探究概念的逻辑机能的哲学任务归结为为我们的知识绘制逻辑地形图，把消除概念混淆的哲学任务归结为纠正我们已经掌握的知识的逻辑地形图。

当然，哲学所要澄清的概念并不是一般的概念。而是体现了各个学科的基本问题，方法和原则的基本概念。不仅如此，"哲学家也许始于想知道构成某一理论或学科的框架的各种范畴，但他不能就此停步。他必须试图协调所有各种理论和学科的范畴"[2]。归根结底，哲学家的任务是要从总体上把握各个学科乃至整个人类认识的逻辑结构。正如他的《心的概念》一书中所说："构成本书的哲学论证，目的并不在于增加我们关于心的知识，而在于纠正我们已经掌握的知识的逻辑格局。"[3]

---

[1]　Gilbert Ryle, "Philosophical Arguments", in A. J. Ayer ed., *Logical Positivism*, p. 335.

[2]　Ibid., p. 328.

[3]　Gilbert Ryle, *The Concept of Mind*, Hutchinson's University Library, London, 1949, p. 7.

二

赖尔通过对人的思想结构的分析得到了自己的哲学观,在此基础上他论述了具体的哲学方法论,即应当如何进行哲学分析或哲学论证来完成上述哲学任务。

他首先指出,哲学论证既不能采用经验科学的归纳法,也不能采用数学的演绎法。在他看来。既然哲学的任务仅在于从逻辑上而不是从经验上考察理论是否合法,哲学论证应当是一种必然性的逻辑分析,它应当具有证明的力量,而归纳法仅仅是一种或然性推论,它得出的仅仅是一种可行性假说,并不具有证明的力量,所以哲学论证不应采用归纳法。另一方面,哲学论证也不应采用数学的演绎法,因为存在着各种可供选择的哲学学说,正如存在着各种可供选择的几何学,哲学并没有公理或公设可作为它的演绎的出发点。

赖尔指出,哲学论证并不存在唯一的方法,不过他认为,归谬论证也许是一种非常合适的方法。

这种归谬论证不同于数学中所采用的"弱"的归谬论证,而是一种所谓的"强"的归谬论证。"弱"的归谬论证从一个命题的反面推出与公理相冲突的结论,从而证明它的正确性,它的真理性是依赖于公理的。而"强"的归谬论证则是从某个理论中所含有的一个命题或命题组出发,推出彼此矛盾或与原命题相矛盾的一些结论,或者与常识相悖的结论,从而证明原命题在逻辑上是不合法的,它不是假的,而是无意义的。在此应当指出的是,赖尔把与常识相悖的结论也称为逻辑矛盾,因为大自然并不提供逻辑谬误。

"强"的归谬论证之所以是一种合适的哲学论证方法,在于它适合赖尔提出的哲学任务。

首先，归谬论证是揭示理论中的逻辑矛盾的有效方法。其次，归谬论证也有助于弄清楚概念的逻辑机能，从而有助于建立新的概念体系。乍一看来，这种归谬论证的功能在于揭示理论中存在的逻辑矛盾，从而表明理论中的基本概念存在着类型混淆的错误；它似乎只是破坏性的，而并不有助于弄清楚概念的真正的逻辑机能和逻辑类型，并不能导致新的理论的建立。赖尔说，不然，消除概念的类型混淆与弄清楚概念的逻辑机能及理论的逻辑格局是一个问题的两个方面，两者是不可分割的。"发现一个产生疑惑的观念所属的逻辑类型就是发现一些有效论证的规则——体现了那个观念或任何属于同一类型的观念的命题在这些论证中能够作为论证的前提和结论，它也就是发现特定的错误为什么会导源于错误地把那个观念归结为某些类型的一般理由。一般说来，前者的发现只是通过后者的几个阶段才能达到的。人们深思熟虑地或盲目地假设，这个观念与一个又一个的熟悉的模式是同质的，通过导源于这些假设的一些谬误连续地消除被假定的逻辑特性，它自己的逻辑结构就显现出来了。"[1]这就是说，要认识一个概念的逻辑类型必须通过消除概念的类型混淆才能达到，简言之，在哲学中正确的认识必须通过消除错误的认识才能达到。

赖尔把这种归谬论证比喻为工程师为了发现材料的强度而作的破坏性试验："的确，工程师展延、扭曲、挤压、连续猛击一些金属，直至它们破碎，但正是靠着这些试验，他们才能确定金属的抗力强度。以某种相同的方式，哲学论证把逻辑上的错误处理以精确的形式——在这些错误形式中观念不再起作用——固定下来，对它

---

[1] Gilbert Ryle, "Philosophical Arguments", in A. J. Ayer ed., *Logical Positivism*, p. 338.

们进行考察，从而揭示观念的逻辑力量。"[1]

因此，探究概念或命题的逻辑机能和逻辑类型的过程也就是消除概念和命题在逻辑上的类型混淆的过程。具体来说，它是下面两个步骤的不断重复过程。

第一，固定所要检查的概念或命题的逻辑机能。哲学论证始于哲学问题，在这个步骤中，人们根据问题，假定所要检查的概念具有某种逻辑机能或属于某种逻辑类型，亦即假定它可以有某种用法。"这种哲学的破坏性试验的对象是运用一个观念的实践，似乎这个观念具有与一种所接受的模式的逻辑机能一致的逻辑机能。"[2] 为了确定概念或命题的逻辑机能，可以借助于各种逻辑分析方法，如罗素的摹状词理论等等。人们在一开始假定概念或命题具有某种逻辑机能时，这种假定往往是盲目的和错误的，当这种假定被证明为假而需要重新确定概念或命题的逻辑机能时，就需要借助于各种逻辑分析方法深思熟虑地分析，前一个假定错在哪里，从而作出新的假定。需要指出的是，赖尔本人的分析往往是仔细区分日常语言的各种用法或含义，并从中找出合适的用法来揭示概念或命题的逻辑机能或逻辑类型。

第二，进行归谬论证。假定了所要检查的概念或命题具有某种逻辑机能之后，哲学家们便应当从这个假定出发来作一些推理，看看从这个假定出发能否得出逻辑矛盾或逻辑谬误。假如得出了逻辑矛盾，那么就说明这个假定犯了类型混淆或范畴混淆的错误，就应否定这个假定；假如得不出逻辑谬误，那么就证明了这个假定，说明该概念或命题确实具有被假定的逻辑机能和逻辑类型，可以按这个假定来使用这个概念。

---

[1]　Gilbert Ryle, "Philosophical Arguments", in A. J. Ayer ed., *Logical Positivism*, p. 331.
[2]　Ibid., p. 335.

这两个步骤构成了一次归谬论证。但不论第一次论证的结果如何，在它结束之后，哲学论证便又要回到第一步骤，重新开始第二次、第三次，乃至多次的归谬论证。理由如上所述，因为各种基本概念或命题都处于错综复杂的逻辑关系之中，哲学需要从总体上来把握它们彼此之间的全部逻辑交叉方位，"只要仍然存在着未加检查的机会即一个观念仍然有被误用的机会，对于支配这个观念的逻辑行为的规则的掌握就是不完全的"[1]。因此赖尔强调，探究各学科的基本概念或命题的逻辑机能，也就是探究各学科的整体逻辑结构，不是一次归谬论证就能完成的，它是一个多次反复的过程。

不妨举一个简单的例子来说明。考虑下面这个命题："约翰不喜欢去医院的想法。"由于语法上的类似，它很可能使人假定，这个命题的逻辑机能类似于"约翰不欢喜史密斯"，也就是说，假定"去医院的想法"这个概念与"史密斯"这个概念属于同一个逻辑类型。从这个假定作归谬论证可以推出，既然"史密斯"是一个实在，那么"去医院的想法"是一个与"史密斯"一样的实在，这显然与常识相悖，也就是说，是一个逻辑上矛盾的结论。因此，这种假设犯了类型混淆的错误，即混淆了"去医院的想法"的逻辑类型，误认为"去医院的想法"的逻辑类型相当于"史密斯"的逻辑类型。这样就完成了一次归谬论证。然后再重复第一步骤，经过仔细考虑，发现这个命题表达了这样的思想"约翰怕去医院"或"约翰一想到去医院就感到不安"，也就是说，假定"去医院的想法"与"去医院"或"要去医院"属于同一个逻辑类型。从这个假定出发推不出逻辑矛盾，于是这个假定得到了证明；从而说明，我们应当像使用后者那样来使用前者。

---

[1] Gilbert Ryle, "Philosophical Arguments", in A. J. Ayer ed., *Logical Positivism*, p. 336.

运用这种归谬论证，赖尔在他的代表作《心的概念》一书中详细论证了"心"这个概念和其他一些心理概念的逻辑机能和逻辑类型。他认为，"心"是高于"物"一个层次的存在，粗略地说，精神就是人的行为或行为倾向。这就是他运用自己的方法论所得到的精神哲学。

为了更清楚地说明他的思想，赖尔还把这种归谬论证比喻为"打谷"。要检查的概念或命题好比一些刚收获的庄稼，归谬论证好比打谷机和鼓风机，而常识则好比打谷场地。哲学推理用归谬论证作为哲学的打谷机和鼓风机，以"具体观念的使用习惯而成的知识"作为哲学的打谷场地，把哲学的谷子即抽象观念的真正的逻辑机能与哲学的谷草即误认的逻辑机能区分开来，把这些谷子收集起来，就得到了概念或命题的逻辑类型和使用规则。

三

英美分析哲学在第二次世界大战后演化为美国的人工语言学派和英国的日常语言学派。前者以奎因为首，在哲学方法论上继承了罗素、前期维特根斯坦和维也纳学派的路线，以符号逻辑作为工具进行哲学分析活动。赖尔作为后者的领袖之一，其哲学方法论思想有何特色呢？

在哲学观上，赖尔的思想与逻辑经验主义并无原则上的不同。他认为，哲学不同于科学，科学家的任务是根据体现了各学科的基本问题和方法的基本概念或原则构造科学理论，解决实际问题，哲学家的任务则是考察科学家据以工作的基本概念或原则，也就是对这些概念进行语言逻辑分析，澄清它们的意义。

不过，何谓分析，何为概念的澄清，赖尔的看法与人工语言学派哲学家就有了较大的分歧。

人工语言学派的方法论的核心是符号逻辑。

这派哲学家大都本人就是自然科学家和逻辑学家，信奉科学主义。在他们看来，自然科学和逻辑学的进展已经表明，传统的哲学理论大都是一些与科学格格不入的无意义的形而上学，哲学只能是一种澄清科学概念的意义的活动，其目的是为科学奠定坚实的基础。为了达到这个目的而进行分析，日常语言是不中用的，因为它的语义含混而多变，不符合科学所要求的精确性。由于符号逻辑是科学的科学，精确地反映了人的认识和思维的逻辑结构，按照它构造出来的人工语言理所当然地便成为分析的工具。哲学在人工语言哲学家那里成了符号逻辑的一种应用。

因此，所谓分析，就是以符号逻辑为蓝本，构造一种单义精确的人工语言，或者把全部科学概念和理论精确地还原为观察经验和人的行为，或者对日常语言、科学或哲学概念作出精确的定义，从而达到概念的澄清，达到揭示从经验到概念和理论的逻辑结构。

这种分析或概念的澄清，本质上是一种释义或定义活动，只不过是一种利用现代符号逻辑的精微的释义或定义活动。它与其说是分析，不如说是一种系统的构造。

与之不同，日常语言学派的方法论的核心却是赖尔所说的范畴错误及其治疗。

大致说来，日常语言分析哲学家虽然也受到科学主义思潮影响，却不是科学主义者。他们中的大部分人既不是科学家，也不太关注自然科学的基础，他们更关心的是哲学问题，或者说，更关心传统哲学中的错误及其根源。在他们看来，哲学争论或者说哲学谬误之所以产生，是由于日常语言的语词和语法形式并不直接反映它们所表达的事实或思想的逻辑结构，毋宁说是掩盖了它，以致哲学家在考虑一般性概念时往往把语词和语法上的异同看作逻辑上的异同，歪曲它们所表达的事实或思想的逻辑结构，从而引起思维的混乱和谬误。用赖尔的话说，这就是犯了范畴错误。这种哲学上的谬误"展示的种种事实属于一种范畴，而它所使用的语言却适合于另一种范畴"[1]。因此，哲学分析的目的在于区分日常语言的语法形式和它所表述的事实或思想的逻辑结构并揭示其真正的含义，从而解决哲学问题。

不过人工语言在这种分析中是不中用的，因为它并不能揭示人的实际思维结构，正如赖尔所说，尽管形式逻辑和哲学在某种意义上都是一种逻辑学，即都是研究概念的逻辑机能，但形式逻辑研究的是"所有""有些""并且""非"等无内容的概念的逻辑机能，而哲学研究的是"善""心""时间"等内容充实的概念的逻辑机能。逻辑与哲学的关系就好比练兵场上的操练动作与实战战场上的格斗动作之间的关系。[2]符号逻辑并不能完全反映人的思想的复杂性，正如练兵场上的操练活动并不能反映实战战场上的瞬息万变的复杂情况。

日常语言虽然有其缺陷，不能明显地反映出思想的复杂层次，"但是，熟悉的措辞能够获得逻辑力量的新的曲折是使日常思想得以存在的主要因素之一"[3]。自然语言的这种优点是人工语言无法取代自然语言的根本原因。因此赖尔不主张使用人工语言来作分析。在他看来，哲学分析应当注重分析日常语言所表达的概念和命题的逻辑机能，概念和思想结构的澄清只能通过消除范畴混淆或概念混淆

---

[1]　Gilbert Ryle, *The Concept of Mind*, p. 8.

[2]　参阅：Gilbert Ryle, "Dilemmas", in L. M. Copi ed., *Contemporary Readings in Logical Theory*, New York, 1967; pp. 219—220。

[3]　Gilbert Ryle, "Philosophical Arguments", in A. J. Ayer ed., *Logical Positivism*, p. 340.

的错误而达到。

这种分析或概念的澄清，实质上"是通过仔细地、精确地注意有关的语言表达在交往过程中的实际使用的方式，来理解在哲学上引起迷惑的概念"[1]。它与人工语言学派的分析或概念的澄清显然是很不同的。

赖尔的哲学方法论思想无疑有许多合理之处，但也含有把心身问题等哲学问题看成是纯粹的语言问题的倾向，这是不妥的。毋庸置疑，由于语言是思想的直接现实，语言问题确实与哲学争论有关，然而哲学争论的根源却并不仅仅在于语言的误用和思想的混乱。只要仔细考虑一下就可以看出，赖尔倡导的语言逻辑分析本质上仍然只是一种论证手段，其作用主要在于使哲学家在阐发自己的哲学见解时能够更精确地使用概念，能够使自己的哲学见解更为前后一致而避免逻辑矛盾。单靠这种论证手段，并不能得出哲学家试图得出的哲学结论，要得出哲学结论，还必须依靠这种论证所依据的前提或立足点。以赖尔的精神哲学为例，它是建立在所谓的常识或"素朴实在论"（唯物论）的基础之上的；赖尔的精神哲学实质上是立足于所谓的常识或"素朴实在论"之上、运用语言和逻辑的分析对于各种心理性质的概念作出一些澄清和论证、最后达到反笛卡尔心物二元论的素朴唯物论。在心身关系问题上，赖尔的论证实质上不过是表明了：假如要在逻辑上首尾一致地坚持素朴唯物论，那么就必须否认精神的实际存在。倘若不是立足于常识或"素朴实在论"，而是立足于机械唯物论或笛卡尔的心物二元论或者别的什么哲学世界观之上，那么不论采取什么逻辑分析，也是难以得出赖尔的精神哲学的，更谈不上其正确与否了。

---

[1] ［英］艾耶尔等，《哲学中的革命》，李步楼译，商务印书馆 1986 年版，第 81 页。

赖尔哲学观的缺陷就在于，它没有看到造成哲学问题的其他因素，而把哲学谬误的根源仅仅归结为日常语言的误用。进一步考虑还可以看出，这个缺陷又根源于这样一种误解：即以为所谓的常识或"素朴实在论"是无可争议的立足点，是不证自明的东西。既然常识应当成为一切哲学见解的立足点，那么常识就不能成为哲学问题或哲学谬误的根源了。

认为世界上实际存在的只是人们能够经验到的个别事物，精神和心理事件实际上并不存在，各种心理概念无非是从各个不同层次上对于人们能够经验到的个别事物及其关系的表述，这种素朴唯物论虽然避免了唯心论和心物二元论，但却是一种狭隘的世界观。它反映了赖尔的哲学观固守英国传统经验论、反对机械论、忽视物理自然科学的倾向。事实上，自然科学的进步在人们眼前不断展现出新的世界，而常识也是随着科学的进展而发生变化的。然而赖尔却似乎还固守着未受过高等教育的普通人的常识，这是说不过去的。假如说赖尔依赖这类常识还能对各种心理概念作一番分析，那么可以断言，他决不能依赖这类常识对相对论、量子力学的基本概念作出令人信服的分析和澄清。

其次，在我们看来，哲学活动像科学活动一样，应当包括两个方面，首先是根据科学实践的进展提出能够指导人类前进方向的反映时代精神的新的哲学观念或哲学见解，其次才是对这些见解进行分析和澄清，使其在逻辑和语言表述方面更加完善。这两个方面尽管有内在的联系，但原则上还是有区别的。赖尔由于上述的失误，倾向于忽视前者而近于把后者看作唯一的哲学活动，这不能不说是一个大的缺陷。值得指出的是，赖尔也并不排斥创造性的哲学活动："最好的数学哲学理论来自不得不试图解决自己的一些研究原则中含有难题的数学家，这种哲学工作往往会产生一些新的数学方法和一些富有启示的哲学见解。"[1] 但由于他过分强调哲学的任务是消除逻辑矛盾和澄清概念，就必然会忽视与创造性哲学思维活动有关的其他哲学方法。

尽管如此，赖尔的哲学方法论思想在许多方面确实对我们有启发。如他对于"抽象"和人的思想结构层次的分析，他的名之为"归谬论证"的试错法，都值得我们借鉴。仔细地区分各种概念之间的差异，确实可以避免许多不必要的争论，并且可以使思想更加明确，认识更加清楚；而且，深思熟虑地分析考察一个关键性的基本概念，也会有助人们创新。罗素对于"集合"概念的思考，爱因斯坦对于"同时性"概念的分析，便是赖尔思想的基础之一。

---

[1]　Gilbert Ryle, "Philosophical Arguments", in A. J. Ayer ed., *Logical Positivism*, p. 328.

4　摩尔的哲学分析 [1]

乔治·E.摩尔（G. E. Moore）是分析哲学的创始人之一。他的哲学分析方法对 20 世纪的英美日常语言哲学有持久而深远的影响。揭示出他的哲学分析的本质和特征，有助于我们了解批判当代英美哲学。本文便试图从摩尔的具体哲学论证出发，对他的哲学分析方法及其影响作一简要的探讨。

一

哲学分析是当代英美哲学家为了解决哲学问题而普遍采用的一种方法；当然，不同派别的分析哲学家使用的分析方法各有其特色，摩尔也不在例外。不过，摩尔作为哲学分析的开拓者和实践者，对自己的分析方法没有明确而有系统的说明，因此，为了弄清楚他的哲学分析方法，我们不得不先来看一看，他是怎样运用分析来解决

---

[1]　原载《河北大学学报》1991 年第 3 期，个别文字有改动。

哲学问题的。

在本体论和认识论方面，摩尔通过哲学分析得出了常识实在论的观点。我们可以把他的论证要点归纳如下：

1. 哲学的首要问题是形而上学或本体论问题，亦即如何概括地描述整个宇宙，说得更具体一些，也就是要回答，"世界上究竟存在哪几类东西"，"这几类东西彼此之间又有什么关系"。[1]

2. 根据常识，我们确切地知道世界上存在着物质对象、意识活动、时间空间、感觉材料和共相。

我们每个人都确实无疑地知道一些自明之理，如："现在有一个活的人体，它是我的身体。这个身体在过去某个时刻出生了，并且持续存在至今。……而且自它降生以来，还存在着许多其他东西，都具有三维的形态和大小，彼此间有不同的距离，……在我的身体出生之前地球已存在了许多年，在此期间，曾有许许多多的人始终生活在地球上，……我是一个人，自从我的身体出生以来我在不同时候有过各种不同种类的许多经验，比方说，我常常感知到我自己的身体和构成了部分环境的其他一些东西，……我还观察到有关它们的种种事实，例如我现在正观察到的事实：目前这个壁炉台比那个书柜离我更近，……"；根据"物质对象""心理活动""时间"和"空间"等语词的日常含义，这些自明之理在逻辑上便蕴含着物质对象、心理活动、时间空间存在着。[2]

根据常识我们还知道，物质对象是独立于意识而存在的，"物质对象即使在我们没有意识着它们时也能够而且确实继续存在"。因为，并非所有物质对象都有意识，只有某些生物有意识，而且人和

---

[1] 参阅：Moore, *Some Main Problems of Philosophy*, London: George Allen & Unwin Ltd., 1953, pp. 1—2, 23。

[2] 参阅：Moore, "A Defense of Common Sense", Reprinted in Moore, *Philosophy of Recent Times*, Vol. II, ed. by J. B. Hartman, Mcgraw-Hill, 1967, pp. 296—301。

其他生物的意识也不是从来就有和永远存在的。[1] 再者，许多物理事实，如"地球过去已存在了许多年""月亮许多年来距地球较近而离太阳较远"，既非逻辑地依赖于心理事实，也非因果性地依赖于心理事实。[2]

3. 唯心论者之所以认为，世界上只存在着精神，世界是精神的，关键在于他们认为存在与意识不可分。"存在就是被感知"或者说"存在就是被意识"是一切唯心论的前提。可是从逻辑上看，"存在"与"被感知"不可能是同一的，否则"存在就是被感知"就成了同义反复的分析命题，根本没有传达什么信息。如果说"存在就是被感知"传达了某种信息，是有意义的，那么它必定是一个综合命题，也就是说，"存在"与"被感知"必定不是同一的。然而唯心论者却认为，"存在就是被感知"既断定了两者是同一的又传达了某种信息，既是个分析命题又是个综合命题，这就违反了逻辑。[3]

从认识论的角度看，任何一个感觉都有两个不同的要素，一是意识或感觉的活动，二是意识或感觉的对象。前者是不同的感觉共有的，后者是不同的感觉特有的。二者显然不是同一个东西，所以不是必然联系在一起的。就"蓝的感觉"而言，这种感觉本身不同于"蓝"这种对象，人可以没有意识到"蓝"，但"蓝"仍然存在着。[4]

4. 哲学家如果否认物质事物、心理活动、空间时间的存在，就必然要否认上述某些自明之理或者否认能够确知它们，但这样做将不可避免地导致逻辑矛盾。

[1] 参阅：Moore, *Some Main Problems of Philosophy*, pp. 2—7。

[2] 参阅：Moore, "A Defense of Common Sense", Reprinted in Moore, *Philosophy of Recent Times*, Vol. II, pp. 309—310。

[3] 参阅：Moore, "The Refutation of Idealism", Reprinted in Moore, *Philosophical Studies*, London: Routledge & Kegan Paul LTD, 1922, pp. 5—15。

[4] 参阅：Ibid., pp. 17—27。

首先，一旦否认了上述某些自明之理，那就必然会否认有任何哲学家存在过，因为，"哲学家"无非意指人，而人当然具有人体并在不同的时候有不同的经验。然而要是哲学家并不存在，也就没有哲学家能够否认这些自明之理以及物质事物、心理活动和空间时间的存在。

其次，任何哲学家若要否认物质事物、心理活动、空间和时间的存在，就必然会在逻辑上否认哲学家和人类的存在；但他们却又不得不在哲学著作中承认其他哲学家和人类的存在，因为他们经常在日常含义上使用"我们"一词。

最后，假如哲学家一方面承认我们事实上相信所有这些东西的存在，另一方面却又声称，我们并不能确实无疑地知道它们的存在，"它们的存在"仅属于"常识的信念"而不属于真正的知识，那么他们仍然要陷入逻辑上的自相矛盾。因为，"任何人都并非确实无疑地知道他人的存在"的意思无非是"除我之外还有其他许多人，但其中没有人知道他人的存在"。而且，"常识的信念"这一概念本身就意味着承认他人的存在，所谓"常识"就是"大家都相信或知道的东西"。[1]

5. 虽然我们确实无疑地知道物质事物存在着，但是，肯定物质事物存在着究竟是什么意思，什么是对这类命题的正确分析，更具体些说，物质对象与感觉之间究竟是什么关系，这却是一个非常困难的问题，至今没有令人满意的答案。[2]

再来看一看摩尔对伦理学问题的分析和解决。其要点大致可归纳如下：

---

[1] 参阅：Moore, "A Defense of Common Sense", Reprinted in Moore, *Philosophy of Recent Times*, Vol. II, pp. 302—305。

[2] 参阅：Ibid., pp. 313—316。

1. 伦理学有两类专门问题。第一类问题是"哪些事物就其自身而言是善的"。第二类问题是"我们应当采取哪种行为"。要解决这两类问题，首先要解决一个更为根本的伦理学问题即"善本身是什么"。伦理学不仅要解答这些基本问题，而且要为此提供正确而充分的理由，伦理学的主要任务是要通过对这些问题的探讨确立伦理论证的基本原理。[1]

2. "善本身是什么"实质上是一个给善下定义的问题。不过这种定义不是语言学的或词典学的定义，因为那是语文学家或词典编纂学家的事情。哲学家给"善"下定义是要分析"善"这个词所代表的伦理概念。这种分析也就是把复杂的概念分解为它的各个组成部分。按照这种分析的定义方法，"善"却不是一个可分析的概念，因此它是不可定义的。[2]

首先，"善"不可能标志某种复杂的可分析的性质，因为无论用什么复合的概念来定义"善"，总是可以有意义地追问，这样的复合物本身是不是善的。例如，若把"善"定义为"自我实现"或"生命的增长"，我们总可以有意义地问，"自我实现是否真是善"？"生命的增长是否真是善"？这就表明，不论"自我实现"还是"生命的增长"，它们与"善"本身都不是同一个概念。如果是同一个概念，我们就不会这样提问；例如我们不会问，"自我实现是否自我实现"或"三角形是否三条直线构成之封闭图形"，因为这类问题是无意义的。

其次，同样的论证也表明，如果"善"确实表示某种性质，那么它也不同于任何别的单纯的不可分析的性质，如"快乐"等等。

---

[1]　参阅：[英] 摩尔，《伦理学原理》，长河译，商务印书馆 1983 年版，序，第2—5、15—17 节。

[2]　参阅：同上书，第6—10 节。

最后，类似的论证还可表明，"善"必定标示某种性质。因为，如果"善"不表示任何性质，那么"自我实现是善的""快乐是善的"等说法就是没有意义的，然而这类说法显然不是没有意义的。

所以，"善"必定标志一个独特的不可定义的单纯性质或概念。总之，使用"善"这个概念来下断言的伦理学命题若要有意义，就必定是一个综合命题而不可能是一个分析性的同一命题。[1]

3. 许多传统的伦理学家却试图给"善"下定义，把"善"这个概念等同于其他某个单纯的或复杂的概念。例如斯宾塞把"善"定义为"进化"或"进步"；功利主义者把"善"定义为"快乐"；形而上学家则用不存在于时间中的实在体系来解释定义"善"。他们都犯了"自然主义的谬误"或类似的错误，或者用自然客体的某种性质来代替"善"，或者用某种非自然性质来代替"善"。他们的论证中充满了概念混淆的错误。例如功利主义者穆勒把"值得想望的"混同于"所想望的"，把"令人愉快的思想"混同于"对于快乐的思想"。究其错误的原因，仍在于他们混淆了"善本身是什么"与"哪些事物就其本身而言是善的"这两类不同的问题；他们没有看到，"善"的确是某些自然客体的一种性质，但它却不是一种自然性质。[2]

4. "哪些事物就其本身而言是善的"是对作为目的的事物进行评价的问题。世界上就其本身而言是善的的事物不止一种，不过究竟哪些事物就其本身而言是善的，这却要依靠直觉来判断，因为这类判断绝对没有任何证据或理由。为了正确解答这类问题，必须考虑，哪些事物如果凭其本身而绝对孤立地存在着，它们是否善的？善的程度又如何？于是我们就会清楚地看到"人与人交往的快乐"和

---

[1] 参阅：摩尔，《伦理学原理》，第 13 节。
[2] 参阅：同上书，第 24、26、31、39 等节。

"对美的享受"是具有最大价值的作为目的的善。[1]

5."我们应当采取哪种行为",换言之,"哪种行为是义务或正当的",是对作为手段的行为进行评价的问题。为了解决这类问题,首先必须考察要作出的行为会产生什么后果,其次必须相对于其他选择对这种行为及其后果的善恶作出估价。这个问题实质上就是相对而言达致较好结果的手段的问题。因此,它的解决不能仅靠直觉性的善恶评估,而且必须包括对行为及其后果的因果关系的考察。[2]

二

纵观摩尔的哲学论证,可以说他的哲学分析大致包括三个部分,即明确问题的部分、批判的部分和建设的部分。

首先要明确问题,办法是分析体现了基本问题的哲学范畴以及有关的范畴,澄清它们的含义和相互之间的关系。其次要针对问题批判传统给出的答案,办法是分析传统的哲学观点及其论证,揭示出它们在哪里混淆了概念,由此又导致了哪些自相矛盾或违背了哪些自明之理,最后要针对问题给出自己的答案,办法是根据常识或健全的理智逻辑地推出或直觉地得出解决问题的根本原则或观点。

当然,这三个部分在摩尔的哲学分析中彼此交融,相互之间并无明确的界线,它们只是从总体上理解摩尔的具体分析和论证方法给出的一种方便的划分。要在更深的层次上把握摩尔的哲学分析,还必须阐明他的哲学分析有哪些根本的特征和原则。就此而论,我们认为,摩尔的哲学分析有两个根本的要素,即语义分析及其逻辑

---

[1]　参阅：摩尔,《伦理学原理》,第 86、112—113 节。
[2]　参阅：同上书,第 16—17、88—89、92 节。

原则和自明之理及其常识原则。

贯穿于摩尔的整个哲学分析的要素之一便是他的语义分析及其逻辑原则。

摩尔在其论证中反复强调，理论正确的根本条件之一就是，概念和范畴必须有清晰而明确的含义，论证必须符合逻辑；而错误的理论则必定源于概念的不清和混淆，从而导致自相矛盾和荒谬。

摩尔在其代表作《伦理学原理》的序言中一开始便指明了这一点："照我看来，在伦理学上，正像在一切哲学学科上一样，充满其历史的困难和争论主要是由于一个十分简单的原因。即由于不首先去精确地发现你所希望回答的是什么问题，就试图作答。即使哲学家在着手回答问题之前，力图发现他们正在探讨的是什么问题，我也不知道这一错误根源会消除到什么程度；因为分析和区别的工作常常是极其困难的，我们往往不能完成所必需的发现，尽管我们确实企图这样做。"[1]

因此，摩尔在阐述伦理学时首先便着手明确问题，把"哪些事物就其本身而言是善的""我们应当采取什么行为"和"善本身是什么"这三个问题区分开来。这种区分其实就是对语词"善"作逻辑语义的分析，把"善"这一伦理的基本范畴区分为三个不同的概念："作为目的的善的事物""作为手段的善的行为"和"善本身这一性质"。摩尔认为，伦理学中种种错误的根本原因便在于许多传统伦理学家混淆了与"善"有关的这三种不同的概念，混淆了上述三个不同的问题。

值得指出的是，摩尔强调这个方法论原则与其说是为了保证哲学结论的正确，不如说是为了哲学论证本身的正确。因为，真正的哲学和严谨的理论必须借助于合理的论证向人们提供正当的理由，

---

[1] 摩尔，《伦理学原理》，第1页。

否则，充满逻辑错误的论证不仅不能使人信服，而且会使思想陷于混乱，使理智感到迷惑；再者，正确的结论也可以由错误的前提推出，但这并不能表明结论正确。因此，尽管摩尔的伦理学结论与功利主义几乎一致，他仍把功利主义作为主要的批判对象。在摩尔看来，在哲学中，分析和论证比结论更为重要，在哲学中，清晰而明确的概念与合乎逻辑的论证本身便是正确与错误的试金石，因而是头等重要的大事。

为了实现这个方法论原则，摩尔作了种种细致繁琐的分析批判，这种分析批判被称为逻辑语义分析，其中语义分析是核心，逻辑论证只是围绕着语义分析而展开的。

语义分析在摩尔那里是指概念分析，其对象是概念或命题而不是语言表达式，其目的是为了澄清概念而不是探讨语词的正确用法。在他看来，词义研究是语文学家的事情，哲学家的分析对象应当是含义已确定的概念，但为了明确把握它，就必须分析它的主要成分并把它与其他相近的概念区分开来。因此摩尔的语义分析主要采取了两种方法，即定义的方法和区分的方法。

所谓定义的方法就是把一个复杂的概念分解为构成它的各个单纯而不可分的概念。这种方法必须满足以下几个条件：①被分析者必定是一个复合概念；②被分析者与分析者必定含义相同；③分析者的各个组成部分与被分析者不可含义相同。[1]例如“兄弟”这一概念可定义为“男性同胞”，因为“男性同胞”是由“男性”和“同胞”这两个不同于“兄弟”的概念复合而成；“马”“三角形”等概念是可以下定义的，因为它们也都是些复合概念；而“黄”“善”等概念则是不可定义的，因为它们都是些不可分析的单纯概念，只能

---

[1]　参阅：Schilpp ed., *The Philosophy of G. E. Moore*, Northwestern Univ., 1942, p. 666；摩尔，《伦理学原理》，第7节。

靠意识或思想直接把握。

所谓区分的方法，就是把一个概念与同它的含义接近或相关的其他概念进行比较，把它们区分开来。这种方法往往也要依靠直觉。例如，"善本身这一性质"既不同于"作为手段的善的行为"，也不同于"作为目的的善的事物"；"所想望的"不同于"值得想望的"；"存在"（being）也不同于"实存"（existence）。

有时候区分的方法则要借助于逻辑论证。例如摩尔在区分"善本身"与"快乐"、"存在"与"被感知"等概念时就使用了逻辑论证。这种逻辑论证的特征便在于揭示出，假如混淆了两个不同的概念，把它们当作相同的概念，就必然会导致自相矛盾或违背常识，从而证明了，被认为含义相同的两个概念其实是不同的概念。

逻辑语义分析构成了摩尔的哲学分析的主要部分；从肯定的方面来说，它澄清了概念，从否定的方面来说，它揭示了由于概念混淆而导致的种种哲学谬误，于是为解决哲学问题奠定了基础。

贯穿于摩尔的哲学分析的要素之二就是他的直觉判断及常识原则。

我们已经看到，逻辑语义分析的主要作用是澄清概念，揭示种种哲学谬误，为解决哲学问题扫清障碍。可是显而易见，这种分析批判并不能直接提供哲学问题的答案，要解决问题，还必须要有另外的因素，这个因素就是常识和直觉。摩尔正是在逻辑语义分析的基础上，通过一些不证自明的常识导出了他的常识世界观，同时又利用没有理由的直觉得出了他的直觉主义伦理学原则。

其实，常识与直觉在摩尔的哲学分析中的作用并不仅仅在于理论的建设方面，而是贯穿于他的整个哲学分析的。

首先，不论是把握单纯的不可分析的概念，还是区分不同的概念，都需要常识和直觉的帮助，例如对"善""黄""存在""意识"

等单纯的概念的把握，对"所想望的"与"值得想望的"、"意识活动"与"意识对象"等概念的区分。其次，任何逻辑论证，不论是推出正确的观点，还是反驳种种逻辑谬误，都需要常识和直觉作为初始前提，因为在摩尔看来，常识和直觉是不证自明的，违背常识和直觉必然会导致自相矛盾。脱离了常识和直觉，无法设想摩尔如何能进行逻辑语义分析。

当然，摩尔所谓的常识和直觉有其特定的含义，两者虽然有不同的使用范围，但具有共同的特征并在哲学分析中具有相同的逻辑地位。

摩尔所谓的常识不是一般人所谓的常识，其典型例子是用来论证其常识世界观的一些不证自明之理，如"地球过去已存在了许多年""多年来许多人一直居住在地球上"等等。它们具有一般人所谓的常识不具有的两个特征：第一，它们是所有的人毫无例外地都持有的信念，不论人们是否还持有与它们相悖的其他信念；第二，它们是不证自明的。

摩尔所谓的直觉也不是一般人所谓的直觉，其典型例子是他的直觉主义伦理学中的一些不证自明的伦理原则，如"快乐是善的""人与人交往的快乐和对美的享受是具有最大价值的善"等等。它们既不是非理性的猜测，也不是神秘的顿悟，而有些类似于人的理智对于数学公理的直接把握。摩尔明确指出："我希望人们注意，我把这样的诸命题称为直觉，我的意思仅仅是断言它们是不能证明的；我根本不是指我们对它们的认识的方法或来源。更不是暗指（像绝大多数直觉论者那样）：由于我们采取一种特殊方式或者运用某种特殊能力来认识一个命题的缘故，它就是正确的。"[1] 直觉也具

---

[1] 摩尔，《伦理学原理》，第 3 页。

有两个特征：第一，直觉是"全世界"或"每个人"都会赞同的想法；第二，直觉是不证自明的，它绝对没有任何理由。[1]

大致说来，常识主要用来分析论证与事实有关的哲学概念和哲学问题，而直觉主要用来分析论证与价值有关的哲学概念和哲学问题。不过由于它们共同具有的特征，它们便在摩尔的哲学分析中起着相同的逻辑作用：为分析或论证提供最终的理由和根据。就逻辑地位而言，常识归根到底还必须归结为直觉，因为"在一命题是自明的这种场合，在没有理由证明其真实性的情况下，直觉就必须提供这种理由"[2]。这种直觉，我们或许可以借用马克思的用语说，就是英国人特有的那种"健全的理智"及其产物。

"健全的理智"在摩尔的哲学分析中确实起着极为重要的基石作用，没有这个基石，逻辑语义分析不仅得不出任何结论，甚至无法起步。正如怀特海所说："结论是，被视作是使思想进展而作的一种充分分析的逻辑，是虚妄的。它是一种极妙的工具，但要以常识作背景。"[3] 摩尔的哲学分析，正是逻辑与常识、仔细的分析与健全的理智的结合。

三

摩尔的哲学分析极大地影响了 20 世纪的英国哲学，这一方面是由于科学和哲学的时代背景，另一方面也与摩尔本人的品格特征有关。他治学严谨，文风朴实无华，他对分析的热忱和专注以及为了清楚确切地表述自己的思想所作的不懈努力，使他的哲学论证显得

---

[1] 参阅：摩尔，《伦理学原理》，第 86—87 节。
[2] 同上书，第 88 节。
[3] Schilpp ed., *The Philosophy of A. N. Whitehead*, New York, 1951, p. 700.

颇有说服力，尤其是他对传统哲学的种种逻辑谬误进行的批判。摩尔的分析因此为当时的英国哲学家提供了一个值得仿效的榜样。自摩尔和罗素之后，英国哲学界的风气为之一变，无论在哲学会议上还是在哲学著作中，细致琐碎的语义分析取代了模棱两可的词藻堆砌，不厌其烦的逻辑论证取代了夸夸其谈的思辨跳跃。第二次世界大战后，以后期维特根斯坦、赖尔和奥斯汀为首的英国分析学派进一步发展了摩尔的哲学分析，形成了如下的基本立场：

"很多传统的哲学问题是由于误解而产生的，是由于对我们的语言功能缺乏了解而产生的。一旦你意识到我们的语言实际上起的作用，一旦你逐渐理解了我们所用的表达方式的实际意思，你就会看到，只是把某些词堆积在一起，不可能得出结果。思想不能在词汇中旋转成现实。只有我们的实践才能解决问题的意义。与此相关的一个问题是，许多哲学问题在被分解成单独问题时都不成其为问题。它们经常是一个被过于简化的公式集中在一起的一组不同的担心、不同的困扰。当你看透了这一点，并有分析地把问题分解开时，你会发现，许多传统的哲学问题不是被解决了，而是消失了。你不必再问这样的问题了。"[1] 因此，"哲学就是要研究我们用词的方式、这些词所具有的意义，以及与这些词有关的生活。如果这些论述方式存在，那么这些生活方式就存在，人们就应该理解它"[2]。

乍一看来，这种立场似乎与摩尔的哲学分析已有相当的差异，不过我们只要稍加仔细地考察一下，就会发现，它不仅保留了摩尔的基本原则，而且在哲学观和分析方法两个方面都是摩尔思想的合乎逻辑的发展。

---

[1] [英] 布莱恩·麦基编，《思想家》，周穗明、翁寒松译，生活·读书·新知三联书店1987年版，第186—187页。

[2] 同上书，第184—185页。

在哲学观方面，英国分析学派明确并发挥了仅仅隐含在摩尔思想中的观点：哲学的主要任务就是进行逻辑语义分析。

的确，摩尔从没有说过哲学的任务就是语言逻辑分析："……我从来没有说过，或者想过，或者暗示过分析是哲学的唯一固有的任务，我在进行分析的时候可能暗示过分析是哲学的固有任务之一。……分析也决不是我曾经试图做的唯一的一项工作。"[1] 不仅如此，他还表示过，哲学的研究领域主要包括本体论、认识论和伦理学，哲学的主要任务应当是通过哲学分析解决这些领域中的基本问题。[2] 可是在他的后继者看来，摩尔对于哲学论证及其原则的强调以及他的哲学分析实践却暗示了，哲学的主要任务就是分析。

以他的直觉主义伦理学为例。首先，他在《伦理学原理》一书中明白表示，相对于为问题提供答案而言，更重要的是为这些答案提供理由乃至于确立哲学论证的基本原理："我已致力于发现什么是伦理学论证的基本原理，可以看作我的主旨的，与其说是运用这些原理可以达到的任何结论，不如说是这些原理本身的确立。"[3] 而这些基本原理也就是摩尔据以分析的逻辑原则和常识原则。其次，整本《伦理学原理》无非做了两件工作，其一是运用这两个分析原则澄清了传统伦理学问题的真正含义并批判了哲学家们在论证解决这些问题时所犯的种种逻辑混淆，其二是在此之后指出，这些问题的解决只能靠直觉判断和有关事实的因果关系研究，而不能靠哲学论证。由此可见，哲学的主要任务便在于逻辑语言分析。

在摩尔之后，赖尔、维特根斯坦和奥斯汀先后用不同的说法公开宣称，哲学的主要或唯一的任务就是逻辑语言分析。他们之所以

---

[1]　参阅：Schilpp ed., *The Philosophy of G. E. Moore*, pp. 675—676。
[2]　参阅：Moore, *Some Main Problems of Philosophy*, pp. 1—2, 24—27。
[3]　摩尔，《伦理学原理》，第 3 页。

得出这个结论，还由于在他们看来，摩尔的工作也表明，分析哲学家解决传统哲学问题的方式大不同于思辨哲学家。思辨哲学家力图通过思辨对传统哲学问题给出一个自以为是一劳永逸的答案，而分析哲学家则力图通过分析表明，许多所谓的哲学问题其实是由各种不同性质的问题构成的一些组合，只不过披上了逻辑的外衣，因此它们并不是靠哲学论证能解决的问题。例如摩尔的分析表明，传统的伦理学问题经过分析转变成了不能靠哲学论证予以解决的价值问题和事实问题。换言之，原来的问题消失了，而不是被解决了。许多传统的哲学问题，如"心与物的关系"等等，都是如此，它们都是由于概念的混淆引起的，一旦澄清了问题及其中所含概念的真正含义，就会表明，这些问题或者是一些逻辑错误，或者是事实问题或别的什么问题。既然哲学论证只能揭示逻辑错误而无法解决澄清后的问题，那么哲学家除了进行分析澄清的工作之外，还能做什么呢！

在分析方法方面，英国分析学派也通过批判进一步阐明了摩尔的概念分析的实质。

前面已经提到，摩尔认为逻辑语言分析应当是一种概念分析而不是词义研究。按照摩尔的说法，分析固然使用语言，要涉及语词的日常用法和含义，但哲学家仍然不同于语文学家，哲学分析的目的是要澄清思想和命题而不是去确定语词的用法；因此，哲学家的工作应当是在语词的日常用法的基础上借助于内省在心中理解要予以澄清的思想和命题，着手进行分析。

在他的后继者看来，这种说法是不能令人满意的。既然语词的日常用法和理解是分析的前提，哲学家怎么能够不去研究它们呢？问题还在于，思想和命题能够脱离语言的使用独立自存吗？它们能够脱离语言的使用为人们交流和把握吗？语言所表达的概念和命题与语言的用法究竟是什么关系呢？摩尔没有说清楚这些问题，而只是简单地承认，语词的日常用法和大家对它们的共同理解是概念分析的前提。

在摩尔之后，赖尔指出，思想和意义作为实体根本不存在，所谓语词表达的意义就在于语词的用法，因此概念分析实质上就是日常语言用法的分析。维特根斯坦则不仅认为语词的意义及其理解在于语词的用法，而且更进一步指出，语词的使用和理解都植根于生活方式。由于存在着多种多样的生活方式，语词就有各种各样的用法、理解和意义。

由于摩尔的后继者们否认了意义实体或思想实体的存在，他们对概念混淆不清以及如何消除它们从而解决或消解传统哲学问题也作了新的阐明。赖尔认为，哲学上典型的概念混淆是"范畴错误"，他建议，可以通过仔细分析语词的日常用法，使用一种名之为"强归谬法"的语言逻辑分析来消除这类谬误。在维特根斯坦看来，概念混淆便在于认为语词只有一种用法或含义或者混淆了语词的不同用法或含义，而其更深层的原因是，试图用相同的模式来说明不同的生活方式。奥斯汀则指出，为了消除概念混淆以解决哲学问题，我们应当更加全面系统地研究日常语言的各种用法和功能，区分不同的言语行为。

我们认为，英国分析学派对于摩尔思想的继承和发展固然有合理之处，但在总体上存在着根本性的缺陷。这里我们可以简要地指出，这种发展强化了摩尔思想中忽视理论的重要性和创造性思维的一面，进而具有否定理论的重要性和创造性思维的倾向。在这些哲学家尤其是后期维特根斯坦看来，只有特殊事物是客观实在的，一般、本质和规律并非客观实在，过分强调一般和本质的客观实在性就会脱离乃至歪曲现实，导致思想的混乱和理智的迷惑，其产物就是传统思辨哲学。这种看法必然会认为，哲学应当是一种澄清概念的分析描述活动而不应是什么解释或指导性的理论体系，其目的是为了消除理智的迷惑以便理解现实而不是为了建立创造性理论以便改造现实。他们没有看到，一般和本质虽然不能独立自存，但却存在于特殊事物之中，与特殊事物不可分；理论之所以能够理解并指导实践，描述之所以离不开理论的框架，其原因就在于此。更重要的是，人类需要和创造理论，不仅仅是为了描述和理解世界，而且是为了改造世界。简而言之，充满了逻辑谬误的理论固然不可取，脱离或歪曲了现实的思辨哲学固然应当抛弃，但是，仅仅立足于批判和摧毁性的哲学分析而没有扎根于生活和实践的哲学思维和哲学理论，人类就会失去前进的方向。

就摩尔本人而言，他在当代分析哲学中的地位主要在于，他对哲学本质上是逻辑和分析这一观念提出了自己的解释，并且运用逻辑和常识对传统哲学进行了尖锐和机智的批判，从而引出了一系列发人深省的问题，成为当代哲学发展的一个不可缺少的环节。

然而他的缺陷也是明显的。根本性的缺陷在于，虽然他也认识到光凭逻辑不能解决任何哲学问题，因此求助于所谓的常识和直觉，但由于他没有进而追问常识和直觉在生活和实践的中的地位，他对于具体哲学问题的解决都显得空洞浅薄、软弱无力。

他忽视了，常识和直觉只是生活与实践的一部分，而且主要与日常生活有关。相对于科学而言，常识与直觉往往是肤浅而不可靠的，只依据常识和直觉得出的结论因此也往往是肤浅而不可靠的。这一点在他的常识实在论中显得尤为明显。

他忽视了，既然生活和实践与社会不可分，植根于生活和实践的常识和直觉当然也带有社会性和阶级性，属于不同社会集团和阶层的人的常识和直觉往往是不同的。只依据属于某一阶层的人的常识和直觉得出的结论，怎么能说服其他社会阶层的人呢？这一点在他的直觉主义伦理学中显得更为明显。

更为根本的是，生活和实践都是历史的，所以也没有一成不变的常识和直觉，更进一步说，哲学与其他学科一样，没有一成不变的问题和答案。摩尔试图用自以为是一成不变的常识和直觉来最终解决一些所谓的一成不变的哲学问题，结果必然流于浅薄无力。

5　后期维特根斯坦哲学的实质 [1]

维特根斯坦的后期哲学思想对 20 世纪的西方哲学具有深远的影响。但是，这种哲学并不是西方传统意义上的哲学，它缺乏完整的理论体系和系统的论述；相反，维特根斯坦的后期哲学著作中充满了难以捉摸的格言、警句、类比，甚而夹杂着古怪的虚构和嘲讽。这使他的思想实质不易为人把握，容易造成误解，就连许多著名的西方哲学家都感到不可理解。[2] 本文不打算也无法对维特根斯坦的后期哲学进行系统的评述，而只想从维特根斯坦的后期哲学的目的、手段及特征等诸方面来探讨一下其思想实质。

一

毋庸置疑，维特根斯坦前后两期哲学的中心问题都是语言的本

---

[1]　原载《河北大学学报》1994 年第 2 期，个别文字有改动。
[2]　参阅：[德] 施太格缪勒，《当代哲学主流》上卷，王炳文等译，商务印书馆 1986 年版，第 555—556 页。

质或意义问题。然而，他的前期哲学的代表作《逻辑哲学论》与他后期哲学的代表作《哲学研究》读起来却大不相同。《逻辑哲学论》一书虽然是一本语言逻辑的著作，但也是一本系统地谈论世界和思想的本质的著作。所以没有人怀疑它是一本真正的哲学著作。相比之下，《哲学研究》一书既不谈世界，也没有系统性，整本书讨论的几乎都是语言问题，甚至在个别语词的意义问题上纠缠不休，这就不能不使人发生疑问，它究竟是在探讨哲学问题，还是在探讨语言问题？

这种疑惑不无道理，《哲学研究》并不是一本传统意义上的哲学著作。但它又是一本真正的哲学著作，因为它的目的是试图彻底终结传统形而上学并开创一种全新的哲学。

维特根斯坦在《哲学研究》一书的序言中曾经忠告读者：这本书只有以《逻辑哲学论》一书为背景，在两者的对照中才能正确地得到理解。[1] 也就是说，要理解其后期思想，必须把它与其前期思想放到一个共同的思想框架内加以对照。而这个共同的思想框架就是：通过语言逻辑的分析批判彻底结束传统的形而上学。

《逻辑哲学论》一书的序言十分明确地指出，它的目的在于证明，传统形而上学问题的提法"都是建立在误解我们语言的逻辑上的"，"这本书的整个意义可以概括如下：凡是能够说的事情，都能够说清楚，而凡是不能说的事情，就应该沉默"[2]。显然，在《逻辑哲学论》一书中，语言逻辑分析或语言批判本身并不是目的，而只是一种手段，用来给可思想的可说的东西与不可思想的不可说的东西划分一条界线，以便把传统形而上学的问题划入不可思想不可说的东西之中，彻底终结传统形而上学。

---

[1] 参阅：[英] 维特根斯坦，《哲学研究》，汤潮译，生活·读书·新知三联书店 1992 年版，第 4 页。

[2] [奥地利] 维特根斯坦，《逻辑哲学论》，郭英译，商务印书馆 1962 年版，第 26 页。

遗憾的是，尽管《逻辑哲学论》在数理逻辑和人工语言的研究方面取得了很大的成就，但却并没有达到它的目的。在许多人看来，这本书不仅对世界和思想的本质发表了一整套系统的看法，提出了一种新的形而上学，而且自相矛盾地说了一大堆根据其语言逻辑是不可说的东西。这就表明，他的前期哲学出了毛病。尽管他对罗素提出的批评不屑一顾，[1] 他所尊重的兰姆赛仍然郑重其事地提出批评说："如果哲学的主要命题就是，哲学是无意义的，……那么我们必须老老实实地承认，'哲学是无意义的'，而不能像维特根斯坦那样自欺欺人地说，哲学是重要的无意义的。"[2] 而剑桥大学的讲师斯拉法则直截了当地对他的语言图像说提出了批评。[3]

不过，维特根斯坦的后期著作表明，他并没有因此而放弃终结传统形而上学的目的，也没有因此而放弃以语言逻辑的分析批判作为终结传统形而上学的手段。那么，毛病究竟出在哪儿呢？

维特根斯坦经过数年的思考终于认识到，他前期的语言观是错误的，错就错在这种语言观脱离了语言的实际情况而陷入了理想的语言状态。具体一些说，这种语言观把语言的基本功能之一描述功能当作语言的理想功能，进而用这种功能作为语言的唯一正当功能来统一说明语言的全部现象，这就忽视了语言的其他功能，忽视了语言的各种不同功能之间的差异性。[4] 语言的描述功能在一定的范围内的确说明了语言现象，但一旦越出了这个范围，便不能合理地说明语言现象，结果便会导致理智的迷惑：语言的本质究竟是什么？

同样，传统形而上学的特征和根本缺陷也不在于因为它们没有

---

[1] 参阅：[美] 穆尼茨，《当代分析哲学》，吴牟人等译，复旦大学出版社1986年版，第267页。

[2] [英] 艾耶尔，《二十世纪哲学》，李步楼等译，上海译文出版社1987年版，第129页。

[3] 参阅：[美] 马尔康姆，《回忆维特根斯坦》，李步楼、贺绍甲译，商务印书馆1984年版，第13页。

[4] 参阅：维特根斯坦，《哲学研究》，第1—4、23、24、27节。

描述事实所以是不可说的，而在于它们是一种追求理想本质的哲学。它们的错误与他的前期哲学所犯的错误其实出于同一个根源，即出自一种"对普遍性的渴望"。这种"对普遍性的渴望"既反映了人们对追求普遍性和完善性的科学方法的崇拜，又反映了人们在语言观上认为一般名词必定以某种共同的本质为其意义的想法。[1] 但这种倾向会使得人们忽视差异，继而在没有共同本质的地方去追求共同的本质，并把这种并非实存的共同本质误认为是实在的东西。正因为这种倾向，两千多年来的西方哲学家莫不致力于追求世界的本质、认识的本质、人的本质等等，典型的形而上学问题表现为"时间是什么?""真理是什么?""精神是什么?"等等。形而上学家们认为，由于本质是实在的，所以只要能找到这些范畴的本质定义，便能找到这类问题的唯一的最终答案。

可是，这种"对普遍性的渴望"由于把本不存在的共同本质当作实在的东西，就犯了一个大错误："形而上学的根本问题：它抹杀了事实的研究和概念的研究之间的区别。"[2] 这种根本性的错误使得形而上学家们不仅不能解决问题，而且不断地陷入概念的混乱和理智的迷惑之中而无法自拔。

应当说，维特根斯坦的后期哲学正是在这样的思考和发现中展开的。

二

的确，维特根斯坦后期哲学的目的与他前期哲学的目的是一样

---

[1]　参阅：Wittgenstein, *The Blue and Brown Books*, Oxford, 1969, pp. 17—20。
[2]　Wittgenstein, *Zettle*, Oxford, 1967, §458.

的：彻底终结传统形而上学。不同的是，他对传统形而上学的性质的看法发生了变化，同时他的语言观也发生了变化，认识到自己前期的语言观也是传统形而上学的产物。他现在认为，形而上学的特征是在没有共同本质的地方去追求共同本质，从而导致概念的混淆和理智上的迷惑。因此形而上学问题不是真正的问题，而是一种精神上的疾病；解决它们的办法也不是去寻求答案，而是去指出它们在哪儿由于追求并不存在的共同本质而失足陷入了概念的混淆和理智的迷惑。

为了治疗这种精神疾病，维特根斯坦在《哲学研究》一书中提供了全然不同于其前期哲学的语言逻辑分析。这种语言逻辑分析可以分为两个部分，一部分属于语言哲学的领域，它要探讨语言的意义或正确的语言逻辑，指出作为语词意义的共同本质并不存在，借以消除病根；另一部分属于日常语言分析，它要依据正确的语言逻辑在产生形而上学问题的地方对概念或语言的实际用法进行细致的描述和分析，从而消除概念的混淆和形而上学问题。

我们先来考察一下维特根斯坦的后期语言哲学，看一看他对语言的意义的探讨是如何消除"普遍本质"的。

在后期维特根斯坦看来，人们追求普遍本质具有一种深刻的语义学上的根源，那就是对语词的意义抱有一种错误的观点。这种观点认为，语词的意义在于它们所代表的对象。于是，既然一般名词可以适用于一类个体或一类个别情况，那么这一类个体或个别情况必然分有某种共同的东西，而这共同的东西或本质，不论是形象还是概念，就是一般名词所代表的对象或意义；否则，一般名词的意义何在呢？我们又是如何理解一般名词的呢？[1] 总而言之，这种意

---

[1]　参阅：Wittgenstein, *The Blue and Brown Books*, p. 1, pp. 17—20。

义观要求，一般名词若要有意义，就必须要有一个固定不变的对象作为它的意义，或者说必须要有一个严格的定义；换言之，普遍本质作为名词的意义必然存在。这种意义观在西方哲学史上不乏其例，如奥古斯丁的语言意义观、洛克的语言意义观，以及维特根斯坦本人早期的语言意义观等等都是这种意义观的变种。

然而维特根斯坦却提醒我们，不要被这种似乎是正确的图像所束缚，不要想当然，而要去看！"例如，考虑一下我们称为'游戏'的过程。我指的是棋类游戏、牌类游戏、球类游戏、奥林匹克游戏等等。它们的共同点是什么？——不要说：'它们一定有某种共同点，否则它们不会都叫做"游戏"'的，而要睁眼看看它们是否有一个共同点。——因为你如果看看这些游戏，你是不会看到所有游戏的共同点的，你只会看到相似之处和它们的联系，以及一系列关系。再说一遍：不要想，而要看！"[1] 这就是说，一般语词虽然能适用于大量个别例子，但这并不意味着在所有适用的个别例子中一定存在着某种共同的东西；有的语词可能有严格的定义，来表示为所有适用的个别例子共有的本质，有的语词则没有严格的定义；一个语词有没有严格的定义、是否代表了一个固定不变的普遍本质，并不是这个语词有没有意义的必要条件。由此可见，上述意义观是错误的。

维特根斯坦进而指出，我们不能脱离生活、脱离语言的实际使用来看待语言及其意义，因为不仅语言无法脱离生活，语言的意义无法脱离它们的实际使用，而且语言的使用是人们的生活活动不可缺少的组成部分。语言的使用本身反映了人们的生活方式。正是在这个意义上，维特根斯坦把语言称为"语言游戏"。[2]

---

[1]　维特根斯坦，《哲学研究》，第 66 节。
[2]　参阅：同上书，第 19、22—23 节。

　　用这种观点来看待语言的意义，语言的意义在大部分情况下就相当于语言的用法。[1]换言之，要理解词句的意思，就必须考察词句是在什么生活环境中、为了什么生活目的、被怎样使用的。概括起来说，语言的意义包括语言的使用规则和语言的具体使用两大要素；使用规则指语词的各种定义及典型例句，具体使用则包括使用的目的和语境等其他语言游戏要素。按照维特根斯坦的思路，可以说，在决定语言意义的这两大要素中，具体使用是首要的，使用规则则是次要的。因为，一方面，词句没有脱离具体使用的确定不变的意义，词句只有在其具体的使用中才可能有确定的意义；另一方面，定义之类的使用规则也是由词句的具体使用所确定的，词句的定义只不过是体现了其具体使用的含糊的或精确的概括，从而必然是开放的、不完全的。

　　维特根斯坦的这种意义用法说在一定意义上的确消除了固定不变的普遍本质的先验客观实在性。所谓的普遍本质，其实就是一般名词的定义。现在且不谈那些缺乏严格定义的语词，即便是数学和各门具体科学中那些具有严格定义的术语，也并没有表明存在着先验的客观实在的普遍本质，理由有两个：第一，这类定义也是由语词的具体使用所确定的，因而是人为的可变的定义，它们并不表示客观先验的普遍本质，而不过表示了我们"再现事物的方法"[2]，或者表示了某种生活方式；第二，正因为如此，这类定义只限于某种语言游戏中，它们具有严格的适用范围，并不具有形而上学所要求的那种客观普遍性。

　　维特根斯坦的意义用法说不仅否定了客观先验的普遍本质，而且还为如何消除形而上学问题奠定了基础，指明了方向。

---

[1]　参阅：维特根斯坦，《哲学研究》，第43节。
[2]　参阅：同上书，第104节。

我们已经知道，在维特根斯坦看来，形而上学的特征就在于在没有本质的地方追求本质，或者把语词的人为定义当作客观的不变本质，把概念当作属性，这样就会造成概念的越界使用，混淆概念，于是产生形而上学假问题和理智的迷惑。而意义用法说表明，所谓概念无非就是语词的意义，而语词的意义就是语词的用法；概念混淆实质上就是认为同一个词句在不同的语言游戏中或用法中具有相同的意义，亦即认为词句具有独立于其具体使用的固定不变的意义。既然如此，消除概念混淆和形而上学假问题的最好办法就是考察词句的实际使用，显示词句在不同的用法或语言游戏中具有不同的意义。"哲学的结果是揭开一个又一个十足的胡说和理性举头向语言的一些界线碰撞后留下的一块块的肿块。这些肿块使我们看到了发现的价值。"[1]

举例来说，如果你把"真理"一词作为"谎话"的反义词来加以使用，并认为这是"真理"的唯一意义，那么，当你试图根据"真理"的这种意义去理解"科学真理"或"数学真理"时，就会感到困惑，就会遇到"真理究竟是什么?"这样的形而上学问题却感到无所适从。按照意义用法说，这是概念混淆引起的，因为"真理"一词本来没有唯一的定义，它的意义或它所表示的概念是由人们在自己的语言游戏中或生活方式中怎样使用它确定的；既然普通人、科学家和数学家在自己的语言游戏或生活方式中对"真理"一词有不同的用法，"真理"一词在常识、经验科学和数学中便表示了不同的概念。消除"真理究竟是什么?"所引起的理智困惑的办法就是去列举、描述"真理"一词在各种不同的语言游戏或生活方式中的不同用法。更确切些说，如果把"真理是什么?"看成一个事实问

---

[1] 维特根斯坦，《哲学研究》，第 119 节。

题，它就变成了一个形而上学假问题，但如果把它看作一个概念问题，那么它就是一个语言的实际用法问题，是一个语言游戏或生活方式的选择问题。

具体一些说，消除概念混淆和形而上学假问题有如下的程序：

第一，明确引起理智困惑的形而上学问题。

第二，针对语词的形而上学用法去收集语词的各种实际用法。

第三，考察所收集到的语词的各种使用实例，对它们进行比较分析，注意它们的相似之处和不同之处。

最后，在某种特殊的情况下，甚至可以依靠逻辑想象构造反例，来表明语词并没有唯一的用法。

因此维特根斯坦说："当哲学家使用字词——'知识''存有''客体''我''命题''名称'——并且想抓住事情的本质时，我们必须时时这样问自己：这些字词在一种语言中，在它们自己的老家中是否真的这样使用？——我们所做的是把字词从形而上学的用法中带回到日常用法。"[1]

三

我们已经力图表明，尽管后期维特根斯坦哲学的主要组成部分是语言哲学和日常语言分析，其中心问题是语言的意义问题，但它在实质上是一种旨在终结传统形而上学的新哲学。为了更好地把握这种新哲学的思想实质，我们不妨再从哲学的对象、任务、方法和意义等诸方面来简单地考察一下后期维特根斯坦哲学的特征。

就哲学的对象和任务而言，简而言之，后期维特根斯坦哲学的

---

[1] 维特根斯坦，《哲学研究》，第 116 节。

研究对象是概念，其任务是对概念体系进行批判性的检查，正面的目的不过是确定它们的适用范围，反面的目的便是要防止它们越出其适用范围而造成概念的混淆和理智的困惑。由此可以看出这种哲学的特征之一：它是一种纯批判性的活动，既不同于科学，也不同于传统形而上学。一方面，这种哲学不是事实研究，亦即它的任务不是去构造一套理论来解释事实。后期维特根斯坦虽然研究有关语言和思想的概念，却不是为了搞出一套语言理论，而是为了消除形而上学引起的理智的迷惑；他的后期语言哲学的结论之一便是：语言没有本质。相反，科学是事实研究，其任务是创造理论体系来解释事实，所以科学是一种创造理论的活动。根据维特根斯坦的哲学观，人类思维的批判功能应当属于哲学，而人类思维的创造功能则应属于科学。另一方面，这种哲学也不同于传统形而上学。因为传统形而上学自命为科学的科学，不断地构造出一个又一个的理论体系，试图对世界和各种事实给出最终的解释。在后期维特根斯坦看来，这只不过是在混淆概念研究和事实研究而已。

就哲学方法而言，简要地说，后期维特根斯坦哲学的方法是一种语言逻辑分析，按照分析哲学家的说法也叫做概念分析或日常语言分析，维特根斯坦则名之为日常语言用法的描述。这种语言逻辑分析具有两个要素，其一就是以生活和语言在日常生活中的使用作为分析的基础，其二则是着重于概念或语言的日常用法的差异。由此也可以看出这种哲学的方法论特征：强调人的生活本身，强调事物的差异性和生活方式的多样性。

至于后期维特根斯坦哲学的意义，在我们看来，便在于它所具有的上述特征预示了传统西方哲学的终结和现代西方哲学的方向。有理由认为，西方传统哲学经过两千多年的发展变化，现在已经到了它的最后阶段。这种变化的标志是，它作为理论来指导人们行为的功能已经或正在逐渐被科学所取代：起初是物理科学取代了本体论，其次是心理行为科学取代了认识论，最后伦理学也将溶化于经济学、政治学、社会学、人类学等各门社会科学之中。换言之，传统哲学作为独立的理论学科将不复存在，或者说，它作为理论学科将成为各门科学的组成部分。随着自然科学和社会科学的不断发展，为人类的前进指明道路的责任将落到科学的身上。

因此，哲学如果想继续存在下去，发挥自己的应有作用，它就必须找到自己的应有位置。后期维特根斯坦哲学提醒我们，传统哲学的终结并不意味着哲学的终结，而意味着应当把自己的功能限制在批判方面，并把这种批判与具体科学相结合。科学家创造和发现理论，解决实际问题，哲学家则批判检查理论，确立理论的意义、局限性和缺陷。这样做一方面可以防止科学理论退化为形而上学教条，另一方面则可帮助科学家发现新问题，促使科学家寻找更好的理论。在哲学的方法论原则方面，我们同样可以从后期维特根斯坦哲学中得到启示：应当以人的生活本身作为批判的最终根基，应当从世界和生活的差异性和多样性着手进行批判。

6 辩证法涵义探源 [1]

　　"辩证法"是一个非常重要的名词，因为它代表了一些重要的哲学概念。同时它又是一个令人困惑的名词，因为它在不同的上下文中具有的不同涵义会使不熟悉哲学的人感到难于把握。"辩证法"一词的这种特征加上它本身所具有的特殊魅力，往往使人随意使用它，这不仅使得"辩证法"及其派生词在许多情况下成为一种含糊其词的套语或诡辩，而且进一步加剧了人的思想混乱。为了避免误解和滥用，作一些语义分析和历史考察是有益的。本文便试图对它的两种最主要的涵义及其历史起源作一探讨。

一

　　"辩证法"的第一种主要涵义源于古希腊哲学家对于这个词的使用，它是在方法论意义上加以使用的。在这种意义上，辩证法是指

---

　　[1]　原载《河北大学学报》1996 年第 3 期，个别文字有改动。

一种借助于逻辑推理来探求真理的方法，更精确一些说，是一种通过揭露对方论断中的逻辑矛盾并加以克服的方法。这种涵义源于古希腊文 διαλεκτική τέχνη，原意为"论证的艺术"。

亚里士多德认为，辩证法起源于公元前 5 世纪，它的发明者是爱利亚学派的芝诺。[1] 就此而言，辩证法是指芝诺反驳论敌并且论证自己的观点的一种方法。其典型例子就是芝诺为了证明事物是不动不变的而提出来的有名的芝诺悖论。这里暂举两例，来看看这是一种什么样的论证方法。

其一，所谓"二分法"的论证可以阐述如下：假如存在着运动，那么，一事物在有限的时间内穿越一段路程达到目的地之前，就必须先走完行程的一半，而在走完行程的一半之前，又必须先走完行程的一半的一半，以此类推，乃至无穷；既然任何一段行程都是无限可分的，那么，这事物就永远也达不到目的地；但这个结论显然是荒谬的，所以，运动是不可能的。[2]

其二，"飞矢不动"的论证可以阐述如下：假如存在着运动，那么，飞矢在运动的每个瞬间都是不动的；而全体不动的瞬间加起来也还是不动，所以飞矢在其整个运动期间都是不动的；这自相矛盾，因此，运动是不可能的。[3]

可以看出，这两个论证的逻辑结构是一样的，都是从假设出发进行反驳和证明，先假定与自己的主张相矛盾的命题，然后从这个假设出发运用逻辑推理来推出荒谬的或自相矛盾的结论，由此断定假设是错误的，进而证明自己的主张是正确的。这种逻辑推论的形式就是所谓的否定式：假如 P 蕴涵 Q 并且 Q 是假的，那么 P 就是假

---

[1]　参阅：苗力田主编，《古希腊哲学》，中国人民大学出版社 1989 年版，第 99 页。
[2]　参阅：同上书，第 101 页。
[3]　参阅：同上书，第 102 页。

的，相反，非 P 就是真的。运用这种逻辑推论形式去进行反驳，那就是我们现在所谓的归谬法，在此基础上再运用矛盾律来进行证明，那就是我们现在所谓的反证法。由此可见，芝诺的辩证法无非是运用逻辑推论形式来进行辩驳和证明的方法。[1]

在芝诺之后，辩证法发展为有名的苏格拉底问答法。关于这种问答法，苏格拉底自己称之为"助产术"。这种助产术本身并不是知识或真理，但却能帮助别人产生出知识和真理："我的助产术与她们的助产术大致相似。不同的是，我的实施对象是男人而不是女人；我照料他们分娩的是灵魂，而不是他们的身体。我这种艺术最伟大的地方在于，它能够以各种方式考察，年轻人的心灵所产生的是幻想错觉还是真知灼见。在下面这一点上我跟产婆相似：她们不生子，我缺少智慧。因此我常常遇到谴责，说我只会问别人，而自己却因没有智慧从不回答任何问题。……所以我自己并不聪明，没有什么发明，即产生于我自己的灵魂的果实。但是，这些跟我交往的人，尽管有一些确实显得十分无知，可一旦我们交往相久，所有这些荷蒙神佑的人就都取得了令人吃惊的进步。"[2] 柏拉图生动地描绘了苏格拉底的这种助产术。让我们看一个典型的例子，即《拉刻斯篇》中苏格拉底和拉刻斯在一起对于"勇敢"这一概念的本质或定义的讨论。

苏格拉底的全部对话都贯穿着一个主题，即讨论什么是美德。在《拉刻斯篇》中，苏格拉底首先提出，一开始就研究整个德性是一项难以胜任的任务，因此不如先讨论美德的一部分，例如勇敢、

---

[1] 这种方法可以用来进行诡辩，原因在于，其逻辑推理形式虽然不错，但其前提 P 可以是一个集合，例如 R∧S，如果错的是 S 而 R 并不错，那么 P 或者 R∧S 是错的，但你可以偷换一下前提，说，既然 P 是错的，那么 R 就是错的，这就构成了诡辩。芝诺的诡辩就在于此。

[2] 苗力田主编，《古希腊哲学》，第213页。

节制、智慧、正义等等，然后再来讨论美德，这样可以使研究轻松些。拉刻斯表示同意，于是讨论就集中到了什么是勇敢这个问题上。苏格拉底装作什么也不知道，要求拉刻斯给"勇敢"下一个定义。拉刻斯觉得这不是什么难题："一个能坚守岗位、与敌拼搏而不逃跑的人，你就可以说他是勇敢的。"苏格拉底虽然一眼就看出这不是定义，而是举例，但他并没有直截了当地指出来，而是提出其他一些勇敢的例子来反驳，比如，跑动着与敌人战斗的算不算勇敢？暂时撤退而后反攻的人算不算勇敢？在得到了肯定的回答后，苏格拉底才指出："我要你回答的不仅仅是重装步兵中的勇敢的人，也是骑兵及所有战士中的勇敢的人，不仅仅是战争中的勇士，也是在海上航行中的勇士以及所有在疾病、贫困以及公共事务中的勇敢者；不仅仅是抵御痛苦和恐惧的勇士，而且也是抵挡欲望和快乐的刚勇之士，无论他们是坚守岗位还是进击敌人。"[1] 也就是说，"勇敢"作为所有这些行为中都共同具有的性质是什么？拉刻斯还是不明白苏格拉底的意思，于是苏格拉底只好进行启发，例如，对于"快"这个概念，可以作如下定义："在很少的时间内能做许多事情的能力"，这个定义可以运用于"快"的一切特殊情况。拉刻斯受到启发后，又对"勇敢"下了一个定义："勇敢是灵魂的忍耐。"

这一次苏格拉底从另一个角度开始批判。他把忍耐分为两种：愚蠢的忍耐和聪明的忍耐。如果说愚蠢的忍耐是邪恶的、有害的，不能算是勇敢，那么聪明的忍耐似乎就更不能算是勇敢的了。[2]

结果，讨论并没有得到明确的结论。苏格拉底用他的问答表明了，许多人"自以为有智慧，但其实并没有智慧"[3]。虽然苏格拉底

[1]　苗力田主编，《古希腊哲学》，第217页。
[2]　参阅：同上书，第219—220页。
[3]　同上书，第207页。

85

认为这种讨论是有价值的，而且鼓励人们坚持下去。

从这个典型例子可以看出，苏格拉底的问答法或辩证法有以下几个特征：

1. 运用这种方法的目的就是要获得真理，这尤其是指概念的定义。由于所讨论的概念都是一些最普遍的概念，其目的就注定了这种方法的总体性质是归纳论证和普遍定义。所以亚里士多德说："苏格拉底寻求事物的本质是很自然的；因为他正在寻求推理，而本质是推理的出发点。……可以把两件事情公平地归于苏格拉底，即归纳论证和普遍定义。这两者都涉及科学知识的出发点。"[1]

2. 这是一种以猜测—反驳—再猜测—再反驳为其模式的归纳论证。从阶段上说大致可以分为两个阶段。第一阶段，是通过反驳指出第一次给出的猜测不是定义而是实例，方法是提出其他实例来表明所谓的"定义"没有包括这些实例，因此根本不是普遍的定义。这一阶段其实属于归纳法中的收集正面例子和明确概念运用范围的阶段。第二阶段是通过反驳来指出第二次给出的猜测不恰当，方法是给出反例，其逻辑形式是，假如 P 蕴涵非 P 并且非 P 是真的，那么 P 是假的。原则上说，上述两个阶段都可以无限地重复进行下去，因此这种论证往往没有最终的结果，而只有暂时的结论。

3. 这种辩证法包含了一些逻辑原则，虽然苏格拉底还不能明确地把它们表述出来。

与芝诺的辩证法相同，苏格拉底问答法也是以追求真理为目的的论辩艺术：不同的是，苏格拉底的方法在目的和形式上都有了进一步的发展。从目的上说，苏格拉底所追求的真理主要是作为科学和哲学的基础的概念和范畴的定义；从形式上说，苏格拉底把它发

---

[1]　苗力田主编，《古希腊哲学》，第 221 页。

展为一种明确的有双方参加的讨论或论辩，讨论或论辩的技术不仅包含了芝诺式的反驳论证，而且增加了亚里士多德所说的归纳论证和普遍定义。[1]

柏拉图作为苏格拉底的得意门生十分赞赏苏格拉底的辩证法。不过，柏拉图在苏格拉底奠定的基础上对辩证法作了进一步的发展。

如上所述，苏格拉底运用辩证法的目的主要在于寻求真理或概念的定义，但正如亚里士多德所说："苏格拉底并没有把普遍的事物或定义分离出来：他的后继者才使它们分离出来并称之为理念。"[2] 这就是说，柏拉图完全继承了苏格拉底的辩证法，并在某种程度上实现了苏格拉底的目的。例如，苏格拉底虽然花了大量时间探讨"美德"，但并未对"美德"得出什么结论，而柏拉图在他的中期著作《美诺篇》中借苏格拉底之口给"美德"下了一个定义："美德即知识。"[3] 柏拉图一旦借助于苏格拉底的辩证法得出了各种理念，便开始着手建立自己的理念体系，这时单单追求事物的不变本质或理念就不够了。为了阐明各理念之间的逻辑关系，建立起最后的绝对真理理念体系，柏拉图在苏格拉底的基础上加入了新的东西。

首先，就辩证法所追求的真理而言，柏拉图追求的不仅仅是概念的定义或者说理念的确定，他要进一步追求整个理念体系。他认为，只有理念世界才是真正的世界，而现象世界不过是理念世界的影子或摹本。于是，只要了解了理念世界或理念的体系，就等于获得了真正的知识或最后的真理，就可以解释一切现象。柏拉图在这里的真正创见是，要寻求系统性的绝对知识。正是在这种意义上，

---

[1] 参阅：[古希腊]亚里士多德，《形而上学》，吴寿彭译，商务印书馆1959年版，第266页。

[2] 苗力田主编，《古希腊哲学》，第221页。

[3] 参阅：北京大学哲学系外国哲学史教研室编译，《古希腊罗马哲学》，商务印书馆1961年版，第163—166页。

柏拉图把辩证法称作"位于各种科学之上的顶盖"[1]，即知识的最终基石或顶峰，其内容就是理念体系。就此而言，辩证法成了绝对真理或哲学形而上学的同义词。

其次，为了建立这门最高的科学，苏格拉底式的从具体到抽象的"假设—反驳"辩证法作为方法显然不够用了，于是柏拉图在其中加入了阐明理念之间的逻辑关系的"划分"方法，也即分类方法。所谓划分或分类方法，就是通过分析和综合来明确理念或概念之间的种属关系。例如，如果说美德是种，那么属于美德这个种的有以下一些属：勇敢、正义、节制等等，而勇敢、正义、节制等等又可以看作是种，它们各自又可划分出一些属。如此传续下去，便能达到一个有层次、有次序的理念体系。因此，柏拉图在方法上除了把辩证法描述为批判性的问答法[2]之外，还以建设性的角度把辩证法描述成：A 归纳论证："用普遍的观点概括一切，把到处分散的东西上升到统一的概念，为每一事物给出定义以使教导的对象明确起来的本领"[3]；B 概念分类："把一切分成类，分成自然的组成部分，同时竭力不再把其中任一部分加以分割。"[4]

所以，柏拉图在论辩实践方面对辩证法的贡献是：

第一，柏拉图完成了批判与建设的统一。苏格拉底的问答辩证法虽然已包含了归纳论证和普遍定义，但由于他强调批判，其讨论往往没有结果，而柏拉图则力图通过批判得出结论。

第二，柏拉图提出了概念的分类方法。虽然概念的定义和概念的划分其实是结合在一起的，这在苏格拉底的讨论中也已显示出来，

---

[1] 参阅：苗力田主编，《古希腊哲学》，第 327 页；北京大学哲学系外国哲学史教研室编译，《古希腊罗马哲学》，第 206 页。

[2] 参阅：柏拉图，《克拉底鲁篇》，390c。

[3] 参阅：柏拉图，《斐德罗篇》，265d。

[4] 参阅：同上书，265e。

但由于苏格拉底偏重追求定义而忽视了理论体系的建设，因此没有提出概念的划分问题。

第三，柏拉图把隐含在苏格拉底问答法中的一些逻辑原则明确揭示了出来，如不能自相矛盾；[1] 概念的明确性和规定性。[2] 不过这种揭示还不成系统，还没有上升为逻辑学。从辩证法的实践中总结出逻辑学或系统的推论原则，那是亚里士多德的事情。

亚里士多德对他以前的全部希腊哲学作了全面的考察，进行了总结，使古希腊哲学发展到了顶峰。在方法方面他作了同样的工作。亚里士多德本人在柏拉图创立的学园中待了 7 年，对学园中的辩论十分熟悉。他在《正位篇》一书中以学园中的辩论作为具体例子，第一次系统地考察了古希腊的辩证法，并试图明确揭示出辩证法中所遵循的逻辑原则，结果产生了逻辑科学。在亚里士多德之前，逻辑学作为正确的思维规定只是作为实践的原则体现在辩证法中，还没有能在理论中系统地揭示出来。正是经过亚里士多德对辩证法的反思，才把逻辑学从辩证法的实践中提炼了出来。

关于辩证法这种论辩实践，亚里士多德作了如下的总结：

1. 辩证法的目的虽然在于探求真理，但它却是一种独特的方法。其独特性在于，首先，它不是具体的科学方法，而是一种一般的方法："辩证法是这样一种方法，它不运用于任何个别种类的对象和一定部门的科学，而运用于一切科学，运用于一切知识领域。"[3] 辩证法的这种一般性表现在，它不探讨特殊的科学问题，而专注于科学的原理或原则；每门科学都有自己的基本原则或原理，辩证法的任务便在于寻求每门科学的原理甚而一切科学的原理。[4] 其次，它作

---

[1] 参阅：柏拉图，《智者篇》《国家篇》。
[2] 参阅：柏拉图，《泰阿泰德篇》。
[3] 参阅：亚里士多德，《修辞学》，1，1，1354a2—3。
[4] 参阅：亚里士多德，《正位篇》，1，2，101b2—4。

为一种一般的方法表现为论辩，而与证明相对立。要探讨科学的原理，就要从不确定的真理或一般所接受的意见出发，通过论辩，最后达到确定的真理或科学的原理。相反，证明则是从确定的真理或科学的原理出发，通过推理，达到真的结论。由此可见，辩证法作为论辩重在批判，由批判而达到真知。证明则不同，它不在于批判，而在于有效的推理。亚里士多德总结说："哲学在切求真知时，辩证法专务批评。"[1] "辩证法对哲学科学是有用的，因为，假如我们能够在正反两方面争辩各种难题，我们就会更容易地发现在各种情况下什么是真的什么是假的。它对于各门科学的基础也是有用的，因为，根据一门科学的原则，是不可能对这些原则说什么东西的，原因就在于这些原则是最原初的东西，相反，必须借助于各种可能的观点对它们加以考察。这种做法是辩证法独有的，或者说是辩证法的特有特性。辩证法作为一种考察的方法，把我们引向所有原则的原则。"[2] 由于辩证法的这种特征，我们可以说，辩证法是一种真正的哲学方法。它的独特性便在于它重在一般和批判而成为哲学家专用的方法。

2. 辩证法作为论辩，其推论性质是归纳性的、概括性的。这种归纳性和概括性表现在，第一，它是从较为特殊的论断上升为较为一般的论断的推论；第二，它是从一般所接受的意见到确定的真理的推论。

3. 辩证法作为论辩要符合逻辑，尤其要符合不矛盾律。辩证法的核心技术之一便在于揭示逻辑矛盾，排除逻辑矛盾。由此，亚里士多德在其方法论著作《工具篇》中总结了辩证实践中所遵循的逻辑原则，在人类思想史上第一次建立了一个较完备的形式逻辑体系。

---

[1] 参阅：亚里士多德，《形而上学》，1004b25—26。
[2] 亚里士多德，《正位篇》，1，2，101a34—b4。

概括起来说，根据古希腊哲学家们自己对于"辩证法"一词的解释和使用，辩证法就是辩驳论证的方法，在实践上表现为批判性的讨论或论辩，用大白话说就是摆事实讲道理。其目的是探寻科学的基本原则，主要是基本概念或范畴的定义。其方法是从正反两个方向对假说进行批判考察，由一系列猜测性的假说和批判性的反驳构成。而批判和考察的根本依据就是亚里士多德所说的大家一致赞同的看法和形式逻辑。"辩证法"一词的这种方法论涵义，是西方哲学文献中"辩证法"一词的最初涵义和最常见的用法。它所体现的方法和实践，从芝诺开始一直到当代英美分析哲学家，至今仍然为西方哲学家普遍使用。

值得指出的是，与"辩证法"的这种涵义相关，"辩证法"一词还有两种意思不同但却容易引起混淆的涵义：诡辩和逻辑。首先，作为辩驳和论证的辩证方法和实践很容易犯诸如偷换概念之类的错误而陷入诡辩；所谓的芝诺悖论就接近于诡辩，而在苏格拉底时期，一批名为智者的哲学家则干脆为了某些目的故意玩弄偷换概念的游戏来制造虚假的结论。由此，后人往往轻蔑地使用"辩证法"一词，把它当作"诡辩"的同义词加以使用，这种用法至今在西方仍很普遍。但我们必须认识到，诡辩虽然在表面上与辩证方法和实践相似，但却不同于真正的辩证实践，因为诡辩是以违反逻辑而惑人的。

其次，辩证方法和实践与逻辑学密切相关，辩驳和论证要遵循形式逻辑原则，离不开逻辑，而形式逻辑原则则是从辩驳和论证的实践中总结出来的；因此，"辩证法"一词在逻辑学尚未从辩证实践中分离出来之前就含有逻辑的涵义，而在逻辑学正式从中分离出来之后仍然常常被当作"逻辑学"的同义词加以使用，这种用法在中世纪的西方哲学文献中尤为常见。不过我们要认识到，辩证法虽然要运用逻辑原则，但其本身并非逻辑学；两者之间最显著的区别是，逻辑学只讨论形式，不涉及内容，它没有辩证法所具有的批判功能。

二

"辩证法"的第二种主要涵义来自黑格尔对于这个词的解释："辩证法是现实世界中一切运动、一切生命、一切事业的推动原则。"[1] 按照这种解释，"辩证法"就离开了它原初的方法论涵义而获得了本体论的意义，从而成为一种宇宙观的名称。按照这种解释，辩证法作为一种宇宙观揭示出了世界上一切变化运动的基本形式和根本动力。我们可以简单地用一句话来概括黑格尔的辩证法原理：一切变化和发展都是以否定之否定为其基本形式，并以事物的内在矛盾为其根本动力的对立统一过程。这种宇宙观大致有以下三个要素：

首先，宇宙中的一切都在不断地变化发展，而且具有同样的形式和动力。

由于宇宙中的一切事物都可划归为两个领域——思维和存在，所以就会产生这样一个问题：思维和存在的变化发展是否具有同样的形式和动力？两者是否具有同一性？唯物论认为思维只是人类的思维，而人类的思维又是客观存在的反映，由此将思维统一于存在。黑格尔则把客观存在的本质叫做客观思想："思想的真正客观性应该是，思想不仅是我们的思想，同时又是事物的自身，或对象性的东西的本质。"[2] 这样，不论是人类思维，还是客观存在，都统一到客观思想或者叫存在的本质上去了。因此，客观思想才是人类思维和

---

[1] [德] 黑格尔，《小逻辑》，贺麟译，商务印书馆 1980 年版，第 177 页。
[2] 同上书，第 122 页。

客观存在的同一性，因为它既是客观存在的本质，又是人类思维对这种本质的把握，是两者的共性。[1] 只要把握住了客观思想的变化发展规律，也就把握住了宇宙中一切事物的变化发展规律。所以，黑格尔在他的辩证宇宙观中强调客观思想的根本重要性，而把自然界和人类分别看作是客观思想的外化和复归。[2]

其次，客观思想的发展变化是有规律的。

在黑格尔的概念辩证法中，这种发展变化总是以肯定一个概念开始，随之过渡到这一概念的对立面，最后达到较高层次的两者的统一而暂告终结。这种规律性的变化发展因此可称为对立统一律。从形式上看，这种变化发展的后两个阶段都是对前一个阶段的否定，过渡到一个概念的对立面是对这个概念的否定，达到两者的统一又是对前一个否定的否定；因此这种运动发展规律从形式上又可称之为否定之否定的规律。不过黑格尔强调，这种否定不是纯粹的否定，而是扬弃，亦即在否定之中包含了前一阶段中的肯定因素。由此看来，否定之否定的规律只是形式上的，其实质仍然是对立统一律。

最后，概念的变化发展之所以采取了对立统一的形式，是由于客观思想自身包含了内在矛盾。正是由于事物自身包含着矛盾，才使得事物不断运动变化，才使得运动变化以对立统一的形式表现出来。因此，矛盾这一概念在黑格尔的辩证法中有着非常重要的意义。

黑格尔断言，"矛盾"是普遍存在的，矛盾不仅是理性思想的本质，也存在于"一切种类的对象中"[3]。在他看来，旧形而上学排斥矛盾，以为矛盾乃出于"推论和说理方面的主观错误"[4]，那是因为

---

[1] 黑格尔，《小逻辑》，第78—81页。
[2] 参阅：[德] 黑格尔，《自然哲学》，梁志学译，商务印书馆1980年版，第19—21页。
[3] 黑格尔，《小逻辑》，第132页。
[4] 同上书，第133页。

旧形而上学习惯于"同一律",习惯于"甲是甲""甲不能同时为甲与非甲"这样的思维方式,因而只看见抽象的同一而看不见具体的同一所致。[1]黑格尔认为,任何具体的事物都是具体的同一,亦即"对象作为相反的规定之具体的统一"[2],"存在及其规定作为扬弃了的东西包含于自身内的真同一"[3],因而具体的同一本身即包含着差异,包含着对立和矛盾,这种自身内在的矛盾的展现是从肯定到否定,再到否定之否定的对立统一或具体统一的变化发展。黑格尔由此得出结论说:"矛盾是推动整个世界的原则,说矛盾不可设想,那是可笑的。这句话的正确之处只在于说,我们不能停留在矛盾里,矛盾会通过自己本身扬弃它自己。但这被扬弃的矛盾并不是抽象的同一,因为抽象的同一只是对立的一个方面。"[4]

显然,黑格尔所谓的辩证法与古希腊哲学家所谓的辩证法是两种大不相同的概念,为了严格区分两者,我们可以把后者称之为"辩证方法",而把前者称之为"辩证宇宙观"。不过这两者之间的确存在着密切的联系,事实上,黑格尔的辩证宇宙观是从辩证方法中演变而来的。

我们已经知道,古希腊哲学家的辩证法是探求真理的工具。尽管有个别的例外,例如柏拉图在晚期曾把"辩证法"作为"绝对真理""哲学"或"形而上学"的同义词来使用,但总的来说,古希腊哲学家们主要是从工具的角度、从语言、逻辑的角度来论述辩证法的,并逐渐从中发展出了逻辑科学。黑格尔对此并不陌生,他也把芝诺称为"辩证法的创始者"[5],也指出苏格拉底的辩证法有两个方

---

[1]　黑格尔,《小逻辑》,第 248 页。

[2]　同上书,第 133 页。

[3]　同上书,第 249 页。

[4]　同上书,第 248 页。

[5]　[德]黑格尔,《哲学史讲演录》第一卷,贺麟、王太庆译,商务印书馆 1959 年版,第 272 页。

面："（一）从具体的事例发展到普遍的原则，并使潜在于人们意识中的概念明确呈现出来；（二）使一般的东西，通常被认定的、已固定的、在意识中直接接受了的观念或思想的规定瓦解，并通过其自身与具体的事例使之发生混乱。"[1] 但他却受到柏拉图的强烈影响，主要把"辩证法"作为"思辨哲学"的同义词来使用，[2] 着重于古希腊哲学家用辩证方法所探讨的内容。这样，他就从辩证探讨中看到了不同的东西。

更精确些说，他从古希腊哲学家使用辩证方法所进行的哲学论证中看到了概念的变化发展或者说是人类认识的变化发展，随之把概念的变化发展叫做"辩证法"。不仅如此，他还把概念的变化发展分为两种，分别叫做主观的外在的辩证法和客观的真正的辩证法："（一）外在的辩证法，即运动的过程［内容］与对于这个运动过程的整个掌握［形式］是区别开的，（二）不仅是我们的理智的一种运动，而且是从事实自身的本质出发，这就是说，从内容的纯概念的运动出发去证明。前者是一种考察对象的方法：提出一些理由，指出一些方面，加以反驳，藉此使得通常当作固定不移的对象，都摇动起来。这些理由也可能是十分外在的，在智者派那里我们对于这种辩证法将有更多的要说。但那另一种辩证法则是对于对象的内在考察；这是就对象本身来考察，没有前提、理念、应当，不依照外在的关系、法则和理由。我们使自己完全钻进事实里面，即就对象本身而加以考察，即依它自己所具有的那些特性去了解。在这样的考察里，于是对象自身便显示出其自身的［矛盾］：即自身便包含有正相反的规定，因而自己扬弃自己；……"[3]

---

[1]　黑格尔，《哲学史讲演录》第二卷，第53页。
[2]　同上书，第199页。
[3]　黑格尔，《哲学史讲演录》第一卷，第279—280页。

其实，黑格尔所说的主观辩证法已经不是辩证方法，而是指古希腊哲学家使用辩证方法进行的哲学论证所显示出来的"概念的运动"了，在他看来，芝诺、智者派、苏格拉底和早期柏拉图的哲学论证，都是从肯定一个前提出发，通过辩证论证而后达到否定的结果，这样便显示了一个概念从肯定到否定的运动。黑格尔认为，这种"概念的运动"还不是真正的辩证法，因为它使用的辩证论证是一种以同一律为根据的形而上学的抽象论证，否认矛盾，它的结果也往往是单纯的否定，是虚无。[1] 黑格尔还强调："那种从外在的理由去论证的主观辩证法是没有多大价值的，因为人们［只是］承认：'在正当的里面也有不正当的，在错的里面也有真的'。"[2]

黑格尔所说的客观辩证法虽然也是指哲学辩证法所显示出来的"概念的运动"，但它与主观辩证法已有本质的不同，"真正的辩证法的概念在于揭示纯概念的必然运动，并不是那样一来好像把概念消解为虚无，而结果正好相反；它们［概念］就是这种运动，并且（这结果简单地说来即：）共相也就是这些相反的概念之统一"[3]。"因此这种辩证法是思辨性的，并不是以一个否定的结果告结束。反之，它表明了两个互相否定的对立面的结合。"[4] 在黑格尔看来，这种真正的辩证法在晚期柏拉图哲学中，特别是在《巴门尼德篇》中表现了出来。黑格尔认为，柏拉图的客观辩证法是总结了赫拉克利特的变化学说、毕达哥拉斯的三一概念、爱利亚学派的辩证法和柏拉图自己发展起来的理念说综合而成的，其不同于主观辩证法的特点是，第一，它揭示了"事物在它的自身内的变化和过渡，这就是理念的变化和过渡，这就是事物的范畴的变化和过渡，这不是外在

---

[1] 参阅：黑格尔，《哲学史讲演录》第一卷，第 276 页，第二卷，第 199 页。

[2] 黑格尔，《哲学史讲演录》第一卷，第 280 页。

[3] 黑格尔，《哲学史讲演录》第二卷，第 200 页。

[4] 同上书，第 203 页。

的变化,而乃是从自身出发、通过自身的内在的过渡"。第二,理念是最真实的实在。[1]

可以看出,黑格尔所说的体现在柏拉图晚期哲学中的客观辩证法已成为一种宇宙观,它距离黑格尔自己的辩证宇宙观已经相当接近,可以说只差一步,那就是,"柏拉图的辩证法仍然采取形式论证的方式;他的方法的形式还没有纯粹独立地发挥出来"[2]。在黑格尔看来,抽象的形式论证并不能揭示出事物自身的发展,从而无法揭示事物发展的必然性。正是在上述柏拉图客观辩证法的基础上,黑格尔加上了自己的创见:其一,把柏拉图的独立自存的理念改造为客观存在的本质,其二,详细论证了事物内在矛盾的对立统一学说,从而揭示了事物变化发展的内在必然性。这样就最终完成了从古希腊辩证法到黑格尔辩证宇宙观的最后过渡。

概括起来说,从"辩证法"的第一种主要涵义即辩证方法发展到"辩证法"的第二种主要涵义即辩证宇宙观,大致经历了三个环节。第一个环节是从辩证方法中看到了否定性的概念运动或人类认识的发展;第二个环节是从否定性的人类认识的概念运动过渡到肯定性的客观理念的形式运动;最后一个环节是从肯定性的客观理念的形式运动发展为客观思想的自我对立统一运动,即黑格尔的辩证宇宙观。

三

黑格尔的辩证宇宙观中有不少荒谬玄虚的地方。在黑格尔之后,马克思分析过黑格尔辩证法中的唯心主义谬误,[3] 列宁也批判过黑格

---

[1] 参阅:黑格尔,《哲学史讲演录》第二卷,第 204 页。
[2] 同上书,第 203 页。
[3] 参阅:马克思,《神圣家族》。

尔的概念之间的推演的牵强附会，神秘荒诞。[1] 在此基础上，马克思主义者建立起了唯物主义的辩证宇宙观，或叫做"唯物辩证法"。两者的根本不同是，黑格尔的辩证宇宙观认为，最根本的实在或世界的本质是客观思想，而唯物辩证法则认为，所谓的客观思想只不过是人对于客观实在的本质的认识而已。在马克思主义者看来，辩证宇宙观并无任何神秘之处，黑格尔哲学中的神秘荒诞是由其唯心主义造成的。除此之外，就辩证法宇宙观的基本形式而言，两者并无根本不同的地方。毋庸讳言，上述对于辩证宇宙观的涵义的说明是极其概略的，其中有不少地方需要进一步加以澄清；如果要细究的话，各人的理解和阐发也不会尽然相同。对此本文虽然无法详加探究，但可以提出两个问题来说明，辩证宇宙观还有待进一步澄清和完善。

第一个问题是对于辩证宇宙观中"矛盾"这个概念的理解。如上所述，"矛盾"这个概念在黑格尔的辩证法中具有十分重要的地位和独特的涵义。因此，把握矛盾这一概念是理解辩证宇宙观的关键之一。但在我们看来，许多哲学家，包括黑格尔本人在内，都没有正确地使用"矛盾"一词，从而给正确理解辩证宇宙观带来了不必要的混乱。

一方面，有些哲学家，典型的如西方著名科学哲学家波普，似乎认为"矛盾"一词只有一种涵义——逻辑矛盾。在《什么是辩证法》一文中，波普认为，"辩证法家正确地看到，矛盾——特别是导致合题形式的进步的正题同反题之间的矛盾——极其富有成果，而且确实是任何思想进步的动力，于是他们得出——我们即将看到是错误的——结论说：没有必要回避这些富有成果的矛盾。他们甚至

---

[1]　参阅：列宁，《黑格尔〈逻辑学〉一书摘要》。

断言矛盾是回避不了的，因为世界上矛盾无所不在"。在波普看来，这种主张十分惊人但毫无根据，因为"只有当我们决心不容忍矛盾，决心改变任何包含矛盾的理论时"，矛盾才富有成效，导致进步。[1]波普甚至不厌其烦地证明，根据现代数理逻辑的原理，从一对互相矛盾的前提可演绎出任何结论，以此来说明承认矛盾的荒谬。[2] 显然，波普所说的矛盾就是逻辑矛盾。的确，如果"矛盾"一词只有一种涵义——逻辑矛盾，而辩证法家竟然要承认逻辑矛盾，认为世界上逻辑矛盾无所不在，那确实是令人难以理解的。

另一方面，这种误解和迷惑并非毫无理由，因为它在某种程度上源于黑格尔本人的概念混淆。事实上，黑格尔由于其唯心主义的思维存在同一说，不仅没有严格区分"矛盾"一词的两种不同涵义，而且并不真正理解古希腊辩证法与形式逻辑彼此之间的关系，根本不懂得形式逻辑的同一律和矛盾律乃用于推理而并不用于命题，从而把所谓"形而上学"思维方式的根源归于同一律和不矛盾律，[3] 不恰当地指责康德关于二律背反的看法，这就不能不使人认为，黑格尔由于含混地使用"矛盾"一词，混淆逻辑矛盾和非逻辑矛盾，贻害无穷。

我们认为，为了防止误解，应当严格区分逻辑矛盾和非逻辑矛盾。两者的根本不同在于，尽管逻辑矛盾和非逻辑矛盾都可以存在于思想中，尽管非逻辑矛盾在现实中到处可见，但现实中却不存在逻辑矛盾。请看下面的例子：

命题1：甲的矛刺穿了乙的盾或者乙的盾没有被甲的矛

---

[1]　[英] 波普，《猜想与反驳》，傅季重等译，上海译文出版社1986年版，第451—452页。
[2]　参阅：同上书，第453—458页。
[3]　参阅：黑格尔，《小逻辑》，第129—134页。

刺穿；

命题2：甲的矛刺穿了乙的盾并且乙的盾没有被甲的矛刺穿；

命题3：在运动中，一事物现在在此处又潜在地在另一处；

命题4：在运动中，一事物现在既在此处又在另一处。

稍稍留心一下就能看出，命题1和命题3反映了非逻辑矛盾：命题1说明了现实中存在着"矛"和"盾"的对立和冲突，命题3只不过是说，机械运动必定是此时在这一点上并且彼时会在另一点上，它反映了机械运动使事物的所在地点随着时间的推移而发生差异变化，这种差异变化甚至谈不上对立和冲突，其中不存在任何逻辑矛盾。相反，命题2和4却反映了逻辑矛盾，它们在现实中不可能存在。在我们看来，康德的二律背反反映的是逻辑矛盾，它虽然存在于思想中，但并非如黑格尔所说，存在于思想和理性中的东西也就一定存在于客观现实之中。

第二个问题是辩证宇宙观中"对立统一"概念的适用范围。

一般认为，对立统一规律是辩证宇宙观中的根本规律。辩证宇宙观主张，任何事物都可看作是对立面的统一。对立面彼此排斥、冲突和斗争，导致敌对势力此长彼消，是事物运动变化的动力；对立面相互制约、渗透和转化，则维持了事物的存在，为事物的变化指明了方向。由此看来，对立统一规律之所以重要，之所以成为辩证宇宙观的核心，是因为它揭示了事物运动变化的内在动力和根据，从而说明了辩证宇宙观的主题：一切都在运动变化。正是在这个意义上，马克思说，辩证法的本质是批判的和革命的。[1] 因此，在笔

---

[1] 参阅：马克思，《资本论》第一卷，人民出版社1975年版，第18页。

者看来，对立统一规律的意义在于它能使人看到历史发展的趋势，看问题更为全面和长远，而不被眼前的暂时现象所迷惑。按照这种理解，可以举出许多对立统一的例子：资产阶级和无产阶级，经济基础上和上层建筑，"祸"与"福"，等等。

但也有人对辩证法及其对立统一规律似乎有不同的理解，他们不是从革命和批判的角度去理解对立统一这个概念，却使它脱离历史发展的范畴，把它变作一种似乎能解释一切的工具或终极真理。例如，在解释对立统一这一概念时，出现了许许多多五花八门的例子，其中有上与下、左与右、正电与负电、必然与偶然等等。这些例子似乎也符合对立统一的概念，但却很难看出如何能用这类例子来说明革命与批判、来预测事物的历史发展趋势。由此看来，辩证法及其对立统一规律的概念还不那么明确，还存在着一些不同的理解。

至此本文简要地考察了"辩证法"一词的两种主要涵义。如果用维特根斯坦的术语，也可以说考察了两种主要的辩证法概念家族，因为所考察的这两种涵义并不那么精确，而只分别表示了其家族成员的某种相似。这种考察并没有涵括"辩证法"一词在西方哲学史上的全部用法，也不排斥这个词还可能具有其他种种不同的涵义。作这样考察的目的是想说，如果要真正理解哲学辩证法的意义，就不能不对"辩证法"一词的涵义及其历史演变有一个了解；同时还想指出，如果"辩证法"一词要发挥其应有的作用，那么使用者毕竟要使它在上下文中有一个相对明确的涵义，否则，它很可能由于滥用而成为无意义的套语或诡辩。

第二编

作为社会根本利益的"善"

1　绝对的公平和相对的公平 [1]

　　效率与公平是经济伦理的两大基本原则，并成为指导经济行为、制定经济政策的基本评价标准。不过，大部分经济学家都认为，效率和公平存在着不可调和的矛盾，使得人们在指导经济行为和制定经济政策时处于两难境地：要么放弃效率，要么放弃公平，或者，要么效率优先，要么公平优先。于是，如何处理效率和公平的关系、如何平衡效率与公平，便成了经济伦理领域中的一大难题。

　　本文试图说明，要解决这个难题，关键在于如何看待平等和公平 [2]。在笔者看来，效率和公平之间并不存在根本的不可调和的冲突，公平虽然不同于效率，并且会不时地与效率发生矛盾，但从长远来看应当是与效率协调一致的。

---

[1]　原载《伦理学研究》2004 年第 6 期，个别文字有改动。
[2]　公平（fairness, justice）和平等（equality）是两个不同的概念，虽然两者有内在的联系。

一、关于公平的各种现代观点

如果纯粹从经济学的角度看问题，那么可以说，衡量经济制度和制定经济政策的主要价值标准就是效率，例如"社会福利最大化"或"帕累托最优"的标准。这并不奇怪，因为经济学本来就是研究有效资源配置的一门科学，其基本概念是效率，目的是为了发展经济，而不是为了分配的公平，即便资源的配置也包括人，而人这种资源的有效配置必定与分配的公平有关，但从经济学的观点出发仍然可以将公平还原为效率，即公平就是能提高 X- 效率的东西。

然而从伦理学的角度看，经济制度和经济政策的评价标准中是不能只考虑效率因素而排斥公平因素的，道理很简单，经济制度和经济政策的目的不是仅仅为了发展经济，而是为了提高全体有关人员的福利水平，包括阿玛蒂亚·森所说的真正自由或能力的自由。[1]

在当代经济学家和伦理学家的视野中，公平一般被认为是价值分配领域中的范畴，是关于人与人之间的待遇问题，亦即各种价值应当如何在人与人之间分配的问题。[2]

大致说来，可分配的社会价值可以分为两类：一类是实现人生价值的政治法律前提，即人的各种基本权利；另一类是实现人生价值的经济物质条件，即各种财富和收入。[3] 关于前一类价值的公平分配，现代的三种主要观点，无论是自由主义、平等主义还是功利

---

[1] 参阅：[印] 阿玛蒂亚·森，《以自由看待发展》，任赜、于真译，中国人民大学出版社 2002 年版。

[2] 参阅：[美] 罗尔斯，《正义论》，何怀宏等译，中国社会科学出版社 1988 年版。

[3] 除了这两类社会价值之外，当然还存在着其他各种社会价值，如健康、情谊和创造之类的各种人生终极价值，如生理遗传和家庭出身之类的自然禀赋，又如不可预测的包括市场风险在内的运气和个人的努力，等等，它们都是人类幸福和成功的因素，不过它们都是不可分配的。

主义，都持相同的意见，主张这一类价值的分配应当遵循平等原则，即每个人都应平等地拥有相同的基本人权，尽管其理由可能不同。但关于后一类价值，不同的学派却持不同的观点。

自由主义的基本出发点是每个人都享有生命、私有财产和追求自己幸福等神圣不可侵犯的基本权利。所以，只要不侵害他人的这些基本权利，个人凭自己拥有的各种要素禀赋所挣得的一切都是合理的；因此，物质利益的公平分配原则就是公平竞争或机会均等的原则，其核心内容就是基本人权的平等，或者说，物质利益的公平分配原则被还原成了基本权利的公平分配原则，只要实现了基本权利的公平分配，也就实现了物质利益的公平分配。

具体地说，自由主义的财富公平分配原则是一种"基于要素禀赋的准则"（Endowment-based criteria），它有两种主要的形式，如果按洛克等人的看法，只有劳动才能创造财富，那么这种公平原则就表现为"按劳分配的原则"，如果按新古典经济学家们的看法，所有的资源都对财富的创造作出了贡献，那么这种公平原则就表现为"按各种生产要素对财富创造作出的贡献进行分配的原则"。显然，这种财富的公平分配原则只主张游戏规则的平等，但既不主张竞争起点的平等，也不主张竞争结果的平等，当然更不主张人为地去改变竞争结果的不平等。

平等主义的基本出发点是人人不仅生而自由，而且生而平等。他们或者从道德的角度出发，无法理解"朱门酒肉臭，路有冻死骨"性质的社会贫富悬殊现象，对之深恶痛绝；或者从政治的角度出发，觉得贫富悬殊必然会引起民愤，造成社会动乱，所以决不可容忍；或者从经济学的原则出发，认为贫富悬殊从微观上会降低 X- 效率，从宏观上会导致社会总需求的下降从而影响经济的发展。因此不仅基本权利的公平分配应当遵循平等的原则，物质利益的公平分配也应当遵循平等的原则（Egalitarian criteria）。

由于各种原因，例如不赞成平均分配所引起的低效率，或者担心财富和收入的平均分配将不可避免地侵害他人的基本权利，"平等分配的原则"便表现为"尽可能平均分配的原则"。它也有两种主要形式。一种是，首先保证在社会上不存在贫困阶层，然后根据生产要素禀赋准则进行分配，谁有资本和能力，谁就多得。另一种是罗尔斯的平等主义，他主张，公平的财富分配原则是让不平等的分配最有利于穷人，因为在他看来，除了个人的努力造成的经济不平等可以得到道德上的辩护之外，无论是社会出身还是自然禀赋造成的经济不平等都并不能得到道德上的辩护；因此就需要通过消除由于社会出身和自然禀赋造成的不平等的办法来对经济分配的不平等进行限制。[1]

而在功利主义者看来，无论是个人的基本权利还是人与人的平等，都不是基本的东西，衡量行为和制度正确与否的唯一基本原则应当是"最大多数人的最大幸福"或"社会福利最大化"。所以，公平或正义在功利主义的理论中并不具有基本的重要性，用功利主义者的话来说，他们并不关心社会价值的分配，如果要讨论公平，那么只不过是因为，无论是政治法律上的平等还是经济上的公平都能够促进或有利于"社会福利最大化"。[2] 就此而言，他们的立场更接近于经济学家的立场。

考虑到经济学中的"边际效用递减律"，功利主义关于财富应当如何分配的看法往往会倾向于比较平等的分配：假设一个由两人组

---

[1] 罗尔斯的三个正义原则即"平等自由原则""机会均等原则"和"差别原则"可分别解释为规则公平、起点公平和结果公平的原则。

[2] 参阅：J. J. S. Smart, "Distributive Justice and Utilitarianism", published in *Justice and Economic Distribution*, edited by John Arthur and William H. Shaw, Englewood Cliffs, N.J.: Prentice-Hall, 1978。

成的社会，如果甲和乙的边际效用函数相同，那么功利主义会主张在甲和乙两人之间均等地分配财富，因为这能导致社会福利的最大化。但如果两人的边际效用函数不同，那么功利主义会主张边际效用水平高一些的人（或者说能够从同等的财富中获取更多效用的人）应当多得一些，因为这也将导致社会福利的最大化。需要指出的是，当人们的边际效用函数不同时，功利主义的分配原则与平等主义的分配原则正好相反，因为在这种情况下，平等主义的分配原则会主张，边际效用水平高一些的人应当少得一些，而不是多得一些，使得效用水平不同的人得到的总效用相同。[1]

二、公平与效率的矛盾和统一

那么，我们在财富和收入方面应当采取哪一种公平观，来作为衡量经济制度和评价经济政策的价值标准呢？

如果脱离社会的历史发展，纯粹从理论上讨论问题，我们很难比较这三种公平观的优劣。

其一，按照西季威克对"公平"所下的经典定义，即公平就是"给予相同的对象以相同的待遇"[2]，那么自由主义、平等主义和功利主义的分配原则就都符合西季威克的公平标准，因为人与人相比既有相同的一面又有不同的一面，由此任何具体的分配标准都可以强调人在某个方面的相同或者强调人在某个方面的不同而符合这一抽象标准。

其二，收入分配方面的公平是一种评价标准，所以必然与人

---

[1]　参阅：平新乔，《财政原理与比较财政制度》，上海三联书店，上海人民出版社1995年版，第60—62页。

[2]　Henry Sidgwick, *The Methods of Ethics*, Macmillan Co. Ltd., London, 1922, pp. 267—268.

的利益相关；富人为了维护自己的利益，会强调人的基本权利，主张自由主义的分配原则，穷人为了维护自己的利益，会强调人与人之间的平等，主张平等主义的分配原则，其实每个人都可以为了自己的利益赞成某种分配原则。阿罗不可能定理揭示出，在这种情况下是无法达致一种最优选择的。甚至罗尔斯的"无知之幕"也没有什么用处，因为哈桑伊证明，仅仅根据理性，人们在"无知之幕"的情况下未必选择罗尔斯的"最大—最小"性质的平等主义分配原则。[1]

其三，这三种财富和收入的公平分配观都在某个方面促发人的生产积极性，与效率原则相容，而在另外的方面压抑人的生产积极性，与效率原则发生冲突，因而在指导人们的实践时是不能令人满意的。

自由主义的公平观对平等的强调是游戏规则的平等，即公平竞争。这种公平的优点是，公平竞争能够在很大程度上激励人，从而促进 X- 效率。但这种游戏规则的平等既不包括起点的平等，即无视遗传能力和家庭出身的不同给竞争结果带来的影响，也无视市场风险和天灾人祸对竞争结果的影响，结果必然会导致贫富悬殊，进而带来社会动荡，阻碍效率的提高乃至破坏效率。

平等主义看到了这种缺陷，便主张不仅要强调游戏规则的平等，而且也要消除起点的不平等，甚至要消除市场风险和天灾人祸带来的不平等，由此会主张义务教育、高额累进税和遗产税，以及建立社会福利体系等二次分配制度的政策，进而导致分配结果的相对平

---

[1] 参阅：John C. Harsanyi, "Cardinal Utility in Welfare Economics and the Theory of Risk-Taking" (1953), "Cardinal Welfare, Individualistic Ethics, and the Interpersonal Comparisons of Utility" (1955), "Can the Maximin Principle Serve as a Basic for Morality? A Critique of John Rawls' Theory" (1975); reprinted in *Essays on Ethics, Social Behavior, and Scientific Explanation*, Dordrecht, Holland: D. Reidel, 1976。

等。可是这种分配结果的平等不仅可以引起是否真正公平的质疑，而且会在很大程度上打击生产积极性，同样会降低效率。

功利主义的"最大幸福原则"或"社会福利最大化原则"则实质上是一个效率原则而排除了公平原则。从表面上看，功利主义由于将公平原则还原为效率原则因此其公平原则与效率原则是一致的，但一方面，由于每个人的效用函数不同而且个人效用很难比较，功利主义的财富分配原则在实践中很难给出操作标准，而另一方面，功利主义的根本原则由于并不排斥现实中的贫富悬殊而使公平原则失去了自身的独立性，最后同样会带来贫富悬殊引起的效率下降。

然而，如果按维特根斯坦所说的，"不要去想，而要去看"的原则，从人类的历史发展来看，那么我们就会看到，历史上曾经有过各种不同的公平观，每一种公平观都有其存在和衰亡的理由，任何一种公平观都由于能促进生产力的发展而在社会中占主导地位，但随后又由于阻碍生产力的发展而被另一种公平观所取代。因此，公平和效率之间虽然有矛盾，但并不存在根本的冲突；两者都在发展，或者两者都止步不前；较低的效率水平伴随着较低的公平水平，较高的效率水平伴随着较高的公平水平，两者是相伴相随的。

这一历史事实说明：世界上并不存在绝对的公平或平等，任何绝对的公平或平等，如西季威克所说的"给予相同的事物以相同的待遇"或"平等待人"，本质上相当于康德的绝对命令，不过是一种理想的形式标准，只存在于观念的追求之中，并不实际存在，虽然这种观念上的追求能够成为现实中相对公平的发展动力。

现实中存在的社会公平，实质上是各个社会阶层彼此之间达到的一种较长时期的利益均衡，亦即所谓的"合法"；在这一均衡中，社会各阶级的人们可以避免暴力冲突，从而保障了大多数人的利益。因此，任何现实的公平都是相对的暂时的，是随着历史的变化而变化的，某一个时期占主导地位的公平，到了另一个历史时期就不再是公平的了。公平是一个比较概念，从历史发展的角度看，一般来说，越是处于后面的历史阶段，人与人之间的关系就越是公平一些，随着历史的发展，人与人的关系越来越公平，而并没有什么止境。

于是我们可以说，衡量真正的社会公平只有一个形式标准，那就是在一定的历史条件下能否使人们感到相对的满意，能否保持社会的稳定与和谐，从而促进 X- 效率，提高大多数人的生活质量。这一标准表明，不存在绝对的公平或平等，真正的公平总是具体的，其内涵并不是绝对的平等，而是某一历史时期社会的和谐稳定以及由此带来的大多数人的相对权益的增进；为了达到这一点，真正的社会公平应当适应于一国的社会发展阶段，适合于一国的生产力发展水平。它必定能够促进社会生产力的发展，提高大多数人的生活水平，同时也就需要社会的和谐稳定。因此，真正社会公平的检验标准是社会的和谐稳定，包括当时人们的普遍心理感受。

根据这样的公平标准，真正的公平必然是与效率协调一致的，是与效率相统一的公平。与此相反，在当今学术界占主导地位的三种公平观，即自由主义公平观、平等主义公平观和功利主义公平观，虽然都含有合理的因素，即在某个历史阶段可以作为衡量社会公平的具体标准，但如果将它们绝对化，视为超越社会历史发展阶段的绝对真理，那么它们在理论上都无法处理好自己与效率的关系，所以在指导各种社会经济政策时都会让人进退两难。

三、当代中国的分配制度：公平的一个实例

当代中国的历史，亦即中华人民共和国短短几十年的历史，可

以说是这种相对主义公平观的一个注脚，它可以说明，现实中并不存在绝对的公平，真正的公平在于在一定的历史条件下能否使人们感到相对的满意，从而促进 X- 效率，提高大多数人的生活水准。

自中华人民共和国成立至今，随着社会的发展，中国的财富分配制度大致经历了两个阶段，目前正面临着向第三个阶段的转变。

从 1949 年到 1978 年，中国仿照苏联的社会主义模式，在社会经济制度上实行了计划经济的生产制度，与此相应的分配制度奉行的是一种平等主义的公平准则，其特征是社会的贫富差距极小。在农村，首先进行了土改，把土地平均地分配给每个农民，继而于 1956—1958 年完成了将土地收归集体的社会主义改造运动，实行了以按人头分配生活资料为主的平均主义分配制度。在城市，则于 1956 年完成了社会主义工商业改造，废除了生产资料的私有制，实行了基本上是平均分配的工资制和医疗保健制度和退休金制度。在这一历史阶段，这种平等主义的分配制度经历了从公平到不公平的转变。

最初，这种财富分配制度由于消除了 1949 年以前旧中国那种不公平的社会贫富悬殊的现象，使人感到是一种比较公平的制度，从而促发了大多数中国人的生产积极性，推动了中国经济的发展，并在相当程度上提高了大多数中国人的生活水平，因此可以说是一种公平的分配制度。但随着时间的推移，到 20 世纪 60 年代以后，与计划经济相匹配的这种分配制度便逐渐暴露了其缺陷。撇开高度集权的计划经济压制了人的创造性不谈，平均主义分配制度的根本缺陷是，一个人无论是否努力，做出了多少贡献，都既不会多得也不会少得，这就奖励了懒惰而惩罚了勤奋，打击了人们努力工作的积极性。在那个时候，工人在厂里磨洋工闲聊，集体的庄稼长得远不如自留地里的庄稼，那是最为常见的事情。与此相应，中国人的生活便长期处于普遍贫穷的状态。这样的平均分配制度能说是公平的吗？

为了克服这样的缺陷，中国于1978年开始了由计划经济向市场经济转轨的经济体制改革，并提出了"效率优先，兼顾公平"的原则，作为衡量经济制度和制定经济政策的价值标准。同时，财富的分配制度也从平等主义性质的平均分配转向"按劳分配"或"按贡献分配"。为此邓小平提出了"让一部分人先富起来"，其目的是尽一切可能调动所有人的生产积极性。不过，从1978年至21世纪初，这种分配制度同样经历了从公平到不公平的转变。

不能否认，自1978年至21世纪初的二十多年中，中国逐步实行的市场经济以及相应的"按贡献分配"制度的确调动了大多数中国人的生产积极性，中国的经济有了很大的发展，绝大多数中国人的生活水准也得到了很大的提高，从这个角度说，市场经济体制和相应的"按贡献分配"制度是比以前更加公平的一种分配制度。

然而，在这一改革过程中，"按贡献分配"的制度也产生了很多问题，例如，大量国营企业在市场竞争中由于其效率低下而被迫转制或关闭，导致大批工人下岗或失业；伴随着企业的改革，城市职工原有的社会保障基本上已不复存在；在农村，人多地少的条件限制了生产的进一步扩展，等等；所有这些因素导致了社会的贫富差距日益扩大，基尼系数已从1978年时的0.2左右上升到了1995年时的0.523。[1] 这就产生了各种社会经济问题，例如，还有不少人的生活极其贫困，社会治安状况变坏，等等。这些问题如果得不到解决，在经济上会导致社会总需求的下降，阻碍经济的进一步发展，在政治上会产生各种不稳定的因素，甚至会造成社会动乱，进而妨碍经

---

[1] 参阅：朱国林、范建勇、严燕，《中国的消费不振与收入分配：理论与数据》，载《中国经济学2002》，上海人民出版社2003年版。

济的增长和人民生活水平的提高，从这个角度看，这种"按贡献分配"的分配制度如果不加以修正，就会从比较公平发展为不公平。

为了解决这些问题，学者们提出了各种进一步改革的建议，政府也正在努力推进改革，其具体措施是，在"效率优先，兼顾公平"的口号下，一方面大力建设各种社会福利体制，包括社会统筹性质的退休金制度、医疗保险制度和失业救济制度，以消除社会上的贫困阶层，另一方面加强机会均等性质的各种制度建设，继续坚持"按贡献分配"的财富收入分配原则，保障公民的合法收入。这种改革的实质是，首先保证在社会上不存在贫困阶层，然后根据生产要素禀赋准则进行分配。从分配制度上看，显然，中国目前正面临着从一种自由主义性质的分配原则向另一种平等主义性质的分配原则转变，应当说，它在目前的中国是一种更加公平的分配原则。

可以预料的是，中国的分配制度还会随着社会经济的发展进一步得到修正，而且会比之前的分配制度更加公平。

2 社会公平、和谐与经济效率 [1]

　　我国自改革开放以来奉行的"效率优先，兼顾公平"的改革战略取得了令人瞩目的成就，但与此同时各种社会矛盾也在不断地积累，乃至社会公平问题已成为当前全社会关注的焦点之一。尽管社会和学界在这个问题上存在着不同的看法，笔者却以为，问题的关键不在于质疑"效率优先，兼顾公平"的方针，而在于如何理解公平以及公平与效率的关系。概念的含糊和混乱会造成不必要的争议和政策上的失误。本文试图通过澄清公平的内涵，进而对我们目前应当如何看待和调整效率与公平的关系提出自己的建议。

一、社会公平的本质在于社会和谐

　　公平或正义历来是政治和法律领域中最重要的价值取向，正如罗尔斯所说，"正义是社会制度的首要原则，正像真理是思想体系的

---

　　[1]　原载《上海财经大学学报》2006 年第 1 期，个别文字有改动。

首要价值一样。……某些法律和制度，不管它们如何有效率和有条理，只要它们不正义，就必须加以改造和废除。"[1] 从政治法律的角度看，公平或正义是制定一切行为规范和制度的首要原则，具有根本的优先地位。在政治学家和法学家看来，尽管科斯和布坎南这样的新制度经济学家从效率的角度对行为规范和法律进行的思考也值得考虑，但公平或正义却不仅具有独立性，而且具有优先性。

然而究竟什么是公平或正义的本质，其衡量标准是什么，却始终是一个众说纷纭的难题，以致如博登海默所说，公平或正义有着"一张普洛透斯似的脸，变幻无常、随时可呈不同形状，并具有极不相同的面貌"[2]，令人难以捉摸。

目前国内关于公平与效率的关系的讨论中，多数人倾向于认为，公平或正义的本质是平等，或者也可以说，平等是衡量公平或正义的标准，尽管这种观点对平等的解释也不尽相同。

其一，认为公平或正义的本质是"平等地待人"或"法律面前人人平等"，其意义相当于规则平等或守法。这种解释把平等看作是一种形式平等，可能最早源出于亚里士多德："所谓'公正'，它的真实意义，主要在于平等。"[3]

其二，认为公平或正义的本质是包括权利和财富在内的一切社会价值的平等分配，既包括规则平等，也包括结果平等和起点平等。这种解释把平等看作是一种实质平等，其最著名的代表人物是 20 世纪最著名的正义论者罗尔斯。

其三，认为公平或正义的本质是物质财富的较为平等或均等的分配，其意义相当于结果平等。这种解释往往是出于我国"均贫富"

---

[1] ［美］罗尔斯，《正义论》，中国社会科学出版社 1988 年版，第 1 页。

[2] ［美］博登海默，《法理学—法哲学及其方法》，邓正来等译，华夏出版社 1987 年版，第 238 页。

[3] ［古希腊］亚里士多德，《政治学》，吴寿彭译，商务印书馆 1981 年版，第 153 页。

的伦理传统，把公平等同于物质财富的较为平均的分配，它也是一种实质平等。

然而，无论怎么解释平等，无论是形式上的平等还是实质上的平等，都难以揭示公平或正义的本质。首先，任何形式上的平等，无论是"法律面前人人平等"还是"给相同的人以同等的待遇"，都不能说明平等的实质内容，因而并不能揭示出公平或正义的本质；其次，虽然某种实质平等，如物质财富的均等分配，有可能在某一历史阶段成为公平或正义的标准，但却绝不可能成为一切历史阶段的公平或正义的标准，而且即便能够实现，也不一定是公平或正义的。

从逻辑上说，平等是我们对人的基本权利和正当利益的一种追求，是一种目的善，而公平则是达到某种平等的一种手段善，因此平等是比公平更为基本的道德观念；对平等的不同看法，将导致不同的公平或正义观。我们可以说，公平包含着对平等的看法，但却不能由此说，公平就是平等。混淆公平与平等，不仅会在理论概念上造成目的和手段的混淆，而且既不符合历史事实、也得不出具有现实意义的公平观。

自古希腊柏拉图首次提出一个比较完整的正义理论以来，人们对公平或正义这个基本的政治法律概念，仅仅在形式定义上达到了一个大致相同的看法，即公平或正义乃是"给每个人他所应得的"[1]，类似的看法还有"给每个人以恰如其分的报答"[2]"相等的人就该配给到相等的事物"[3] 等等。但是，这样的形式定义并不要求人人平等，因为人与人之间总有不相同的地方，由于不同的时代对不同个人的"应得"或正当权益有不同的看法，它所包含的实质内容可

---

[1] [英] 穆勒，《功用主义》，唐钺译，商务印书馆 1957 年版，第 65 页。
[2] [古希腊] 柏拉图，《理想国》，郭斌和、张竹明译，商务印书馆 1995 年版，第 7 页。
[3] 亚里士多德，《政治学》，第 148 页；[英] 西季威克，《伦理学方法》，廖申白译，中国社会科学院出版社 1993 年版，第 284—286 页。

以是大为不同的。

古代人对人的基本权利和正当利益的看法与现代人有很大的差异，古代人没有现代人那种人人自由平等的权利概念。在古希腊人看来，个人既不是平等的，也没有为自然法保护的神圣不可侵犯的自由权利，他们认为，自由人与奴隶以及社会中的各个阶级都不是平等的；而个人利益则应当完全服从国家或集体的利益。古代中国的社会和政治结构虽然与古希腊差别很大，但就个人的基本权利和正当利益的看法来说，古代中国人的看法与古希腊人的看法却是本质上一致的。

古希腊人的政治伦理思想是以"正义"概念为核心的。在柏拉图的政治理论中，正义首先被看作是社会和谐的表现；所谓正义，无非是社会或国家中的三个阶级，即统治阶级、武士阶级和劳动阶级各自安分守己、忠于自己职守而导致的社会和谐。根据这种理论，不同的人和不同的阶级各自享有不同的权利和责任，而正义便在于不同的人和不同的阶级各自维护自己的权益，而不能侵害其他人或阶级的特有权益。[1] 用梯利的话来说："每一个人都应该在国家中有一种职业，这种职业应该是最适合他原有的能力的。正义就是占有自己应该有的，做自己应该做的，守本分，不管闲事。"[2]

亚里士多德的伦理政治思想虽然与柏拉图的理论有差异，但从大的方面来说，并无根本的不同。在亚里士多德看来，"正义"是同他人发生关系的德性，目的是促进社会的利益，它有两种含义：合法和公平。法是为了促进社会全体的利益，因而人人都应遵守，而为了整个城邦和全体公民的利益，便应当奉行"平等的公平"分配

---

[1] 参阅：北京大学哲学系外国哲学史教研室编译，《古希腊罗马哲学》，商务印书馆1961 年版，第 221—230 页。

[2] [美] 梯利，《西方哲学史》，葛力译，商务印书馆 1995 年版，第 69 页。

原则，即"相等的人就该配给到相等的事物"。国家体制的正义在于根据个人的能力、财产条件、出身和自由方面的差别来有区别地对待他们。因此奴隶制是合理的，因为构成希腊奴隶阶级的外国人不如希腊人，不应该与希腊人一样享有同等的权利。

中国古代似乎没有以"正义"理论为核心的伦理政治思想，但却有儒家的"仁义"学说。这种"仁义"学说，从其目的和功能上说，可以相当于古希腊的"正义"理论。所谓"仁"，简而言之包括三个方面，其一是"克己复礼"，即遵从封建等级制度；其二是"忠""孝"，即服从家长；其三是"爱人"，即基于血缘亲友关系之上的互助；而所有这三个方面，目的都是为了社会的和谐，或者也可以说是家族的、国家的或集体的最高利益。儒家的一切伦理政治思想，无不围绕这一核心内容。在这样的理论中，就像在古希腊的理论中一样，个人并没有自由和平等的权利，而只有各自特定的符合其社会身份的权利和义务，一个人安分守己，尽到了自己的职责，也就做到了"仁"，或者说做到了古希腊人所说的"正义"。孔夫子之所以说，"子为父隐，父为子隐，直在其中"，道理就在于此。

到了近代的西方，一方面，基督教传统的"上帝面前人人平等"观念经过一千多年的流传，已经深入人心；另一方面，随着市场经济的兴起，资产阶级为了追求自身的利益，开始追求个人的自由平等；于是，个人的自由平等权利便成为西方人的基本价值观念。在这个基础上，便形成了近现代西方具有新的内容的"正义"理论，以及以此为基础的政治伦理学说。

古典自由主义政治哲学家洛克认为，所谓公平或正义，乃是不侵害他人的基本权利，最根本的是不侵害他人的财产。洛克讨论公平正义的目的已经不同于古代人的集体利益，在他看来，一切政治制度和原则的最根本目的是个人的权益，而个人的权益就体现在他的神圣不可侵犯的生命、自由和财产等基本权利之上："理性，也就是自然法，教导着有意遵从理性的全人类：人们既然都是平等和独立的，任何人就不得侵害他人的生命、健康、自由和财产。""既然劳动是劳动者的无可争议的所有物，那么对于这一有所增益的东西，除他以外就没有人能够享有权利。"[1] 因此，在洛克那里，社会公平或正义的原则只有两条，一是不侵害他人的基本人权，二是按劳分配财富；而这两条原则按洛克的理解都可以简化为财产的所有权问题，因为没有私有财产权，其他的基本人权都是空话，所以洛克说："在还不明白财产的意义、不知道人们是怎样获得他们的财产的时候，是不可能很好地理解不公正的真正含义的。"[2]

洛克意义上的社会公平或正义，已成为一切现代市场经济社会的基本公平原则。在此基础上，现代西方的政治伦理学说虽然发展出了功利主义、自由之上主义和平等主义三大正义理论，但都没有从根本上偏离洛克的这两条社会公平或正义的原则。

根据以上所述的公平或正义观念的历史走向，我们如何去把握公平或正义的本质呢？我们应当怎样来衡量公平或正义呢？一方面，我们很难从它的多变的实质内容，概括出共同的东西，另一方面，我们也很难根据它的基本形式，即"给每个人他所应得的"或"平等地待人"，得出实质性的内容。笔者以为，解决这个问题的正确途径，是去追问公平或正义的目的或功能。

其实，上述古代政治思想家们已经说明了，人们之所以需要社会公平，是为了求得一个相对和谐而有秩序的社会，以便为每个社会成员创造一个谋求个人生存和发展的基本条件。以公平正义为基础概念的政治学的基本问题，就是如何较好地避免被霍布斯称为

---

[1] ［英］洛克，《政府论》下篇，叶启芳、瞿菊农译，商务印书馆1964年版，第6、27节。
[2] ［英］洛克，《教育漫话》，徐大建译，上海人民出版社2005年版，第110节。

"人与人像狼"那样的无政府社会。

人类的全部历史都告诉我们，人与人之间的利益冲突是绝对的、不可避免的，原因便在于人的自利性、生活的社会性和资源的稀缺性。但为了人类的生存和发展，就必须把这种冲突限定在一定的范围内，以避免大规模的冲突与战争导致人类自身的毁灭。这就需要行为规范和社会制度，对容易发生冲突的行为进行制约。而所谓的公平正义，正是制定这些行为规范和社会制度的原则。从这个角度说，公平和正义是社会和谐的根本条件，而社会公平正义的现实标准，不是别的，正是社会的和谐。

二、构成社会公平原则的各种因素

抓住了公平或正义的标准或本质是社会的和谐与秩序这一关键，公平或正义所应有的内涵就变得明朗起来。在笔者看来，公平或正义至少应当包含四个要素：功能或本质、形式原则、实质内容、实现机制。这四种要素的逻辑关系可简明阐述如下：社会公平的目的和功能是为了社会的和谐，因此判定社会公平的标准就是社会和谐。为了达到社会和谐的目的，社会公平具有"给每个人他所应得的"或"不侵害他人的权益"的形式原则，而它的具体内容则因此取决于社会关于个人权利和正当利益的看法。不过社会所具有的关于个人权利和正当利益的看法，要通过社会各阶层的利益博弈才能达到和实现。

1. 公平正义的功能或本质：社会的和谐与秩序

"人类作为社会和政治的存在，必须要有功能正常的社会。"[1] 没

---

[1] ［美］彼得·德鲁克，《社会的管理》，徐大建译，上海财经大学出版社 2003 年版，第 7 页。

有人能够独自生存，而若生活在只有冲突的社会中，处境也好不到哪儿去。既然社会从根本说无非是基于冲突与合作的人际交往，那么和谐有序的社会就是我们的必然选择。于是我们才去追求公平或正义，寻求某种公平或正义来防止和调节冲突。因此，唯有社会的秩序与和谐才是公平或正义的本质，政治和法律的根本价值在于社会的秩序与和谐。

不过，社会的和谐有序并不意味着社会矛盾和冲突的消失，因为矛盾和冲突是必然的和绝对的，没有矛盾和冲突，社会也就不复存在了，正是因为存在着矛盾和冲突，我们才试图借助于公平或正义来求得相对的和谐与秩序。所以，作为公平正义的本质的社会和谐，并不意味着只有合作没有冲突，而意味着虽有矛盾和冲突但仍然稳定有序。其实，表面上的沉默压抑和风平浪静倒往往潜伏着剧烈的动乱和暗含的无序。

2. 公平正义的形式原则：不侵害他人的权益

如果说公平或正义的本质是社会的和谐有序，那么最根本的公平原则看来就是"善良"。如果每个人的行为都是善良的，那么利益冲突就可以避免，即便发生了利益冲突，也容易得到调和和解决。善良可以分为两个方面，一是"不侵害他人的权益"，或者也可简称为"不伤害他人"；二是"有利于他人的权益"，或者也可叫做"仁慈""慷慨""利他"等等。不过，虽然"有利于他人的权益"也有利于社会和谐，但却不能成为社会强制性的东西，因此不能成为制度伦理性质的社会公平或正义，而只能是一般公平原则的一个子原则。社会公平原则即"不侵害他人的权益"则是一般公平原则即"善良"的另一个子原则。

"不侵害他人的权益"其实不过是"给每个人他所应得的"的反面说法，因为"权益"不过是"应得"的另一种说法。值得指出的是，这条原则中所谓的"权益"或"应得"至少包含两个部分：个人的政治权利和经济利益。公平或正义的问题决不仅仅限于经济利益，还包括政治权利。国内许多讨论社会公平或正义的文章往往只讲贫富悬殊而不谈与之相关的政治权利问题，是不可能真正解决社会公平问题的。这不仅是因为，许多贫富悬殊问题的根本原因在于政治权利的不平等，而且还因为，政治权利问题本身就是造成社会不公的基本原因之一。

3. 公平正义的实质内容：个人的正当权益

"不侵害他人的权益"这条原则看上去简单优美，然而又是抽象而复杂的，因为它建立在人的权利和利益之上，或者说建立在法律对人的基本权利和正当利益的界定之上。一方面，社会公平或正义原则的具体内容，要根据法律对人的基本权利和正当利益的界定或合法化而发生变化；另一方面，法律如何界定，却要根据社会对于人的基本权利和正当利益的看法，基本权利和正当利益是比公平或正义更为基本的道德观念。

于是我们在考虑社会公平原则的具体内容或制定法律时，便需要考虑，在特定的社会历史条件下，社会对人的基本权利和正当利益抱有何种看法，采纳什么样的权利和利益观念才有利于社会的和谐。因此，我们便需要对各种尖锐的社会矛盾进行社会调查，分析引起这些社会矛盾的权利和利益原因，考虑采取什么样的权利和利益观念才能缓和矛盾，达到社会和谐。就我国目前的情况而言，比较尖锐的社会矛盾有农民土地和缴费负担问题、工人下岗问题、老百姓所痛恨的教育医疗收费腐败和权钱交易腐败问题等。这些问题的原因虽然复杂，但本质上还是人的基本权利问题，如果不从人的权利这一深层次去考虑，那么光是采取一些经济手段或现有的法律手段、头痛医头、脚痛医脚，是不能从根本上解决这些社会不公问题的。

4. 公平正义的实现机制：民主和法治

我们应当奉行什么具体的社会公平原则，客观上取决于社会对人所应当享有的权益抱有什么看法。问题在于，社会是由各个阶层的人构成的，因此必然会有不同的看法，我们应当采用哪一种呢？国内曾经占主导地位的说法是，在现实社会中，社会采取的权利和利益观念体现了统治阶级的意志，或者干脆不如说，体现了统治阶级的利益。不过，尽管统治阶级可以采取有利于自身利益的看法，但历史上的诸多造反和革命表明，如果统治阶级采纳了仅仅有利于自身而不利于社会其他阶级的权利和利益观念，那么必然会引发尖锐的社会矛盾，乃至社会大乱，违反了社会公平的标准即社会和谐，因此建立在这样的权利观念之上的所谓"社会公平"原则就是不公平的。

因此，体现了"社会公平"的实质内容的法律要做到公平，必须要体现各个社会阶层彼此之间在较长时期中达到的利益博弈均衡。统治阶级不能为所欲为，否则就会同归于尽。许多事情，往往表面上看来体现了统治阶级的利益和意志，其实却是社会各阶层实力的反映，当然，统治阶级可以利用手中的各种资源，尤其是思想观念上的有利地位，来搞愚民政策，但被统治阶级之所以会被愚弄，仍然反映了力量的不足，观念本身就是力量。随着社会各阶级的力量对比发生变化，社会对于权利和利益的观念也会随着新的利益博弈均衡发生变化，公平或正义的具体内容也会随之发生变化。任何现实的公平都是相对的暂时的，是随着历史的变化而变化的。

与此相关，为了解决社会公平和由此而来的社会和谐问题，就必须建立一个能反映并调和社会各阶层利益和意见的政治机制。因为，既然社会公平无非是社会和谐的体现，那么现实的社会公平实质上便是社会各阶层利益的一个博弈和妥协。如果没有一个能反映并调和社会各阶层利益和意见的政治机制，那就不利于统治阶层采纳有利于社会各阶级利益的权利观念和社会公平原则。从这个角度说，各种民主制度是社会公平的一个必要条件，缺乏了这个条件，统治阶级便会因为维护自己的利益而不愿妥协，这样就不可能确立一个反映社会各阶级力量博弈和利益均衡的人权观念和社会公平原则，最终导致动乱而违反社会公平。

三、社会公平与经济效率的协调

如果仅仅是为了社会和谐，那么我们就完全可以只根据社会的和谐来确定社会公平原则的具体内容。但是，社会的和谐不应当是我们的最终目的，我们追求社会和谐，是为了每个社会成员的利益，尤其是在开放社会的条件下，仅仅达到社会的和谐，对于社会成员的利益来说是不够的。一个社会，如果没有外部竞争，那么只要能够维持内部的和谐，就能生存和发展，但如果存在外部的竞争或入侵，那么只有内部的和谐便不足以维持自己的生存和发展。印第安人的遭遇就是一个很好的例子，我们中国人的近代史，也能够说明一些问题。

于是我们便面临这样一个问题：现实中存在着两种社会和谐与社会公平，一种能够促进经济效率和社会发展，另一种则不能促进经济效率和社会发展；当我们处于全球经济一体化潮流的背景下，为了确保在竞争中立于不败之地，我们必须选择能够促进经济效率和社会发展的社会和谐或社会公平，必须在社会公平与经济效率之间保持适当的平衡。

公平与效率的协调本身便蕴含着两者的冲突，由于公平与效率的具体内容都具有历史性，它们的冲突一般表现在两个方面，其一，在某个历史时期，尽管有的公平分配原则能促进效率，有的公平分配原则却不利于促进效率；其二，在某个历史时期原本公平的原则，会随着时间的变化，由于社会各阶层力量对比发生变化而变得不公平，而不公平的分配原则必定不利于效率，因为公平不公平与 X-效率密切相关，社会比较公平，社会成员的生产积极性就会较高，交易成本也比较低，经济效率就会提高，反之，社会不公平，社会成员的生产积极性就会降低，交易成本也比较高，经济效率就会下降。

在现时期，由于历史已经表明，市场经济体制是迄今为止人类历史上最具效率的社会经济体制，那么比较有效率的分配制度或社会公平原则就是为市场经济体制所决定的分配制度或社会公平原则，即洛克意义上的古典自由主义的权利平等原则和按劳分配原则。

不过，由于市场经济也存在着不同的历史发展阶段，并且由于不同国家的文化背景而具有不同的特色，上述古典自由主义的社会公平原则在西方发达国家已经历了不同的调整阶段。

在自由市场时期，上述古典自由主义的社会公平原则虽然有利于促进经济的发展，但由于市场经济体制本身具有的缺陷和现实情况的复杂性，也造成了各种尖锐的社会矛盾，从相对的公平而走向不公平，最后影响效率。原因在于，其一，市场经济体制本身并不能完全防止许多侵害他人权益的欺诈和其他性质的不道德行为，因此无法做到真正的"权利平等"和"按劳分配"；其二，市场经济体制本身所存在的各种风险或不确定性，也不能做到真正的"按劳分配"或"按贡献分配"；其三，市场经济体制本身无法防止由于人的天赋差异和各种天灾人祸导致的贫富悬殊和对基本人权的侵害。所有这三点，都会逐渐地积累不公平的贫富差异和矛盾，最后达到无法解决的矛盾激化。

为了解决这个问题，古典自由主义的两个基本公平原则虽然在形式上没有什么变化，但在内容上发生了很大的变化，其特征便是从放任主义走向政府干预。在"不侵害他人的基本人权"方面，从20世纪初开始，西方各国出台了各种保护社会弱势群体权利的法律，如保护劳工、消费者、投资人等社会群体的权益的各种法律法规，乃至有利于整个社会的各种环境保护法案；在"按劳分配"方面，则从19世纪末就开始通过社会福利保障体系、"高额累进税"、"遗产税"和义务教育制度来缩小贫富差距。西方古典自由主义公平原则的这些内容变化，在理论上的著名表现就是以罗尔斯的正义论为代表的平等主义的偏离。

罗尔斯的正义理论虽然被认为是平等主义，但其实这种理论强化了古典自由主义的公平原则。一方面，罗尔斯反对功利主义，主张自由平等的原则具有绝对的优先性，强化了古典自由主义的"人的基本权利神圣不可侵犯"原则；另一方面，罗尔斯虽然主张平等主义的财富分配原则，但这种分配原则实质上并不否认"按劳分配"的原则，因为在他看来，除了个人的努力造成的经济不平等可以得到道德上的辩护之外，无论是社会出身还是自然禀赋造成的经济不平等都并不能得到道德上的辩护；因此就需要通过消除由于社会出身和自然禀赋造成的不平等的办法来对经济分配的不平等进行限制，由此减少贫富差异。[1]

罗尔斯的正义理论反映了西方发达国家的市场经济体制已进入福利国家的阶段。这种自由主义的公平原则及其实践虽然能够缓和尖锐的社会矛盾，产生社会和谐的效果，因而符合社会公平的原则，

---

[1] 参阅：徐大建，《市场经济与企业伦理论纲》，上海财经大学出版社2003年版，第2章。

但高福利国家的实践同时表明，这样做也打击了很大一部分人的生产积极性，影响了它们的经济效率。换言之，这种公平或正义的原则虽然公平，却与经济效率有一定程度的冲突。因此，欧美发达国家自 20 世纪 80 年代起，又开始对福利国家的公平原则进行进一步的调整，其中值得注意的是阿玛蒂亚·森的自由主义公平原则。

阿玛蒂亚·森从发展的根本目的是实质自由或可行能力的角度出发，主张应当提高每个社会成员的实质自由或可行能力，尤其是穷人的实质自由或可行能力。[1] 由于他强调收入和财富的水平并不等同于实质自由或可行能力的水平，两者之间由于各种因素有很大的差距，因此并不刻意地追求贫富差距的限制，也不主张平等主义的财富分配原则。他这种理论可以说是对古典自由主义公平原则的坚持和发展，试图在新的形势下进一步调整公平与效率的冲突。

四、结语

根据以上的分析，在讨论中国目前应当奉行什么样的社会公平原则时，便需要注意三点。其一，由于中国目前实行社会主义市场经济体制，那么其基本的社会公平原则便应当是为市场经济体制所决定的两条分配制度或社会公平原则：即权利平等原则和按贡献分配原则。但由于国情不同、市场机制的发育阶段不同，我们需要根据实际情况进行某些修正。其二，修正要考虑的第一个问题，是根据实际情况提出能够解决目前存在的社会矛盾的方案。其三，修正要考虑的第二个问题，是如何协调社会公平与经济效率。

关于需要修正的第一个问题，是要通过调查研究，确定主要的

---

[1] 参阅：阿玛蒂亚·森，《以自由看待发展》。

社会矛盾，或者说老百姓对什么问题感到最不公平、最不能容忍。关于需要修正的第二个问题，是要从 X-效率或人的生产积极性方面考虑人的权益分配问题。根据这样的思路，笔者以为，国内目前对公平与效率关系的调整主要应做两件事情：首先是强化"不侵犯他人权益"的原则，其次是帮助最贫困的群体。

许多人认为，中国目前存在的社会不公问题主要是贫富悬殊问题，但在笔者看来，贫富悬殊只是问题的表面。因为，中国目前存在的贫富悬殊，大都不是出于市场的风险和天赋的差异造成的，而是侵害他人的权益造成的，一般老百姓所痛恨的，也并不是出于市场的风险和天赋的差异造成的贫富差异，而是腐败和侵害他人的权益造成的贫富差异。单纯的贫富差异，不会在人们的心中产生极大的反感而导致尖锐的社会矛盾。因此在和谐问题上，中国目前存在的主要问题有两个，一是老百姓的一些基本权利受到了侵害，如农村和城市中的"圈地"问题，又如劳工特别是农民工的权益问题；二是腐败问题或者说钱权交易问题，这个问题的实质仍然是权利不平等或侵权的问题。就此而言，中国目前在社会公平方面所要做的事情，是要去加强权利平等原则，要在人的平等权利和制止侵权上面下功夫。

在效率问题上，主要的问题是体力劳动者的收入偏低，而拥有其他各种资源的人的收入偏高，不符合"按贡献分配的原则"，不利于 X-效率的提高，而且，过多的贫困人口也抑制了消费需求，限制了国内市场的扩大，不利于配置效率的提高。为了解决这个问题，一方面应设法提高劳动者的收入比例，另一方面就是帮助最贫困的社会群体，由此来缩小贫富差距，并提高经济效率。

3 功利主义究竟表达了什么？[1]

　　功利主义作为一种道德学说，显然不同于中国诸多报纸杂志上所谓的"功利主义"。前者发源于 18 世纪的苏格兰学派，形成于 19 世纪边沁和穆勒的道德哲学，中间经由西季威克和摩尔的方法论批判、20 世纪 50—60 年代的行为功利主义和规则功利主义之争，最终不仅在政治领域构造了一种足以与自由主义契约论学派相抗衡的政治哲学和法哲学，而且在经济领域排除了所有其他的伦理学说而独自成为主流经济学的伦理框架，成为一种事实上最有影响的现代伦理思潮，正如罗尔斯所说："在现代道德哲学的许多理论中，占优势的一直是某种形式的功利主义。"[2] 而后者，只不过是指一种追求功名利禄的处世态度。

　　可是不知为何，国内的许多伦理学著述，竟然也会混同两者，将作为道德学说的功利主义误解为一种自古以来普通人在日常生活

---

[1]　原载《哲学动态》2014 年第 8 期。
[2]　[美] 罗尔斯，《正义论》，何怀宏、何包钢、廖申白译，中国社会科学出版社 1988 年版，第 1—2 页。

中采用的权衡利弊得失、只讲利益不讲道义的利己主义行为方式。[1]这种误解，不仅无法解释功利主义在各门社会科学中所具有的指导作用，而且已经引起了严重的思想混乱，对理论研究和实践活动造成了恶劣的影响，但由于其过于粗陋，并不值得从学术上加以探讨。

不过，除了对功利主义的这种明显误解之外，由于功利主义与正义论的对立，国内外的伦理学文献中还普遍地存在着对功利主义的另外一些相关误解，这些误解同样会引起严重的思想混乱，对理论研究和实践活动造成不利的后果。因此，本文试图从罗尔斯论述功利主义与正义论的分歧着手，从基本观点、方法论和伦理学说的分类等三个方面，来弄清楚功利主义的实质和缺陷，澄清一些不必要的误解，以便更好地指导社会科学的理论和实践。

一、功利主义与正义论在基本观点上的分歧

众所周知，功利主义作为一种判断行为对错的道德学说，其基本原则是，判定人的行为对错的唯一道德标准，是所说的行为能否增进最大多数人的最大幸福；更准确些说，一个行为乃至一种行为规则或制度的正确与否，取决于它所达到的结果或追求的目的，相对于其他选择来说是否更加有利于"最大多数人的最大幸福"[2]。

根据上述功利主义的基本原则，可以看出，功利主义道德标准的核心理念，是所评价的对象即行为或制度对"最大多数人的最大幸福"所产生的影响。因此，如何理解"最大多数人的最大幸福"，

---

[1] 参阅：魏英敏，《功利论、道义论与马克思主义伦理学》，《东南学术》2002 年第1 期。

[2] 参阅：[英] 穆勒，《功利主义》，徐大建译，上海人民出版社 2008 年版，第 7 页；罗尔斯，《正义论》，第 19—20 页。

就成为理解功利主义的关键。

罗尔斯在比较功利主义与正义论的分歧时，将"最大多数人的最大幸福"理解为社会利益或社会福利的总增长，并由此认为，两者在基本观点上的根本分歧乃是，功利主义把社会利益或社会福利的总增长视为道德的根本，主张正义的常识性准则和自然权利的概念从属于社会利益；而正义论则把每个人的自然权利的不可侵犯性视为道德的根本，主张自由与权利优先于社会福利的总增长。[1] 基于这样的分歧，罗尔斯还批评说，功利主义最大幸福原则的根本缺陷，是它根本不能说明道德上的正义原则：其一，它不关心"满足的总量怎样在个人之间进行分配"；其二，即便将它运用于利益分配，它也不能说明分配的公平，因为根据最大幸福原则，"原则上就没有理由否认可用一些人的较大得益补偿另一些人的较少损失，或更严重些，可以为了使很多人分享较大利益而剥夺少数人的自由"[2]。所以，功利主义是错误的。

不可否认，罗尔斯对功利主义道德理念的本质和缺陷的理解从总体上说是正确的。首先，功利主义道德理念的本质的确是社会利益或社会福利的总增长，而不是任何个人利益或个人福利的增进。其次，功利主义强调社会利益或社会福利的总增长并不意味着功利主义只讲经济物质利益不讲个人权利，因此功利主义与正义论的分歧并不是强调经济物质利益与强调个人权利的分歧。最后，如果把"最大多数人的最大幸福"或社会福利解释为个人福利的加总，那么功利主义的确不能说明分配的公平。

值得指出的是，罗尔斯并不像有些人那样，把社会福利的总增长归结为经济物质利益的计算。不少人认为，功利主义把"幸

---

[1]　参阅：罗尔斯，《正义论》，第 25 页。
[2]　参阅：同上书，第 23 页。

福"或"功利"定义为"快乐"或"欲望的满足",在操作层面上又往往依据经济学的社会福利函数来衡量和计算"最大多数人的最大幸福",尤其是在社会整体的层面,所以只是一种关注经济物质利益的道德理论。可是,其一,无论是按哲学功利主义的定义还是按经济学的定义,"功利"或"效用"都应理解为个人的偏好或使用价值,而不应仅仅理解为经济利益,从而把权利、知识和美德等非物质性使用价值排除在效率标准之外;其二,在衡量局部整体利益时,"最大多数人的最大幸福"的衡量和计算往往并不依据经济学的社会福利函数。正如罗尔斯所指出的,功利主义的本质不在于经济物质利益而在于满足的最大化:"正确的分配都是那种产生最大满足的分配。社会必须如此分配它的满足手段——无论是权利、义务,还是机会、特权,或者各种形式的财富,以便达到可能产生的最大值。"[1]

不过,即便罗尔斯对于功利主义的理解和批评是正确的,我们却无法得出罗尔斯的结论:功利主义是错误的而正义论是正确的,或者至少正义论是比功利主义更为正确的伦理学说。

应当看到,罗尔斯强调自己所探讨的是制度伦理。他的逻辑前提是,社会制度伦理的根本问题是正义,而正义的实质是分配公平,其根本在于个人权利不受侵犯。根据这样的逻辑前提可以推出:由于功利主义把社会利益或社会福利的总增长视为制度伦理的根本,不能说明制度伦理的根本问题正义或分配公平,所以功利主义是错误的;相反,正义论把每个人的自然权利的不可侵犯性视为制度伦理的根本,能够恰当地说明正义或公平分配的根本,所以正义论是正确的。按照这样的逻辑,即便罗尔斯对于功利主义的理解和推论

---

[1] 参阅:罗尔斯,《正义论》,第 23 页。

是正确的，其结论的正确性也还要取决于其逻辑前提的正确性：社会制度伦理的根本问题就是正义吗？正义的根本就在于个人权利不受侵犯吗？可是，这两个逻辑前提的正确性都是可疑的。

的确，传统的道德学说大都把社会的稳定有序与公平正义视为最重要的道德问题。不过即便如此，它们却并非认为正义的根本就在于个人权利不受侵犯。古代西方占统治地位的柏拉图伦理学和亚里士多德德性论虽然把"正义"作为其核心问题，但它们对"正义"的理解是"和谐""守法"以及"得与失的平等"，其实质是对不平等的社会等级秩序的维护，而不是个人人权的平等。古代中国最有影响的道德学说儒家伦理的核心问题是"义利之争"，其核心概念"义"的内容尽管与古希腊伦理的核心概念"正义"有所不同，但它们的字面意思却都是"合宜"与"正当"，其实质也是维护不平等的社会等级秩序以达到社会和谐，而不是个人人权的平等。只是当西方发展出了资本主义社会，由于一千多年来基督教平等理念的影响和资产阶级发展生产力的要求，自由平等的理念才逐渐深入人心，成为占统治地位的价值观，才孕育出了从洛克、康德到罗尔斯等人主张的以自由平等为核心理念的近现代正义理论。可见，正义的根本在于个人权利不受侵犯的观念并不是不可置疑的真理。

其次，即便传统的道德学说大都把社会的稳定有序和公平正义视为最重要的道德问题，我们是否就能说，社会制度伦理的根本问题就是正义呢？

人类学、社会学和历史学的研究表明，道德作为一种合理的行为规范和正式制度的基础，其最初目的是规范人的行为，防止严重的利益冲突，维护社会的秩序和稳定，保障人们的社会合作，从而使个人获得生存和发展的条件。这一最初目的，其本质是遏制人与人之间的利益冲突及协调人与人之间的合作，以公平正义与稳定有序为基本概念。然而，由于不同的文化和社会之间存在着竞争关系，社会为了维护自己的生存发展，就不仅需要公平正义与稳定有序，而且还需要总体效率与繁荣富强，否则就会在文化与社会的竞争中失败和消亡，于是道德作为一种合理的行为规范和正式制度的基础，又产生了另一个目的，即如何在遏制人与人之间的利益冲突及协调人与人之间的合作的基础上，进一步调动人们的生产积极性，发展生产力，促进社会的繁荣富强，从而使个人获得生存和发展的条件。如果这样的分析是正确的，那么我们就可以说，社会制度伦理的根本问题至少有两个，除了公平正义与社会的稳定有序之外，还有总体效率与社会的繁荣富强，它们都是社会的生存发展必不可少的。功利主义作为一种近现代道德学说，实质上反映了总体效率与社会的繁荣富强这一制度伦理问题的出现。

综上所述，功利主义与正义论的分歧，就并不完全是罗尔斯所认为的那样：由于制度伦理的根本问题是正义，所以两者的分歧仅仅是在正义问题上效率与公平的分歧。从根本上说这种分歧还包含着制度伦理应当强调公平正义还是强调总体效率的分歧。因此就功利主义的评价来说，便需要考虑上述两方面的问题。由于构成了社会根本利益的公平正义和总体效率并非同一个东西，两者不仅不能相互定义，其间的关系也不是一目了然、始终协调一致的，有时甚至还会发生严重的冲突；因此在制度伦理问题上，一方面会产生社会利益究竟应当以公平正义为根本还是以总体效率为根本的问题，另一方面，即便仅就正义问题来说，由于公平与效率彼此相关，也仍然存在着功利主义与正义论的分歧。

关于这两个问题的答案，在笔者看来，关键在于如何理解公平正义与总体效率的关系。由于这个问题笔者已在别处有所论述，在这儿就不再重复了。[1]

二、功利主义与正义论在方法论上的分歧

功利主义不仅在道德行为的基本观点上与正义论不同，而且在论证其观点的方法论上也与正义论存在着根本的分歧，弄清楚这种方法论的分歧所在，同样有助于我们对功利主义的实质和缺陷做出正确的评价。

罗尔斯在比较功利主义与正义论的方法论分歧时指出，功利主义的基本观点与其方法论密切相关。在他看来，功利主义之所以把社会利益或社会福利的总增长视为道德的根本，主张正义的常识性准则和自然权利的概念从属于社会利益，是因为它在社会选择的方法论上把合理利己主义或个人的选择原则扩展运用于社会选择；而为了把个人利益合成为群体利益，公平地看待不同的个人利益，功利主义又引入了"不偏不倚的旁观者"（impartial spectator）和"同感"作为其论证的关键；与之相反，公平的正义理论之所以把每个人的自然权利的不可侵犯性视为道德的根本，主张自由与权利优先于社会福利的总增长，是因为它在社会选择的方法论上持一种契约论的观点，认为社会选择的原则（因而也是正义的原则）本身是一种原初契约的目标。[2]

不过，罗尔斯的这种分析虽有一定的依据，总体上却是片面的、误导人的。

在笔者看来，罗尔斯关于功利主义方法论的分析的合理依据大

---

[1] 参阅：徐大建，《功利主义道德标准的实质及其缺陷》，载《上海财经大学学报》2009 年第 2 期。

[2] 参阅：罗尔斯，《正义论》，第 20—21、24、25—26 页。

致有两点。其一，由于功利主义将"最大多数人的最大幸福"定义为个人的利益加总，因此其行为评价的操作模式与利己主义相同，即它们具有相同的行为评价操作程序：1.明确行为所要解决的问题，2.针对目的列出所有备选行动方案，3.分析各个行动方案的预期结果，4.再根据评价标准选出最优行动方案等四个步骤，从而遵循同样的理性主义决策论模式。其二，古典功利主义的代表人物边沁和穆勒对功利主义"最大幸福原则"的论证的确存在着混淆利己主义与功利主义的问题：边沁曾经论证说，"当我们对任何一种行为予以赞成或不赞成的时候，我们是看该行为是增多还是减少当事者的幸福"[1]，穆勒也曾经论证说，既然"每个人都在相信幸福能够获得的范围内欲求自己的幸福"是一个事实，那么"我们就不仅有了合适的证据，而且有了可能需要的一切证据来证明，幸福是一种善：即每个人的幸福对他本人来说都是一种善，因而公众幸福就是对所有的人的集体而言的善"[2]。

可是，仅依据这两点就将功利主义论证其观点的方法论归结为，它把利己主义或个人的选择原则扩展用于社会选择，却是片面的。其一，上述决策论思维模式仅仅是一种贯彻道德标准的操作方式，它可以用于任何伦理学说的操作运用，却不是论证道德观点的方法，事实上，边沁和穆勒混淆了功利主义与利己主义的论证虽然存在着逻辑错误，但其依据的却是经验论的认识论而不是决策论；其二，功利主义对其观点所做的论证除了边沁和穆勒的论证之外，还存在着其他各种论证，例如功利主义内部对边沁和穆勒的严厉批评，[3] 而这些论证的共同特点都是依据经验论的认识论。

---

[1]　周辅成编，《西方伦理学名著选辑》下卷，商务印书馆1987年版，第211页。

[2]　穆勒，《功利主义》，第35、36页。

[3]　参阅：Henry Sidgwick, *The Methods of Ethics*, Macmillan Co. Ltd., London, 1907, p. 388；[英] 摩尔，《伦理学原理》，长河译，商务印书馆1983年版，第62节，64节。

　　另一方面，罗尔斯的正义论论证虽然属于社会契约论，但社会契约论并不是区别正义论与功利主义方法论的根本特征，因为不仅存在着唯理论的社会契约论，如正义论的论证，也存在着经验论的社会契约论，如休谟的功利主义论证。因此，功利主义与正义论在论证方法上的分歧，从根本上说是经验论认识论与唯理论认识论的分歧，而不是罗尔斯所说的那种分歧。

　　传统西方伦理学说的方法论是唯理论的。这种唯理论伦理学论证的大意是，如果说道德理论的核心问题是正义，那么正义一定有一个永恒不变的标准，而这个标准只能是客观的宇宙秩序与显示这种秩序的自然法，它只能为人的天启理性认知，并成为制定人类行为规则的最终依据。这种宇宙秩序或自然法，在古代西方曾经表现为古希腊的目的论理念世界与展示理念世界的理性生活、古罗马的自然法、中世纪的上帝创造的自然秩序或颁布的上帝法，而到了近现代西方，则发展演变为洛克、斯宾诺莎和康德等人为代表的社会契约论理论。其当代的杰出代表就是罗尔斯，其正义论构造的基于"无知之幕"的原初状态与基于"最低待遇最大化原则"的社会契约论，使近现代西方唯理论伦理学说更加精致和完备。

　　当然，近现代西方的唯理论伦理学说尽管继承了古代西方唯理论伦理学说诉诸先验理性的方法论，其基本立场却发生了根本的转变：在自然秩序上用人人自由平等取代了后者主张的不平等等级制，在永恒正义的标准上用处于平等地位的人们基于先验理性的一致同意取代了后者设想的上帝或客观宇宙秩序。造成这种不同立场的根本原因则在于，近现代自由平等观念的确立使得西方伦理发生了从基于不平等等级的身份伦理到基于人人自由平等的契约伦理的根本性转型。

　　功利主义作为一种近现代西方道德学说，同样具有现代契约伦理的一般特征。因此，尽管功利主义将社会利益或社会福利的总增长视为道德的根本，并进而试图用总体效率来说明正义，但就现代正义的具体内容及其社会协议性质而言，功利主义的基本立场与洛克和罗尔斯的社会契约论并无本质上的意见分歧。[1] 两者在公平正义问题上的根本分歧其实是方法论的分歧：道德真理的标准应当诉诸理性还是诉诸经验？现实的公平正义究竟从何而来？是否存在基于自然法或人类先验理性的永恒正义？唯理论方法论的论证实质是：应当诉诸先验理性，依赖制度的人为设计，依赖基于先验理性的一致同意；而经验论方法论的论证实质是：应当诉诸感觉经验，强调试错性的制度演进，强调基于对社会共同利益的旁观者感受或同感的协议。

因此，功利主义的先驱休谟一反传统的西方唯理论伦理论证，而根据彻底的英国经验论，从人类情感、社会利益和风俗习惯等现实的角度，而不是从先验的理性，提出了对契约伦理的经验解释。

休谟认为，经验论的认识论考察表明，唯理论将数学、经验科学和人文学科的真理依据全都归结为理性，那是混淆了理性、心理习惯和趣味情感的功能。[2] 就人的认知心理结构而言，尽管经验科学中的理性判断实质上不过是反映了心理习惯，我们仍然可以区分出理性和情感分别在经验科学与道德学科中所具有的不同认知职责："前者传达关于真理和谬误的知识；后者产生关于美和丑、德性和恶行的情感"[3]；理性的功能在于对事实和关系的真假作出判断而决不能对

---

[1] 例如，就正义的具体所指和社会协议性质而言，休谟与洛克并无本质上的意见分歧，休谟认为，人们日常所谓的正义，就是指不侵害他人的财产权（参见休谟，《道德原则研究》，第48—49页）；并且他也认为，"正义起源于社会协议"（休谟，《人性论》，第534页）。

[2] 参阅：[英]休谟，《人类理智研究》，吕大吉译，商务印书馆1999年版，第151—153页。

[3] [英]休谟，《道德原则研究》，曾晓平译，商务印书馆2001年版，第146页。

其善恶得出判断，唯有人的趣味情感才能对事实和关系的善恶作出判断。所以道德评价的依据是人的情感而不是理性。但情感是私人的，不同的人对同一个行为可能产生不同的情感，从而会得出不同的道德判断；为了克服这种相对性，休谟便求助于人们的情感共鸣或同感（sympathy），它在现实中表现为"公正的旁观者"，从中发展出"共同利益感觉"作为正义的情感基础并发展出对社会公益的同感作为正义感的情感基础。因此，所谓德性，就是"凡是给予旁观者以快乐的赞许情感的心理活动或品质"[1]，换言之，道德的本质在于客观公正的旁观者的情感认同，即大家的共同情感或"同感"。

根据这样的经验论认识论，休谟从功利主义的角度论证了他的正义观。休谟认为，从正义的内容形成来看，正义作为一种协议或约定是在人们的相互交往和"对共同利益的感觉"中逐渐形成的，而决不是出于先验理性的一锤定音。人们为了自身的利益在交往并发生冲突的过程中，逐渐都会意识到，彼此不侵犯对方的财物对双方都有利，继而这种感觉会引导双方以某些规则来参照和调整各自的行为，并通过这样的博弈和不断地试错，缓慢地形成关于财产权的社会协议，正义观念由此而生，[2] 即正义意味着不侵害他人财产的产权规则，具体表现为确定私有财产权、根据契约转移财产，以及履行许诺等三项具体法则。从正义的道德性质来说，正义之所以普遍受到人们的赞美和敬重，是因为人们在情感上共同认可私有产权规则所导致的社会效用或公共利益："自私是建立正义的原始动机；而对于公益的同情是那种德所引起的道德赞许的来源。"[3] 因此，正义作为社会协议其实是社会习俗和传统自发形成的过程，相反，霍

---

[1]　休谟，《道德原则研究》，第139—141页。
[2]　参阅：[英] 休谟，《人性论》，关文运译，商务印书馆1980年版，第530—531页。
[3]　同上书，第540页。

布斯和洛克等人的社会契约论和他们所谓的"自然状态"都缺乏历史依据；自然法学派所宣称的诸如天赋人权、自由正义之类的自明真理，都不过是唯理论的杜撰而根本不是出自理性的普遍必然的神圣真理。[1]

综上所说，根据休谟的经验论功利主义论证，罗尔斯关于功利主义与正义论在方法论上的分析是十分片面的，罗尔斯本人可能也意识到了这一点，因此他在肯定休谟是功利主义者之后又自相矛盾地说，"从休谟发端的那种功利主义理论并不适合我的目的，严格说来它不是功利主义"[2]。

三、目的论与义务论的分歧

为了更深入地说明功利主义与正义论的基本观点与方法论的分歧，罗尔斯还从道德理论的分类上论述了两者的分歧。

与一般的看法相似，罗尔斯也把功利主义归类为一种目的论，而把公平的正义理论归类为一种义务论或非目的论。不过与一般关于目的论与义务论的定义有所不同，罗尔斯并不认为，目的论的特征是根据行为的后果来对行为做出评价，义务论的特征则是根据行为本身或行为的动机来对行为作出评价；而认为，两者的区分在于，目的论主张"善"优先于"正当"，义务论则反之。功利主义用"善"来定义"正当"，把"正当"看做"善"的增加，因此属于目的论；公平的正义理论则不用最大量地增加"善"来解释"正当"，不脱离正当来指定善，因此属于义务论或非目的论。在公平的正义

---

[1] 参阅：休谟，《人性论》，第 533—534 页。
[2] 罗尔斯，《正义论》，第 1、29 页。

理论看来，"正当的概念优先于善的概念"，"那些需要违反正义才能获得的利益本身毫无价值。由于这些利益一开始就无价值，它们就不可能逾越正义的要求"。[1]

不可否认，就深入阐发功利主义与正义论的基本观点与方法论的分歧来说，罗尔斯的上述分析是富有启发性的。首先，他正确地认为，任何行为的道德评价都需要考虑行为的结果，不考虑结果的道德理论是不可理喻的，[2]因此，传统的道德分类理论以是否根据行为的后果对行为作出道德评价来划分目的论与义务论，并不合理。其次，他的道德分类理论能够进一步阐明功利主义与正义论的基本观点与方法论的分歧：功利主义之所以将社会总福利的增长视为判定行为正当的最终依据，是因为功利主义将"善"视为道德的根本，把行为的"正当"定义为"善"的增加，并且将社会总福利视为"至善"，与之相反，正义论之所以将个人权利的不可侵犯视为判定行为正当的首要依据，是因为正义论看到，功利主义对"善"的定义不包括分配正义与个人权利不可侵犯的原则，无法说明"正当"的本质，由此认为"正当"不仅不能定义为"善"的增加，而且是优先于"善"的道德概念。

但这样的道德类型分析也的确存在着一些令人困惑的问题。

根据西方道德理论的一般用法，"善"的意思是"值得追求"，用来形容行为的目的，"正当"的意思是"合宜"，用来形容达到目的的行为。如果不对具体的"善"作出规定，那么仅根据目的和手段的语言逻辑关系，作为达到目的的手段，正当或合宜的行为显然就是有效达到目的的行为，换言之，"正当"可定义为"善"的有效达到或增进，即行为是否正当的标准就是看其结果是否有效地达到

---

[1]　罗尔斯，《正义论》，第22、28页。
[2]　参阅：同上书，第27页。

了"善"，至于其动机如何，则不是评价行为的要素而是评价行为主体的要素。一般来说，这就是所谓目的论伦理学的论证思路，即行为的评价取决于其结果是否有效达到了目的，行为的"正当"依赖于目的的"善"。但按照这样的逻辑，罗尔斯的断言就会产生一个问题：如果目的论意味着对于"善"或行为结果的强调，而任何行为的道德评价都需要考虑行为的结果，不考虑结果的道德理论是不可理喻的，那么，所有的道德理论岂不都成了目的论了？我们又如何来区分目的论与义务论呢？

为了避免这个问题或矛盾，罗尔斯的回答是，功利主义所说的"善"虽然包括权利、义务、机会、特权和各种形式的财富，并且尤其包括这些"'善'的增长"，却唯独不把这些"'善'的分配"也看作一种"善"，否则"就不再是一种古典意义上的目的论观点了"；相反，包括权利分配在内的各种"善"的分配问题属于"正当"概念，[1] 由于正义论的首要原则是个人权利不受侵犯，主张个人权利优先于社会总福利的增长，于是便主张"正当"优先于"善"，属于一种义务论。可见，罗尔斯关于目的论与义务论的区分是有前提的，即各种"'善'的分配"不属于"善"的范畴而属于"正当"的范畴，没有这个前提，功利主义与正义论的分歧就无需披上罗尔斯所说的目的论与义务论的分歧外衣，而直接显示出强调各种"善的增长"与强调各种"善的分配"的分歧了。可是这个前提仍然是可疑的，为什么我们不能把各种"善的合理分配"也看做一种"善"呢？

仔细考虑一下可以发现，罗尔斯之所以不把各种"'善'的分配"也看做一种"善"，是由于他根据西方道德理论的一般用法，将

---

[1] 参阅：罗尔斯，《正义论》，第22页。

"善"仅仅视为满足个人需求的东西。[1] 显然，如果"善"仅仅是指满足个人需求的东西，那么"善"就意味着个人利益。这样，无论具体的"善"是指什么，即便"'善'或个人利益的增长"能够看做是符合个人利益的，因而可以理解为一种"善"，我们却无法认为"'善'或个人利益的合理分配"也一定是符合个人利益的，于是"'善'的合理分配"就很难归入"善"的范畴，而只能纳入"正当"的范畴了。

此外，由于西方道德理论的一般用法将"善"仅仅视为满足个人需求的东西，各种目的论伦理学尽管区分了"目的善""手段善""至善"乃至"善本身"，也都没有超出个人利益的范围，因此其论证中始终存在着一个难以克服的障碍：如果"善"意味着个人利益并且道德行为的"正当"意味着社会利益，那么将"正当"定义为"善"的增加，便意味着有利于个人利益的行为才是有利于社会利益的行为，但这个推论显然是成问题的。亚里士多德的目的论伦理学将"至善"理解为人的本质的实现或理性生活，将行为的"正当"定义为"至善"的实现或理性生活的逻辑展开，但这种目的论的合理性是建立在成问题的假定之上的——真实的世界是一个和谐的等级制理念世界，作为其组成部分的真实的人则是灵魂和理性。功利主义目的论将"至善"理解为"最大多数人的最大幸福"，将行为的"正当"定义为有利于"最大多数人的最大幸福"的实现，但这种目的论同样存在着忽视公平正义、仅仅用心理感受来解释幸福、无法从个人利益的最大化过渡到社会利益最大化等论证问题。

在笔者看来，为了消除有关目的论和义务论的这些道德类型问题上的困惑，关键在于区分不同类型的"善"与"正当"，而区分的

---

[1] 参阅：罗尔斯，《正义论》，第 61 节。

基础则在于个人利益与社会利益的划分。

我们必须认识到，社会利益并非个人利益的简单加总与增长。因此在"善"的概念问题上，我们不能将"善"仅仅视为满足个人需求的东西，由此把"善"限于个人利益，认为社会利益可以定义为"善"的加总与增长，而应当首先把"善"区分为两类："个人利益"和"社会利益"。在此基础上，鉴于目的与手段的逻辑关系，我们可以接着把行为的"正当"也区分为两类：一类是行为达到任何"善"目的的有效性，另一类是行为无害于或有利于作为社会利益的"善"的正当性。前一类行为的"是否正当"属于科学问题而不属于道德问题，唯有后一类行为的"是否正当"才属于道德"正当"问题；换言之，作为手段的行为在道德上是否正当，并不在于行为本身的合目的性，而在于其后果是否符合作为社会利益的"善"。根据这样的分析，那么在"善"与"正当"之间，尽管存在着作为个人利益的"善"与作为社会利益的"善"或"正当"的矛盾，却不存在一般的"善"与一般的"正当"的矛盾和冲突了，也就不存在目的论与义务论的区分了。

有人可能提出，即便是为了社会利益，行为仍然存在着道德上是否正当的问题。就此而言，首先，这类问题在本质上不同于为了个人利益的行为在道德上是否正当的问题，因此并不属于行为的道德正当问题，换言之，在道德正当意味着社会利益的意义上，行为只要符合社会利益，就一定是道德正当的，不存在道德上是否正当的问题。其次，这类问题的意义，乃在于存在着不同的社会利益及其矛盾冲突，不时地产生行为无法同时满足两种彼此矛盾的社会利益的问题，尤其是在总体效率与公平正义发生冲突的时候。这类问题本质上是不同社会利益之间的矛盾问题，属于伦理冲突问题。

进而再看"善"与"正当"这两个基本的伦理概念所表示的不

同伦理问题。如果从个人利益的角度来看待"善",那么"善"的问题就构成了人生意义问题:作为个人终极价值的"至善"究竟是什么?但这个问题与行为是否"正当"的道德规范问题是两个不同的伦理学问题:人生意义问题探讨的是作为个人利益的"至善"问题,道德规范问题探讨的是作为社会利益的"至善"问题。因此,两者的关系并非如目的论者所说的那样,是目的和手段的关系,而是作为个人利益的"至善"与作为社会利益的"至善"或"正当"的关系;事实上,亚里士多德所说的理性生活和功利主义者所说的最大多数人的最大幸福,本质上都是对社会利益的一种阐发,而并不是对人生价值的说明,除非将社会利益混淆为人生价值。人生意义所追求的个人利益与道德规范所追求的社会利益的关系乃是:后者为前者奠定了实现的条件,因此前者不能违背后者。

　　人生意义问题与道德规范问题的关系还可以从它们所探讨的不同价值或"善"看出来。一般而言,人生意义问题值得探讨的一些"终极价值",如健康、情谊、创造等,都是不可分配的,都必须靠个人自我的努力,但个人自我创造自己的人生价值需要一些必不可少的条件或价值,典型的如罗尔斯所说的"基本善",包括个人的基本权利、机会和各种形式的物质财富,而这些"基本善"的生产和分配原则,就构成了道德规范问题及其追求的社会利益。没有社会的稳定有序和繁荣富强,个人追求自己的人生价值就失去了基础。正因为如此,个人无论追求何种人生价值,都不能违反道德规范,破坏自己赖以实现的条件。

第三编

古今伦理观念之变

1 西方公平正义思想的演变及启示[1]

公平正义不仅因为是社会稳定有序的基础而成为人类始终追求的核心价值之一，而且更是社会主义所强调的核心价值，是制定各项社会主义制度和经济社会政策的重要原则。然而，公平正义又始终是一个众说纷纭的问题。经济学文献往往简单地把公平正义定义为收入的平等并且用基尼系数作为衡量经济公平的量化标准。政治学文献往往简单地把公平正义定义为政治权利的平等而不考虑其他因素。至于什么是社会主义的公平正义，则也需要进一步深入的研究。

我们以为，要构建社会主义的公平正义，制定符合公平正义的各项经济社会政策，其必要的前提是我们对什么是社会主义的公平正义具有清晰的认识，而这个问题，同样需要借鉴人类政治文明的

---

[1]　原载《上海财经大学学报》2012 年第 3 期，个别文字有改动。

有益成果。本文试图对西方最主要的几种公平正义观念做一个简要的梳理，以期对探讨社会主义的公平正义有所助益。

一、公平正义的语义和问题

公平正义自古以来便是西方社会的首要核心价值。在西方文化中，公平正义不仅仅是人们最为看重的道德品质或德性之一，而且是社会赖以维系秩序和稳定的根本道德规范，是整个社会政治法律制度的伦理基础。这一点与中国文化有所不同。在中国传统文化的话语中，公正虽然也很重要，却主要是对统治者的一种德性要求，而不是评价社会政治制度的衡量标准，与社会基本制度没有多大关系。[1] 传统中国社会赖以维系秩序和稳定的根本道德规范是"忠"与"孝"，在中国的古代文献中，似乎找不到与西方的"正义"（justice）相对应的概念。

由于公平正义在西方文化中的地位，西方的学者们对公平正义做了大量探讨，给后人留下了丰富的思想资源。不过，尽管西方学者在公平正义观上存在着各种不同的看法，但他们的探讨却是在一个共同的平台上展开的。要充分地理解这些思想，首先需要阐明承载这些思想发展的共同平台，亦即公平正义这一概念家族的含义以及这些含义所界定的问题性质和范围。

在西方的国际化语言英语中，公平正义这一概念家族包含着justice（中文一般译作"正义"或"公正"）、right（"正当"或"正义"）、fairness（"公平"）、impartiality（"不偏不倚"或"公正"）等

---

[1] 参阅：朱贻庭，《"公正"二字是撑持世界底——论中国传统的"公正"观》，载《探索与争鸣》2010 年第 11 期。

语词，但其中的基本语词只有两个即 justice 和 fairness。根据权威的《简明牛津词典》和《现代汉语词典》，英语 justice 和 fairness 及其中文对应词"正义""公正"与"公平"都是同义词，在日常语言中可以互换使用；在哲学探讨中，伦理学家和政治哲学家们也常常将它们当同义词交替使用，而并不仔细区分它们的意义差别。然而严格说来，justice（正义）与 fairness（公平）并不表示同一个概念，它们的含义既有共同之处，也有不同之处。

根据大多数西方哲学家的用法，justice（正义）的基本含义是"每个人都得到其应得的"或"不侵害任何人的正当权益"，[1] 而 fairness（公平）的基本含义是"平等待人"或"一视同仁"。两者的共同点在于，无论是"正义"还是"公平"，它们的宗旨都是"个人得其应得"；两者的不同点则在于，"正义"强调的是"应得"或"正当所得"的标准和结果，而"公平"强调的是达到"应得"或"正当所得"的途径或程序。罗尔斯的"公平的正义"(justice as fairness）理论，就是这样来使用"正义"和"公平"这两个概念的；在罗尔斯的用法中，"正义"是指衡量每个人正当所得的原则，而"公平"是指人们协商正义原则时所处的相互平等地位和一致同意：公平的正义理论"表达了正义原则在一种公平的原始状态中得到一致同意这一思想。这个提法并不意味着正义的概念和公平的概念是一回事"；由于在"无知之幕"性质的"原始状态"中，"人人处于同一状态，任何人都不能设计出有利于自己特殊情况的原则，于是公平协议或交易的结果就是正义的原则"[2]。因此，在西方的公平正

---

[1]　参阅：[古希腊] 柏拉图，《理想国》，商务印书馆 1986 年版，第 7 页；[英] 穆勒，《功利主义》，徐大建译，上海人民出版社 2008 年版，第 45 页；[美] 博登海默，《法理学——法哲学及其方法》，第 253—254 页；陈嘉映主编，《西方大观念》，华夏出版社 2008 年版，"正义"。

[2]　参阅：[美] 罗尔斯，《正义论》，谢延光译，上海译文出版社 1991 年版，第一章，第 3、4 节。

义概念家族中，"正义"是最根本的概念，有关公平正义的理论一般被称为"正义"理论而不称为"公平"理论。

"正义"和"公平"的上述用法同时也就界定了公平正义问题的性质和界限：

其一，公平正义探讨的问题是利益或权利的正当分配，无论说的是正当的分配状态还是正当的分配原则，因而从属于调节人与人之间的利益冲突的道德范畴。自古希腊起，公平正义就被认为与利益或利益的冲突相关，在第一本详尽探讨"正义"的哲学著作《理想国》中，讨论的双方就都承认正义与利益相关，只不过一方认为正义就是"强者的利益"，而另一方虽然承认正义是利益，但否认正义仅仅是强者的利益。[1] 大部分西方哲学家都认为，正义既然意味着"应得"，那么当然与利益相关，在没有利益冲突的地方，讨论公平正义是没有意义的，因为这时不存在"应不应得"的问题。

其二，既然正义的基本含义是"每个人都得到其应得的"，那么公平正义的原则在利益分配上必然既不赞成利己主义也不赞成利他主义，而强调正当的利益分配必须照顾到每个人或所有人的利益而不能偏向某个人或某些人的利益，既不能为了少数人的利益侵害多数人的利益，也不能为了多数人的利益侵害少数人的利益。因此，"正义"的原则必然蕴含着"无偏私"或"公平"的原则。用亚里士多德的话来说，"所谓'公正'（justice），它的真实意义，主要在于平等（equality）"[2]，或者说，"相等的人就该配给到相等的事物"[3]，而不相等的人便该配给到不相等的事物。

其三，从道德规范体系来看，调节人与人之间的利益冲突的道

---

[1] 参阅：柏拉图，《理想国》，第 19 页。
[2] [古希腊] 亚里士多德，《政治学》，吴寿彭译，商务印书馆 1981 年版，第 153 页。
[3] 同上书，第 148 页。

德原则大致可分为两类，一类是自我牺牲和利他性质的高尚道德，另一类便是既不赞成利己主义也不赞成利他主义而强调正当的利益分配必须照顾到每个人或所有人利益的公平正义这样的底线道德。高尚道德属于不完全义务，不能强制实行，仅仅属于个人伦理；而底线道德则属于维系社会秩序必不可少的必须强制实行的完全义务，所以公平正义不仅仅是个人伦理的基本原则之一，同时也构成了政治法律制度的伦理基础，是制度伦理的基本原则。

当然，以上对于公平正义的语义分析仅仅说明了公平正义问题的性质和范围，而并没有涉及公平正义的内容。正义概念所蕴含的"应得"，仅仅指明了公平正义的问题是利益分配和利益冲突问题，但并没有说明，什么是"应得"，如何来判定个人的应得。公平概念所蕴含的"平等待人"，也只是指明了正义要顾及"所有人的利益"而不可"偏向"某个人或某些人，但并没有说明，如何平等待人，按照什么标准来平等待人。不过，正是在有关公平正义问题的性质和范围的上述平台上，西方学者对公平正义的内容提出了不同的看法。

二、古希腊的公平正义观

如同其他问题一样，西方关于公平正义问题的探讨也始于古希腊。柏拉图和亚里士多德围绕着理性生活对公平正义展开的探讨，不仅奠定了公平正义在西方文化中的基础地位，而且为西方文化提供了所谓古典正义的理论，为后人的探讨奠定了坚实的基础。

古希腊哲学对"正义"的探讨，有两个不同于后人的根本特点。其一，对正义的探讨是以实践哲学的根本主题即人应当怎样生活为目的展开的，这样的探讨高度使得"正义"理论在整个实践哲学中占据着核心地位。其二，探讨的方法论依据是目的论，这种目的论虽然在现代思想中丧失了其宇宙论地位却仍然不失为一种富有启发意义的伦理学思路。

古希腊的实践哲学虽然可以分为伦理学和政治学两个部分，但它们的主题却是同一个，即人应当怎样生活，或换言之如何让大家过上幸福生活。在古希腊人看来，人应当怎样生活显然首先是一个伦理学问题：构成了人生意义的至善或幸福究竟是什么？幸福在于何种生活方式？但由于人是政治性的动物，注定要过社会的生活，一个人只有在城邦中才能获得自己的幸福和事业，因此如何让个人过上幸福生活还要解决一个政治学的问题：什么样的政治体制或政府形式能最好地帮助人实现幸福的生活方式？

对于实践哲学的这个根本问题，柏拉图和亚里士多德的探讨思路是建立在目的论的基础之上的。根据目的论，真实的宇宙是一个由永恒不变的理念或形式构成的相互关联的有机整体，它是事物的终极本质和原因，是使事物所以成为现在那种样子的指导力量或目的；万事万物都有自己的本质或目的，都朝着自己的目的地前进，实现自己的本质。根据这样的目的论，人应当怎样生活的问题，也就是一个人怎样实现或完善自己的本质的问题。由于古希腊人认为人的真实存在或本质是理性，因此人应当追求的至善或幸福便在于理性的实现或完善而不在于物质欲望的满足，而理性的实现或完善则在于合乎理性的生活方式。

那么什么是合乎理性的生活方式呢？柏拉图认为，理性的实现或完善表现为服从理性的统治，其特征乃是服从理性的统治而形成的和谐状态，那就是"正义"。"正义"不仅是个人的根本德性，而且也是理想社会制度的特征。就个人德性而言，理性的实现表现为德性的培养：智慧在于灵魂中理性的运用，勇敢在于灵魂中意志对理性的服从，节制在于灵魂中情感对理性的服从，而正义则是理性在灵魂中占统治地位时个人具备了智慧、勇敢和节制这三种德性后达到的精神和谐状态。[1] 就理想社会的特征而言，正义则是武士阶级和劳动阶级服从统治阶级、乃至社会中的三个阶级各自安分守己、忠于自己职守而导致的社会和谐。这样，"正义"便成了柏拉图实践哲学中的核心概念，一方面，人应当怎样生活的问题可以归结为蕴含着智慧、勇敢和节制的"正义"德性的培养，另一方面，有利于理性的完善的政治安排可以归结为以和谐为特征的"正义"社会。

柏拉图的"正义"理论虽然没有直接谈论利益或权利的正当分配，但很明显，这种理论蕴含了一种利益或权利的不平等分配理论：不同的人和不同的阶级各自应当享有不同的权利和责任，正义便在于不同的人和不同的阶级各自维护自己的权益，而不能侵害其他人或阶级的特有权益。[2]

古希腊哲学的集大成者亚里士多德继承和发展了柏拉图的探讨，提出了一个更加完备的正义理论。在亚里士多德看来，人应当怎样生活这个问题可分为两个问题，一是人生的终极目的至善或幸福是什么的问题，二是如何实现至善或幸福的问题。关于第一个问题，亚里士多德通过区分三种不同的"善"认为，至善或幸福不是如财富、长笛等等这样的手段善，也不是如荣誉、快乐、各种德性等等这样的目的善，而是所有这些善都为之追求的人的本质的实现或者说是合乎理性的生活。关于第二个问题，由于灵魂包含着理性和非理性两个部分，于是合乎理性的生活也具有两种含义，一是灵魂的理性部分具有并运用理性，它构成了智慧、理解和明智这样的理智

---

[1]　参阅：柏拉图，《理想国》，第169—172页。
[2]　参阅：同上书，第144—157页。

德性;二是灵魂的非理性部分虽然不具有理性但听从理性,它构成了慷慨与节制这样的道德德性。因此,有理性的生活必定是有德性的生活,是各种德性的培养和实现的生活。

"正义"虽然不是理性生活的全部,但却是构成理性生活的"道德德性"中调节人与人的关系的德性,能促进别人和社会的利益,因而"常常被看作德性之首,'比星辰更让人崇敬'"[1]。它有两种含义:守法与平等。法是为了促进社会全体的利益,人人都应遵守,因此守法是整体性质的"正义",而为了整个城邦和全体公民的利益,便应当奉行平等的分配原则和补偿原则,即个人的付出与所得应该对等,人与人之间的交换在价值上应该对等,那是特定性质的"正义"。[2] 国家体制的正义则在于根据个人的能力、财产条件、出身和自由方面的差别来有区别地对待他们。因此奴隶制是合理的,因为构成希腊奴隶阶级的外国人不如希腊人,不应该与希腊人一样享有同等的权利。亚里士多德的正义理论不同于柏拉图的地方在于,他明确地把"正义"纳入了调节利益冲突的利益分配范畴。

柏拉图和亚里士多德的正义理论留给后人的遗产可以被称为古典正义理论,其主要内容是亚里士多德对正义所包含的"平等"内涵的说明,当然,柏拉图关于"正义"的本质乃是"和谐"的界说也应包含在内,虽然它常常被人忽视。

三、近现代欧美的公平正义观

随着社会的变迁,近现代欧美哲学家在古希腊理论的基础上对

---

[1] [古希腊] 亚里士多德,《尼可马各伦理学》,廖申白译,商务印书馆 2003 年版,第130 页。

[2] 参阅:同上书,第 128—129、134—140 页。

公平正义进行了进一步的探讨。由于前提观念的变化和方法视角的变化，近现代西方主要形成了两种公平正义观：一种是从洛克到罗尔斯的基于理性直观的社会契约论公平正义观，另一种是功利主义基于经验论证的公平正义观。

西方社会进入近现代之后，学者探讨公平正义的观念前提发生了很大变化。一方面，基督教传统的"上帝面前人人平等"观念经过一千多年的流传，已经深入人心；另一方面，随着市场经济的兴起，资产阶级为了追求自身的利益，开始追求个人的自由平等；于是，个人的自由平等权利便成为西方人的基本价值观念，探讨公平正义的目的也从人应当怎样生活变为"自由""平等"的合理性和社会政治制度的合法性。在这样的观念基础上，近现代西方首先形成了基于理性直观的社会契约论公平正义观。

古典自由主义政治哲学家洛克以人人平等为前提，试图根据天启理性证明，国家和政治制度的合法性在于人民彼此之间订立的契约，而人民之所以一致同意放弃自己的某些自然权利而服从政治权威，其目的是为了更好地保护自己的生命、自由和财产等基本权利。因此，一切政治制度的合法性便在于个人基本权利的保护，而所谓的公平正义，乃是不侵害他人的基本权利。具体来说，社会公平或正义的原则只有两条，一是不侵害他人的基本人权，二是按劳分配财富："理性，也就是自然法，教导着有意遵从理性的全人类：人们既然都是平等和独立的，任何人就不得侵害他人的生命、健康、自由和财产"；"既然劳动是劳动者的无可争议的所有物，那么对于这一有所增益的东西，除他以外就没有人能够享有权利。"[1] 而这两条原则，按洛克的理解还可以简化为财产的所有权问题，因为没有私

---

[1] [英] 洛克，《政府论》下篇，叶启芳、瞿菊农译，商务印书馆1964年版，第6、27节。

有财产权，其他的基本人权都是空话。所以洛克说："在还不明白财产的意义、不知道人们是怎样获得他们的财产的时候，是不可能很好地理解不公正的真正含义的。"[1]

当代著名政治哲学家罗尔斯继承洛克、卢梭和康德所代表的传统社会契约理论，通过引入"无知之幕"(the veil of ignorance)所构造的原初状态并引入"最低待遇最大化原则"(maximin principle)所构造的社会契约论，提出了一个远比洛克和康德等人诉诸于先验理性的理论精致得多的正义论，但这一正义论在本质上并没有超越洛克的理论。一方面，罗尔斯主张政治权利的"自由平等"分配原则具有绝对的优先性，强化了古典自由主义的"人的基本权利神圣不可侵犯"原则。另一方面，罗尔斯提出的社会经济利益分配原则实质上是与"按劳分配"原则完全一致的，因为在他看来，除了个人的努力造成的社会经济不平等可以得到道德上的辩护之外，无论是社会出身还是自然禀赋造成的社会经济不平等都并不能得到道德上的辩护；因此就需要通过"机会均等"原则和"差异"原则消除由于社会出身和自然禀赋造成的不平等，乃至消除由于市场经济本身含有的不确定性及天灾人祸造成的不平等，由此保证"按劳分配"，来限制社会经济分配的不平等。

随着探讨方法视角的演变，近现代西方又出现了功利主义性质的公平正义理论。在功利主义兴起之前，占优势的伦理学论证都是诉诸理性的唯理论论证，无论是自然法学派的论证还是社会契约论的论证，其思路无非是，人类行为规则的根据来自上帝颁布的自然法，由天启理性得到；尽管现有的许多行为规则属于人类法，是人制定的，但它们的最终依据是自然法，是自然法根据具体现实情况

---

[1]　[英]洛克，《教育漫话》，徐大建译，上海人民出版社 2005 年版，第 110 节。

的某种应用。到了近现代，由于自然科学和经验主义认识论学派的兴起，宗教的权威开始下降，便为功利主义学派在伦理学和社会科学之中的兴起扫除了信仰的障碍并奠定了认识论的基础：一切知识的取舍最后都要诉诸人的日常经验而不是诉诸人的理性或上帝，伦理道德和政治哲学的论证也不例外。休谟和穆勒等人对伦理学和政治哲学的探讨，提出了基于经验论证的功利主义公平正义观。

18 世纪苏格兰学派的核心人物休谟根据自己的彻底经验论，对唯理论的自然法学派进行了毁灭性的批判。休谟认为，自然法学派为了追求绝对真的法则所诉诸的"理性"，其实包含着三种不同的含义。除了其第一种含义是指对观念之间必然联系的认知、因此与经验无关而具有绝对真的性质之外，其后两种含义，即对事物的经验性因果关系的认识与对正确的人类行为规则的把握，其实都不存在必然性，而只不过反映了人的心理习惯和趣味情感。[1] 所以，自然法学派所宣称的诸如天赋人权、自由正义之类的自明真理，都根本不是出自理性的必然、神圣、彼岸、永恒的真理，而必须从人们的经验中寻求根据。

根据这种革命性的经验论认识论，休谟对公平正义进行了仔细的经验分析，得出了四个结论。其一，人们日常所说的正义，主要是指不侵害他人的财产权，包括私有财产不受侵犯、根据契约转移财产，以及履行许诺等三项具体法则；至于这些法则的具体操作，则取决于成文法、习俗、先例、类比等传统，而非理性所能决定。[2] 其二，正义原则的终极目的是社会利益，因为财产权的保护不仅能够激发人的生产积极性，更重要的是能够维护社会的安全和稳定；[3]

---

[1]　参阅：[英] 休谟，《人类理智研究》，吕大吉译，商务印书馆 1999 年版，第 151—153 页。

[2]　参阅：[英] 休谟，《道德原则研究》，曾晓平译，商务印书馆 2001 年版，第 47—49 页。

[3]　参阅：同上书，第 47—48、52、54—55 页。

这两种社会利益说明了正义的重要性和必要性，而且也构成了一切具体的正义法则的最终依据。其三，正义的人性基础是一种情感即对正义的敬重和道德赞许，它来自对社会公共利益和效用的反思。其四，正义原则的实施需要人们对社会利益的共同感受和协力合作。[1]

功利主义的奠基人之一穆勒沿着休谟的路线，对公平正义做了功利主义的总结。他的观点可简要地归纳为三点。首先，一般人所谓的正义规范，就是尊重或不侵犯他人的正当权利，包括法定的、道德的、应得的、约定的以及所谓天赋的权利。[2]其次，由于公平正义具有利益分配的性质，人们在具体问题上对何为正当权利或公平正义就不可能达成一致意见，不同的人对正当权利或公平正义有不同的看法，甚至同一个人在不同的场合对公平正义也有不同的看法；现实中流行的道德和法律所体现的公平正义原则在很大程度上反映了统治阶级的利益。[3]最后，要想解决人们关于公平正义的争论，只能根据"社会利益"或"最大多数人的最大幸福"原则。[4]

上述两种近现代西方的公平正义观，其主要分歧并不在于现代社会应奉行何种公平正义，而在于对公平正义的论证以及是否存在永恒不变的公平正义。洛克意义上的社会正义，为一切现代市场经济社会奠定了公平原则的基础，功利主义性质的正义观并不试图改变洛克意义上公平正义的内容。两者的分歧在于，休谟的论证从根本上突破了对公平正义的传统先验论证，而从社会利益、人类情感和风俗习惯等现实的角度，开创了对公平正义的描述性科学研究；穆勒的论证则突破了绝对的公平正义观，并且以社会利益作为相对

---

[1] 参阅：休谟，《道德原则研究》，"附录三对正义的进一步思考"。
[2] 参阅：穆勒，《功利主义》，第44—46页。
[3] 参阅：同上书，第56页；《论自由》，程崇华译，商务印书馆1959年版，第6页。
[4] 参阅：穆勒，《功利主义》，第57—60、63—64页。

公平正义的标准，提出了用效率来衡量正义的另一条研究思路以及公平与效率的关系问题。

四、公平正义观的当代发展

在笔者看来，当代西方的各种理论虽然在现代社会应当奉行何种公平正义的内容问题上并不存在大的分歧，但在公平正义所含具体内容的根据和论证方法等方面却取得了一些实质性的进展，其中最值得重视的理论有两个：马克思主义的公平正义理论和阿玛蒂亚·森的平等正义理论。

马克思和恩格斯继承了功利主义的经验论研究方法并整合了黑格尔的历史主义观点，在历史唯物主义的基础上对公平正义的社会历史依据提出了原创性的观点，其基本观点是，一切道德观念、法律及其依据的所谓自然法或公平正义观，都是时代社会经济关系的反映，为经济关系所决定，因此是具体的、相对的和历史的，不存在抽象的、绝对的和永恒不变的公平正义观。[1] 这种观点强调，对社会的道德批判不能取代对社会的科学分析。

在这个基础上，马克思和恩格斯分别对资本主义、社会主义和共产主义社会的公平正义进行了科学的分析。

现代资本主义社会公平的实质，是"一切人，或至少是一个国家的一切公民，或一个社会的一切成员，都应当有平等的政治地位和社会地位"，这种现代意义上的公平原则是从商品关系普遍发展的客观要求中产生出来的；就财富分配而言，在资本主义社会"要求

---

[1]　参阅：恩格斯，《论住宅问题》，载《马克思恩格斯选集》第3卷，人民出版社1995年版，第211—212页；马克思和恩格斯，《德意志意识形态》，载《马克思恩格斯选集》第1卷，人民出版社1995年版，第98—99页。

工资平等是根本错误的，这是一种决不能实现的妄想"，因为当时的生产制度决定了"不同种类的劳动力有不同的价值"[1]。资本主义社会的这种公平原则在一定历史时期是合理的，因为它适应了生产力的发展，并且它所反映的资产阶级的利益"在开始时的确同其余一切非统治阶级的共同利益还有更多的联系，在当时存在的那些关系的压力下还不能够发展为特殊阶级的特殊利益"。因此，出于道德义愤而不是依据经济发展的内在必然性来看待私有制和剥削问题，不懂得生产力的高度发展以及人的普遍交往关系是废除私有制和剥削的必要条件，"那就只会有贫穷、极端贫困的普遍化；而在极端贫困的情况下，必须重新开始争取必需品的斗争，全部陈腐污浊的东西又要死灰复燃"[2]。

到了共产主义社会，由于生产力的高度发展和人的普遍交往关系的实现，私有制和剥削的消灭导致了全人类的解放或每个人的解放，这时社会就会实施"各尽所能，按需分配"的正义原则，但在共产主义的低级阶段社会主义阶段，社会仍将实行"平等权利"和"按劳分配"的资产阶级公平原则，因为"权利决不能超出社会的经济结构以及由经济结构制约的社会的文化发展"[3]。

阿玛蒂亚·森对公平正义问题的探讨在方法上也遵循了经验论的现实主义路径，不过他从一个新的视角即公平正义所蕴含的平等概念出发，并以他一以贯之的"实质自由"或"可行能力"的分析方法为基础，探讨了我们在现实中应当怎样实现公平正义的具体程序。阿玛蒂亚·森的贡献在于，他阐明了公平正义与实质平等之间

---

[1] 参阅：恩格斯，《反杜林论》，载《马克思恩格斯选集》第3卷，第444—446页；马克思，《工资、价格和利润》，载《马克思恩格斯选集》第2卷，人民出版社1995年版，第76页。

[2] 马克思和恩格斯，《德意志意识形态》，载《马克思恩格斯选集》第1卷，第100、86页。

[3] 马克思，《哥达纲领批判》，载《马克思恩格斯选集》第3卷，第302—306页。

的关系并且指出了如何确定现实的具体的公平正义或实质平等的方法论程序。他的观点大致可归结为三点。

首先，阿玛蒂亚·森同意，现实中并不存在唯一的正义原则，而存在着多种正义原则的冲突，换言之，在现实中并不存在抽象的绝对的公平正义，而只存在具体的相对的公平正义。因此，他不赞成"先验制度主义"用契约论方法寻找"完美正义"，而赞成用"聚焦于现实的比较"方法减少明显的非正义，如饥饿、贫困、文盲、种族主义、性别歧视等明显非正义现象。[1]

其次，具体的相对的公平正义虽然意味着减少现实中的各种非正义，但这个问题实质上是一个要求什么平等的问题。公平正义问题始终蕴含着平等问题：政治权利的平等、机会的平等、经济收入的平等，乃至免除饥饿的平等、受教育的平等、种族和性别平等，等等。但由于人际相异性，包括外在环境（自然环境和条件、社会环境如家庭背景和社区环境）和个体特征（如年龄、性别、体质差异和智商差异等）的人际差异无所不在，此域的平等会意味着彼域的不平等，例如政治权利的平等会造成收入的不平等，[2] 收入的平等也会造成个体福利和自由的不平等。这不仅是因为收入只是实现最终目的的手段，而且是因为，还存在着其他重要的手段并且手段和目的之间的关系因人而异。[3] 因此，追求某一种平等一定会导致另一种不平等，我们不可能追求所有的平等。这样，公平正义问题在现实中就表现为选择哪一种平等或哪些平等的问题。

最后，选择与追求什么平等的问题在方法上至少要涉及两个问

---

[1]　参阅：Amartya Sen, The Idea of Justice, The Belknap Press of Harvard University Press, Cambridge Massachusetts, 2009, pp. 6—7。

[2]　参阅：[印] 阿玛蒂亚·森，《论经济不平等 / 不平等之再考察》，王利文、于占杰译，社会科学文献出版社 2006 年版，《不平等之再考察》第一章，第 3 节。

[3]　参阅：同上书，第一章，第 7 节。

题。其一是，既然我们不可能追求所有的平等而只能追求某些平等并且放弃另一些平等，那么在选择时就要考虑我们的评价标准或终极目的是什么。在阿玛蒂亚·森看来，我们的评价标准不应当是传统功利主义的快乐或效用这样的"成就"，也不应当是罗尔斯所说的"基本善"和德沃金所说的"资源"，因为它们仍然是手段而不是终极目的，而应当是由可行能力构成的实质自由，即在各种"成就"或值得珍视的生活方式中进行选择的自由。森认为，从评价标准来看，罗尔斯所说的基本善虽然优于功利主义的效用，却仍然不同于实质自由："基本善就是一般的目标性手段或者说是可用于个体追求各自所拥有的不同的善的观念的资源"，"由于将这些'基本善'和'资源'转化为可在几种可能的生活内容项组合和其他成就中进行选择的自由的转化程度因人而异，因而'基本善'或'资源'拥有的平等往往伴随着不同人实际拥有的自由的严重不平等"。[1] 因此，我们应当追求的平等应当是可行能力或实质自由的平等。其二是，由于构成实质自由的可行能力是多元的，并不存在唯一的选择，因此，选择什么样的可行能力作为我们要求的平等项目，是一个公共选择问题，是开放的而不是封闭的，需要大家讨论。在这个问题上，阿玛蒂亚·森认为，虽然不存在唯一的选择，但人们很容易在消除饥饿、贫困、文盲、种族主义、性别歧视等明显非正义现象方面达成一致意见。

五、启示

总结起来说，西方学者的上述公平正义观念为我们构造社会主义公平正义的观念提供了值得借鉴的思想资源。笔者以为，就社会

---

[1] 阿玛蒂亚·森，《论经济不平等/不平等之再考察》，第294—295页。

主义公平正义的内涵而言，它们提供的启示可以从三个方面去看。

首先是社会主义公平正义的本质和特征。社会主义公平正义的本质特征来自社会主义的本质特征。关于社会主义的本质特征，可以说邓小平的论述最为简洁深刻。在邓小平看来，"社会主义的优越性归根到底要体现在它的生产力比资本主义发展得更快一些、更高一些，并且在发展生产力的基础上不断改善人民的物质文化生活。……如果走资本主义道路，可以使中国百分之几的人富裕起来，但是绝对解决不了百分之九十几的人生活富裕的问题。而坚持社会主义，实行按劳分配的原则，就不会产生贫富过大的差距。"[1] 所以，"社会主义的本质，是解放生产力，发展生产力，消灭剥削，消除两极分化，最终达到共同富裕"[2]。根据这样的论述，显然，社会主义公平正义的本质特征便在于共同富裕与社会和谐。就此而言，古希腊的古典正义理论、现代西方的罗尔斯正义理论，尤其是马克思和恩格斯关于社会主义公平正义的论述，对我们如何理解共同富裕和社会和谐的内涵，都有相当的启发意义。

其次是社会主义公平正义的基本原则。为了实现共同富裕与社会和谐，我们需要根据一些基本的公平正义原则来对人们需要的社会价值进行分配，而社会主义的公平分配原则，正如马克思和恩格斯所说，仍然是资产阶级法权性质的权利平等原则和按劳分配原则。就此而言，近现代西方社会契约论对于现代社会的公平正义原则所作的理性说明、近现代功利主义对于现代社会的公平正义原则所作的社会心理依据方面的经验研究，以及马克思主义关于公平正义原则的社会历史依据的历史唯物主义观点，对我们讨论社会主义公平正义分配原则的内涵，都具有启发意义。

---

[1] 《邓小平文选》第三卷，人民出版社 1993 年版，第 63—64 页。
[2] 同上书，第 373 页。

　　最后是社会主义公平正义具体内容的调整程序和方法。我们现在知道，就内容而言，任何公平正义都是具体的、相对的和历史的，不存在绝对的抽象的永恒不变的公平正义，因此，尽管社会主义公平正义的基本原则是相对稳定不变的，但其具体内容仍然是在不断调整的。这就会产生如下的问题：如何将社会主义公平正义的基本原则运用于不同的社会主义发展阶段，或者说，如何根据基本原则确定社会主义社会现实中具体的公平正义内容？调整具体的公平正义内容的程序和方法是什么？就此而言，马克思和恩格斯关于公平正义原则的社会历史依据的历史唯物主义观点，以及阿玛蒂亚·森对于确定现实中具体的公平正义内容的方法论程序的说明，都可以为我们解决这方面的问题，提供值得借鉴的思想资源。

2 伦理转型：
从身份伦理到契约伦理[1]

　　资本的出现使得人类社会发生了翻天覆地的变化，而伦理道德也随之经历了从身份伦理到契约伦理的转变。这种转变的根本特点是：前市场社会注重共同体的利益，主要强调了成员对"身份"的依赖，市场社会则注重个人的权利以及"契约"自由。正如恩格斯所说："只有能够自由地支配自己的人身、行动和财产并且彼此权利平等的人们才能缔结契约。创造这种'自由'和'平等'的人们，正是资本主义生产的主要工作之一。"[2]

一、西方传统社会的身份伦理

　　为了充分理解西方社会道德转型的本质和带来的问题，首先需

---

[1]　原载《哲学研究》2013 年第 4 期，发表时有删节。
[2]　《马克思恩格斯文集》第 4 卷，人民出版社 2009 年版，第 93 页。

要对西方古代社会的身份伦理和西方现代社会的契约伦理的基本特征作出刻画。

伦理道德总是植根于人们的生产交往方式和由此决定的社会组织结构之中，是为人们的生产交往有序化、维护社会的稳定而存在的。因此，尽管伦理道德还包括人生哲学问题，其根本问题却是行为规范问题。不过，在各种行为规范中，能够揭示不同道德传统特征的东西既不是非人际关系的道德规范如谨慎、勤劳等，也不是处理人际关系的高尚伦理如仁慈、宽恕等，而是标志底线伦理的正义观念。一方面，非人际关系的道德规范和处理人际关系的高尚伦理的内容在各种道德传统中并无什么不同，而正义观念的内容在不同的道德传统中却具有很大的差别，反映了不同的生产交往方式和社会组织结构处理利益冲突的不同方式。另一方面，唯有正义是维护社会稳定必不可少的原则，而其他类型的道德规范却并非如此，正如斯密所说："与其说仁慈是社会存在的基础，还不如说正义是这种基础。虽然没有仁慈之心，社会也可以存在于一种不很令人愉快的状态之中，但是不义行为的盛行却肯定会彻底毁掉它。"[1] 因此，我们便可以专注于不同"正义"观念的社会经济基础和论证方式，来说明西方古代社会伦理与现代社会伦理各自的基本特征。

就社会经济基础来说，西方古代社会伦理中的"正义"观念是植根于古代西方的生产交往方式、为政治权利不平等的等级制社会的有序化、维护其稳定服务的。

从生产交往方式看，典型的西方古代等级制社会如古希腊社会和西方中世纪社会，尽管存在着奴隶制与封建制、小农经济与庄园经济的不同，却都是以家庭或家族为基本生产单位的自给自足的经济。它们的共同特征是，首先，生产以生活消费为目的的农耕经济

---

[1] [英] 亚当·斯密，《道德情操论》，蒋自强等译，商务印书馆1997年版，第106页。

为主，商业手工业经济尽管有过很繁荣的时期，但在整个社会经济生活中不占主导地位。其次，个人依附于家庭、家族或庄园等共同体，脱离了共同体便不能生存。最后，生产合作的方式是传统的家长制，依赖于家长的计划和命令。[1] 在这样的经济基础上，形成了西方古代社会以共同体为基本单位的等级制社会。

在古希腊的城邦共同体社会中，人按照政治权利被区分为有公民权的公民和没有公民权的奴隶或者半奴隶。即便在有公民权的共同体成员中，同样存在着明显的阶级差异：权贵阶级约占全体家庭的 12% 至 20%，底层阶级约占 20% 至 30%，至少 50% 以上的家庭属于亚里士多德《政治学》一书所说的"中产阶级"（hoi mesoi）；每一阶级内部根据财富和社会地位不同又分为不同的级别。[2] 而且，三个阶级之间流动是偶然现象，有产者与无产者从整体上泾渭分明，很难改变其身份和地位。关键在于，尽管三个阶级的公民都有"参与城邦公共生活的权利"（公民权），然而"这种权利是分等级的资格，视一个人的社会、经济地位以及性别而定"[3]。此后虽然经过改革，其等级结构并没有发生明显的变化。此外，古希腊的城邦社会虽由家庭构成，但不仅男性主宰一切，而且"公民首先要被某个家族接纳，然后方可成为城邦的一分子"[4]。至于作为希腊共同体社会的经济基石、大部分来自共同体对外邦人征服和奴役的奴隶和半奴隶，则更是沦为会说话的工具。

欧洲的中世纪封建社会也是一个等级森严的社会。它基本上是古罗马等级制度与日耳曼社会习俗冲突融合的产物，并逐步形成了

---

[1] 参阅：[法] 杜丹，《古代世界经济生活》，志扬译，商务印书馆 1963 年版；[美] 海尔布罗纳等，《经济社会的起源》，李陈华等译，上海人民出版社 2010 年版，第二章。

[2] 参阅：[英] 波默罗伊等，《古希腊政治、社会和文化史》，周平等译，上海三联书店 2010 年版，第 113 页。

[3] 参阅：同上书，第 114 页。

[4] 参阅：同上书，第 257 页。

一个由僧侣、骑士贵族和平民构成的社会等级结构。"三等级"这个名词出现于公元821年法兰克主教们呈路易虔诚者的奏章里，维特里生动地归纳了三个等级的关系："僧侣是眼睛，因为他们能看到并给人们指示安全的道路；贵族是手臂，他们的责任是：保护社会、实施正义并保卫王国；平民是人体的下部，他们责任是：支持并负担着政治机体的上层部分。"[1] 阿奎那更是系统地提出了"宇宙秩序论"，上帝安排了一个宇宙秩序，其从低到高的顺序是：无生命界、植物界、动物界、人、圣徒、天使、上帝。其中人类社会等级又分为三等：僧侣、贵族、平民。三个等级各司其职，僧侣掌控思想和宗教，骑士等贵族保卫社会秩序，农民和城市工商从业者则从事生产劳动以养活整个社会。这可以说是柏拉图三个等级看法的一个翻版。中世纪的这种人身依附关系，在农村是通过庄园制度实现的，在城镇则是通过行会等级制实现的。与古希腊一样，中世纪社会中的各个等级想要流动，也是非常困难的事情。而这些特权和等级观念，渗透在整个中欧和西欧社会的每个细胞里。

与古代西方的生产交往方式和等级制社会相适应，便产生了在古代西方社会占统治地位的柏拉图和亚里士多德伦理学。

柏拉图和亚里士多德的伦理学首先是建立在具有等级结构的自然目的论的基础之上的。根据目的论，世界可分为理念的世界和现实的世界；理念的世界是真实的，是由永恒不变的理念或形式构成的等级森严的有机整体，而现实的世界不过是理念世界的一个摹本。因此，理念世界是现实世界中各种事物的本质和终极原因，是使它们所以成为现在那种样子的指导力量或目的；现实世界中的万事万物都以理念作为自己的本质或目的，都朝着自己的目的地前进，实

---

[1] 转引自：[美]汤普逊，《中世纪经济社会史》下册，耿淡如译，商务印书馆1997年版，第334页。

现自己的本质。根据这样的目的论，伦理学的根本问题即人应当怎样生活的问题，就是一个人怎样实现或完善自己的理念或本质的问题。由于人的真实存在或本质是理性，因此人应当追求的至善或幸福便在于理性的实现或完善而不在于物质欲望的满足，而理性的实现或完善则在于合乎理性的生活方式。

那么什么是合乎理性的生活方式呢？

在柏拉图看来，人的真实存在是理念世界中由等级不同的理性、意志和情感构成的灵魂，理性的生活方式便表现为意志和情感对理性的服从，由此形成的和谐状态可称之为"正义"，因此"正义"是衡量理性的实现或完善的标志。就个人德性而言，理性的实现表现为德性的培养：智慧在于灵魂中理性的运用，勇敢在于灵魂中意志对理性的服从，节制在于灵魂中情感对理性的服从，而正义则是理性在灵魂中占统治地位时个人具备了智慧、勇敢和节制这三种德性后达到的精神和谐状态。[1] 就理想社会的特征而言，正义则是武士阶级和劳动阶级服从统治阶级，乃至社会中的三个阶级各自安分守己、忠于自己职守而导致的社会和谐。由此可见，构成柏拉图伦理学的核心概念"正义"的本质在于，通过服从等级的安排使得等级成员各司其职来达到和谐。在处理人际关系和维护社会的稳定有序方面，这种理论蕴含了一种权利的不平等分配理论：不同的人和不同的阶级各自应当享有不同的权利和责任，正义便在于不同的人和不同的阶级各自维护自己的权益，而不能侵害其他人或阶级的特有权益。[2]

古希腊哲学的集大成者亚里士多德继承和发展了柏拉图的探讨，

---

[1]　参阅：[古希腊] 柏拉图，《理想国》，郭斌和等译，商务印书馆 1986 年版，第 169—172 页。

[2]　参阅：同上书，第 144—157 页。

提出了一个更为精致的正义理论。亚里士多德赞同合乎理性的生活在于听从理性的安排，因此他也把体现理性生活的德性分为运用理性的"智慧"等理智德性和听从理性的"慷慨""节制"等道德德性。但他不同意柏拉图把"正义"视为所有德性的统一，并进而对道德德性做了分类，将"正义"看做"道德德性"中调节人与人的关系的德性。在亚里士多德看来，这种德性不同于其他道德德性的地方在于，它能促进别人和社会的利益，因而"常常被看作德性之首，'比星辰更让人崇敬'"[1]。

亚里士多德认为，正义有两种含义：守法与平等。法是为了促进社会全体的利益，人人都应遵守，因此守法是整体性质的"正义"。不过为了整个城邦和全体公民的利益，还应当奉行平等的分配原则和补偿原则，即个人的付出与所得应该对等，人与人之间的交换在价值上应该对等，那是特定性质的"正义"。[2] 表面上看，对正义的这种解释并没有服从等级制安排的意思，但是，这里所说的"守法"，是指维护奴隶制的法律，这里所说的利益"平等"分配的依据，则是"自由身份""财富""高贵的出身"或"德性"，即根据个人的能力、财产条件、出身和自由方面的差别来有区别地对待个人。[3] 所以，亚里士多德的正义理论与柏拉图并无本质上的区别，都是通过对身份和等级制的确认来维护社会的有序运行。

根据以上论述可以看出，西方古代社会伦理面对的是自然经济社会，其功能在于维护其不平等的等级制，使其基本生产合作方式有序化，因此必然强调社会成员在等级社会中的位置或者身份，要求个人服从共同体权威的安排，各司其职，各守本分。因此其本质

---

[1] ［古希腊］亚里士多德，《尼可马各伦理学》，廖申白译，商务印书馆2003年版，第130页。

[2] 参阅：同上书，第128—129、134—140页。

[3] 参阅：同上书，第135页。

特征是，强调个人依赖于身份的责任和义务，强调服从共同体权威的自我牺牲。柏拉图和亚里士多德伦理学之所以成为古代西方伦理的代表，正是因为它们证明了等级制身份的合理性；其伦理论证方式虽然是人的完善或人的本质的实现，其基础却是用上帝性质的自然目的论或人对完美自我的理想，来论证权威的神圣性和服从的合理性。

二、现代社会的契约伦理

西方社会从 14—15 世纪开始向现代社会转型，16 世纪后半期的尼德兰资产阶级革命和 17 世纪的英国革命标志着西欧社会转型的初步成功。与此相应，西方社会的伦理也开始从古代社会伦理向现代社会伦理转型，表现为 14—17 世纪的文艺复兴和 16 世纪的宗教改革。不过，这种转型从中世纪中期就已萌芽，正如汤普逊所言："近代社会的根源深深地扎根于中世纪时代的历史里。中世纪历史是近代所承袭的遗产。"[1]

中世纪的欧洲社会等级森严，却蕴藏着革命的因素，那就是潜伏在农村庄园经济中的城镇工商业和市民阶级的胚胎。欧洲的工商业在中世纪发展缓慢，特别是随着伊斯兰教在欧亚的扩张，商业贸易一度在 9 世纪衰落，恶劣的商业环境阻碍了商品的流通，使得中世纪的欧洲逐渐走向了封闭的领地制度，自加洛林时代开始的城镇和堡垒，"只是筑垒之地和行政中枢"[2]。11 世纪商业复兴的策源地主要在南欧，到了 12 世纪，经济渗透逐步改变了西欧的面貌，商业和城市

---

[1]　汤普逊，《中世纪经济社会史》下册，第 459 页。

[2]　[比利时] 皮雷纳，《中世纪的城市：经济和社会史评论》，陈国梁译，商务印书馆 2006 年版，第 48 页。

规模都进一步扩大，资本的威力逐步发挥出来，城市与农村出现了互动，经济中心渐渐地从农村移向城市，直到马克思说的农村屈服了城市。城市大规模的出现还改变了社会等级结构："在此以前，社会只有两个积极的等级：教士和贵族。市民阶级在他们旁边取得了自己的位置……按着市民阶级的想法，自由是一种专利品。"[1] 市民阶级逐步取得了优势，改变了欧洲的历史，在皮雷纳看来，中世纪的市民为两个伟大的运动作了思想准备，"这两个运动是：作为世俗精神产物的文艺复兴和宗教神秘主义所导致的宗教改革"[2]。

到了中世纪后期，欧洲的商品经济有了很大的发展，使得资本主义萌芽在多种条件的促生下于欧洲的意大利首先出现，逐渐扩展到整个西欧。商品经济是市场经济，而市场上择优选购、讨价还价、成交签约的交易行为，却要依赖于一些基本的先决条件：交易者的自主自愿的决策、平等地位，以及交易双方的诚信。换言之，个人的自由平等是市场经济的前提和必然要求。

为了反抗中世纪欧洲等级制和古代社会伦理对个人自由平等的压制，欧洲中世纪的晚期出现了由意大利的市民阶级发动，并迅速遍及整个西欧地区的文艺复兴和宗教改革运动。文艺复兴的主要思想是人文主义：主张个性解放，反对中世纪的禁欲主义和宗教观；提倡科学文化，反对蒙昧主义，摆脱教会对人们思想的束缚；肯定人权，反对神权，摒弃作为神学和经院哲学基础的一切权威和传统教条。宗教改革的主要思想是：否定教皇和教会作为上帝代言人的特权地位，奉《圣经》为信仰的唯一源泉；每个信徒都可以以自己的方式自由解释《圣经》，凭借自己的虔诚信仰得到拯救。两者的共同精神是：破除封建等级制和身份的束缚，破除对权

---

[1] 皮雷纳，《中世纪的城市：经济和社会史评论》，第 134 页。
[2] 同上书，第 146 页。

威的迷信；提倡个人的独立自主和权利平等，提倡思想解放和科学民主。

正是在这样的社会转型和思想背景下，西欧在 17—18 世纪的启蒙运动中完成了传统社会伦理向现代社会伦理的转型。现代社会伦理面对的，已不是古代伦理所面对的自然经济生产方式和等级制社会，而是商品经济对自由平等的呼吁，对个人利益的肯定，以及由此而来的对传统等级制的合法性的怀疑。因此，现代社会伦理对能够显示其特征的公平正义的探讨是直接从"自由""平等"的合理性和社会政治制度的合法性出发的，其论证也不再基于凌驾于个人之上的自然目的论，而是基于个人彼此之间的契约。这种契约论可分为两类：一类诉诸唯理论的先验理性，其代表人物是洛克、康德、罗尔斯等人，另一类则诉诸经验论的自利心与同情心或"公正的旁观者"，其代表人物是休谟、斯密和功利主义者。

古典自由主义政治哲学家洛克以人人平等为前提，试图根据天启理性证明，国家和政治制度的合法性在于人民彼此之间订立的契约，而人民之所以一致同意放弃自己的某些自然权利而服从政治权威，其目的是为了更好地保护自己的生命、自由和财产等基本权利。因此，一切政治制度的合法性便在于个人基本权利的保护，而所谓的公平正义，乃是不侵害他人的基本权利。具体来说，社会公平或正义的原则只有两条，一是不侵害他人的基本人权，二是按劳分配财富："理性，也就是自然法，教导着有意遵从理性的全人类：人们既然都是平等和独立的，任何人就不得侵害他人的生命、健康、自由和财产"；"既然劳动是劳动者的无可争议的所有物，那么对于这一有所增益的东西，除他以外就没有人能够享有权利"。[1] 而这两条

---

[1]　[英] 洛克,《政府论》下篇, 叶启芳、瞿菊农译, 商务印书馆 1964 年版, 第 6、27 节。

原则，按洛克的理解还可以简化为财产的所有权问题，因为没有私有财产权，其他的基本人权都是空话。所以洛克说："在还不明白财产的意义、不知道人们是怎样获得他们的财产的时候，是不可能很好地理解不公正的真正含义的。"[1]

当代著名政治哲学家罗尔斯继承洛克、卢梭和康德所代表的传统社会契约理论，通过引入"无知之幕"（the veil of ignorance）所构造的原初状态并引入"最低待遇最大化原则"（maximin principle）所构造的社会契约论，提出了一个远比洛克和康德等人诉诸于先验理性的理论精致得多的正义论，但这一正义论在本质上并没有超越洛克的理论。一方面，罗尔斯主张政治权利的"自由平等"分配原则具有绝对的优先性，强化了古典自由主义的"人的基本权利神圣不可侵犯"原则。另一方面，罗尔斯提出的社会经济利益分配原则实质上是与"按劳分配"原则完全一致的，因为在他看来，除了个人的努力造成的社会经济不平等可以得到道德上的辩护之外，无论是社会出身还是自然禀赋造成的社会经济不平等都并不能得到道德上的辩护；因此就需要通过"机会均等"原则和"差异"原则分别消除由于社会出身和自然禀赋造成的不平等，乃至消除由于市场经济本身含有的不确定性及天灾人祸造成的不平等，由此保证"按劳分配"，以限制社会经济分配的不平等。

与唯理论相反，18世纪苏格兰启蒙运动的代表人物休谟和斯密根据彻底的英国经验论，从风俗习惯、社会利益和人类情感等现实的角度，而不是从先验的理性，提出了对契约伦理的经验解释。在休谟看来，自然法学派为了追求绝对真的法则所诉诸的先验"理性"，除了其第一种含义是指对观念之间必然联系的认知，因此与经

---

[1] ［英］洛克，《教育漫话》，徐大建译，上海人民出版社2005年版，第110节。

验无关而具有绝对真的性质之外，其后两种含义，即对事物的经验性因果关系的认识与对正确的人类行为规则的把握，其实都不存在必然性，而只不过反映了人的心理习惯和趣味情感。[1] 所以，自然法学派所宣称的诸如天赋人权、自由正义之类的自明真理，都根本不是出自理性的普遍必然的神圣真理，而必须从人们的经验中寻求根据。

就正义的具体所指和社会协议性质而言，休谟与洛克并无本质上的意见分歧，休谟认为，人们日常所谓的正义，就是指不侵害他人的财产权，具体则表现为私有财产不受侵犯、根据契约转移财产，以及履行许诺等三项具体法则；[2] 并且他也认为，"正义起源于社会协议"[3]。分歧之处在于，休谟否认这种社会协议是出于人类先验理性的一致同意。在他看来，洛克等人的社会契约论和他们所谓的"自然状态"都缺乏历史依据。[4] 真实的情况乃是，正义作为一种协议或约定来自人们的相互交往和"共同利益感觉"。人们为了自身的利益在交往并发生冲突的过程中，逐渐都会意识到，彼此不侵犯对方的财物对双方都有利，那就是人们对社会安全稳定的"共同利益感觉"。继而这种感觉会引导双方以某些规则来参照和调整各自的行为，并通过这样的博弈和不断地试错，缓慢地形成关于财产权的社会协议，同时正义观念也由此而生。[5] 因此，正义作为社会协议其实是社会习俗和传统自发形成的过程，而决不是出于先验理性的一锤定音。

休谟否认人类理性在正义观念的形成中具有任何建构作用，而

---

[1] 参阅：[英] 休谟，《人类理智研究》，吕大吉译，商务印书馆1999年版，第151—153页。

[2] 参阅：[英] 休谟，《道德原则研究》，曾晓平译，商务印书馆2001年版，第48—49页。

[3] [英] 休谟，《人性论》，关文运译，商务印书馆1980年版，第534页。

[4] 参阅：同上书，第533—534页。

[5] 参阅：同上书，第530—531页。

把正义的人性基础归于人类情感的考虑。这种基于情感的考虑在两个层面上起作用。第一个层面即正义观念的形成，是源于人的自利本性这种情感或基于自我长远利益的考虑，这种考虑促使人们在交往中产生了"共同利益感觉"并逐渐形成了产权规则。第二个层面是正义感或对正义的敬重和道德赞许的形成，这来自人们对产权规则所导致的社会公共利益和效用的共同感受。"自私是建立正义的原始动机；而对于公益的同情是那种德所引起的道德赞许的来源。"[1]

在休谟正义理论的基础上，斯密提出了"想象中的公正的旁观者"这一概念，完善了苏格兰学派的正义理论。首先，斯密在休谟区分"自然之德"和"人为之德"的基础上将人的基本德性明确地区分为三种："对自己幸福的关心，要求我们具有谨慎的美德；对别人幸福的关心，要求我们具有正义和仁慈的美德"，并且将正义视为维持社会安全稳定的最重要的美德。[2] 其次，斯密将正义更加简要地定义为，不直接伤害他人的人身、财产或名誉，自愿地做按礼节必须做的一切事情。[3] 更重要的是，斯密发展完善了苏格兰学派情感主义正义理论的"同情"学说。

在休谟看来，道德评价的依据是人的情感而不是理性。但情感是私人的，不同的人对同一个行为可能产生不同的情感，从而会得出不同的道德判断。为了克服这种相对性，休谟便求助于人的同情心或对他人情感的共鸣，它在现实中表现为"公正的旁观者"，从中发展出"共同利益感觉"作为正义的情感基础并发展出对社会公益的同感作为正义感的情感基础。不过，这种同情的根源仍然在于人的利己本性。而斯密则认为，利己心与同情心是人性的两个方面，

---

[1] 休谟，《人性论》，第 540 页。
[2] 参阅：斯密，《道德情操论》，第 342、391 页。
[3] 参阅：同上书，第 355 页。

利己心使我们谋求自己的利益，同情心才是道德行为的原动力。正是通过同情心，即"想象中的公正的旁观者"，我们才学会了理解他人的情感，注重他人的感受，才学会了控制自身的情感，抑制自私的行为。人类谨慎、仁慈、正义的美德，都是在同情心的基础上形成的，同情心实现了利己与利他的统一。[1] 因此，尽管休谟与斯密都诉诸同情的作用来调节利己与利他、个人与社会的矛盾，但休谟认为，人们通过同情来产生利他行为是基于自身利益的考虑；而斯密则认为，同情心是与利己心并列的人性，而不是建立在利己心之上的人性，人是在同情心的推动下，不是在利己心的作用下，抑制自私、产生利他行为的。

综上所述我们可以看出，现代社会伦理的主流是契约伦理。尽管唯理论和经验论各自从先验理性和经验情感出发，以不同的路径构造了契约伦理，但它们对其核心概念正义的含义解释并无本质上的不同，它们所刻画的契约伦理的基本特征都是，强调个人利益性质的权利和基于政治权利平等的正义，实质是对个人基本人权的保护或曰自由。契约伦理之所以能够成为现代社会伦理的主流，是因为它植根于市场经济并适应了市场经济的需要。

三、伦理转型的本质及其问题

如果可以简要地将西方社会的伦理分为古代社会伦理和现代社会伦理，那么也可以简要地说，古代社会伦理关注的核心问题是个人的价值观和德性问题，正义作为根本的道德德性在于，个人应当服从等级制所体现的整体利益，按照其在共同体中的身份各司其职、

---

[1] 参阅：斯密，《道德情操论》，第24—25、342页。

各尽本分。由于德性依赖于身份，这种伦理可称之为身份伦理。现代社会伦理的重心则转移到了制度伦理，关注制度的道德合理性，正义作为根本的制度原则在于，保护个人的自由平等权利。由于正义的制度依赖于自由平等的个人彼此之间订立的契约，这种伦理可称之为契约伦理。西方社会伦理转型的本质在于，身份伦理将社会利益理解为等级制共同体的整体利益，个人利益被消解于共同体的整体利益之中；而契约伦理以个人利益为本，将社会利益理解为个人不能侵害其他人的基本权利。

西方伦理学理论作为对社会伦理的反思，其论点和论证的变化反映了社会伦理的转型，这种变化在学理上都是围绕着人的本质及其实现展开的。柏拉图和亚里士多德依据理性认为，"至善"或幸福在于人的本质或理性的完善或实现，而理性的完善或实现表现为理性的运用和遵从理性的命令，由此形成人的各种德性或者说理性的生活。如果说理性的运用体现为由辩证法达到的一个等级森严的目的论理念世界，那么对理性的遵从就表现为对等级制共同体及其目的论理念世界的遵从。现代契约论伦理学对人的本质的看法产生了较大的分歧。唯理论伦理学虽然也依据理性，但这种理性却表现为对个人自由平等的肯定，它将个人的理性作为社会契约的基础，是因为只有依靠人的理性直观才能达到意见一致。经验论的论证则诉诸个人的情感，将自由平等的合理性建立在个人的情感和对社会利益的同感之上，但基于彼此的"同感"或同情也能达到妥协性质的意见一致。

伦理学研究在讨论伦理变化或转型的合理性时，往往会忽视伦理变化或转型的经济社会基础，而专注于逻辑论证的合理性。但是纯粹的逻辑合理性并不解决立场问题。哲学家或者会基于对人的本质的不同理解陷入先验主义和直觉主义之争而不可自拔，无法解释变化和转型的依据，即便是罗尔斯的"反思的平衡"也并不能解决问题；或者会将这种变化或转型视为人类精神自身的变化而陷入神秘，同样无法解释变化和转型的依据，即便是黑格尔的精神现象学也同样无法消除神秘。人类的精神和反思的确具有某种能动性，但这种能动性的根源和合理性只能从人们的生产交往方式和由此决定的经济基础中去寻找。

柏拉图和亚里士多德所构造的德性伦理之所以具有合理性，成为西方古代社会确认的社会伦理，从根本上说并不是由于其逻辑论证的合理性，而是由于它们所蕴含的个人利益服从等级制共同体整体利益的正义理论适合当时的社会经济基础。

如前所述，前市场社会是一个以自给自足的农耕经济为主导、以家庭或家族为基本生产单位、以传统习惯和计划命令为生产合作方式的等级制权威社会。共同体维系社会和谐稳定，迎接共同体内外各种挑战的关键，在于每个人通过在共同体（例如家族、氏族、城邦甚至帝国）中的地位来确认自己的身份，从而识别自身的权利与义务、社会责任。柏拉图和亚里士多德的德性论表面上通过对理性的肯定论证了人的完善或人的本质的实现，其基础却是上帝或人对完美自我的理想。个人的幸福生活和理性生活方式所必需的德性，实质上论证了等级制社会的合理性以及个人利益服从共同体整体利益的正义性质，满足了前市场社会的经济基础的需要。

同样，近现代西方各种社会契约论伦理学说之所以具有合理性，成为现代西方社会的主流意识形态，从根本上说也不是由于其逻辑论证的合理性，而是由于它们所主张的个人利益为本的自由平等正义理论适应了市场社会的社会经济基础。

近现代以来的市场社会是以市场交易占主导地位的平等社会。随着市场社会的出现，社会出现了深刻转型：农奴和帮工不再受传统身份的约束，变成了自由出卖劳动力的工人；土地领主和行业雇主也各自摆脱了原有的身份，变成了具有浮士德精神的企业家。在市场社会中，"商品是天生的平等派和昔尼克派"[1]，每个人的价值或者利益都不能凌驾于另一个人的价值和利益之上，"必须容许'需求'和'供给'的变化取代领主的指令和习俗，由前者而不是后者来指挥经济活动"[2]。个人之间的利益冲突必须通过协商和妥协得到解决，市场社会的基本要求就是每个人的自由、平等地位。而各种社会契约论伦理学的自由平等正义理论，恰好满足了市场社会的经济基础的需要。

无疑，西方社会伦理在转型之后形成的契约伦理也面临着一些新的问题，其中至少有三个问题值得关注，一是个人利益彼此之间侵权冲突的问题，二是贫富悬殊造成的利益冲突问题，三是个人利益与共同体利益的冲突问题。它们同样根源于现代社会的生产交往方式之中。

首先，现代西方社会是摆脱了共同体权威并以个人主义原则为基础组成的社会。马克思指出，"现代的市民社会是实现了的个人主义原则；个人的存在是最终目的；活动、劳动、内容等等都只是手段"[3]。这是对共同体社会的颠覆，就算是中世纪的商人，也"决不是个人主义者；他像他的所有同时代人一样，本质上是共同体的成员"[4]。然而个人主义必然导致价值观的多元，而价值观的多元又必然会造成各种利益冲突。就这种冲突来说，契约伦理虽然肯定个人追求自己的利益，而不是牺牲自己的利益服从共同体的利益，但反对侵犯他人的利益。问题在于，如何界定侵权在市场社会中是一个

[1] 《马克思恩格斯文集》第5卷，人民出版社2009年版，第104页。
[2] 海尔布罗纳等，《经济社会的起源》，第35页。
[3] 《马克思恩格斯全集》第3卷，人民出版社2002年版，第101页。
[4] 《马克思恩格斯文集》第7卷，人民出版社2009年版，第1019页。

不断冲突、不断协商、不断妥协，并非一次生成终身受用，而是不断试错和演化的过程。

其次，即便不侵害他人产权的问题能够通过不断的协商和妥协得到解决，基于这个正义原则的市场生产交往方式本身也仍然不能克服由于个人之间存在的家庭出身、自然禀赋差异，以及天灾人祸等各种不确定因素造成的经济社会后果，因此并不能实现按劳分配的财富分配原则，从而必定会导致严重的贫富差异和社会矛盾。

最后，除了上述两个问题之外，现代社会的契约伦理还面临着与共存的身份伦理的冲突问题。现代社会以市场经济为主导，因而其生产交往方式必然以平等交易为主，但市场社会中仍然存在着各种社会共同体及其计划命令性质的生产交往方式。与此相应，现代社会也就必然存在着契约伦理与身份伦理以及两种不同伦理的冲突。解决这个问题的关键，一是在不同的场合遵循不同的伦理，二是当两者发生不可避免的冲突时，我们只能在契约伦理的基础上用民主集中制的原则来协调两者的冲突。

当前中国正处于传统社会向现代社会、计划经济向市场经济双重转型的历史转折时期，在这个社会转型的过程中，物质生产力和人民的生活水平得到了极大的提高，但与此同时，也产生了利益冲突和各种不道德的社会现象，尤其是前市场社会中闻所未闻的各种不诚信行为。问题的错综复杂在于，一方面，原有的伦理体系已不再适应新的生产交往方式，经济社会转型要求新的伦理体系和法律制度来适应新的生产交往方式，另一方面，如上所说，由于市场社会存在着不同的生产交往方式，原有的伦理体系同样具有很大的合理性，因此，如何协调新的伦理体系和原有的伦理体系之间的矛盾和冲突，也需要人们在实践中加以探索和解决。认识到问题的这种复杂性，是我们解决现有各种利益冲突和不道德现象的前提。

3 古今诚信之辨^[1]

诚信是市场经济社会中最为重要的道德。从制度经济学的角度看，市场经济的有效性取决于其生产合作方式是否具有足够低的交易成本。由于市场经济的本质是个人自主决策并通过契约的合作方式来配置各种社会资源，而诚信能够导致普遍的社会信任关系，从而大幅降低市场经济的交易成本，诚信便成为决定市场经济成败的关键因素之一，缺乏诚信的市场交易会迫使人们把大量时间耗费在对欺诈的防范上面，使得市场经济因交易成本上升而失灵。

中国近年来不断恶化的诚信状况正在威胁市场经济的效率。^[2]令人感到困惑的是，中国的传统文化历来强调诚信，如何会产生目前那些如此不诚信的事情？又如何凭借传统的诚信资源来解决诚信不良的问题？与此相关，学术界在诚信的含义、诚信的基础等问题

[1]　原载《伦理学研究》2014 年第 1 期，个别文字有改动。
[2]　中国社会科学院社会学研究所的社会心态蓝皮书《中国社会心态研究报告 2012—2013》调查显示：除了人与人之间的信任度下降，超过七成人不敢相信陌生人，从行业和部门来看，人们对商业、企业信任度最低。同时，不同阶层、群体间的不信任也在加深和固化，官民、警民、医患、民商等社会关系的不信任程度也在进一步加深。

上也存在着各种争议。笔者以为，现代诚信伦理不是由传统诚信伦理直接延续可成的，为了形成现代诚信伦理，我们必须研究古今诚信伦理的特点和基础，然后才能找到传统诚信伦理向现代诚信伦理转化的路径。

一、诚信的基本含义

什么是诚信？这个问题似乎不难回答。根据《现代汉语词典》和《简明牛津词典》的释义，中文中"诚信"的意思大致与英文单词 integrity 相当，即诚实守信；诚实是指内心与言行的一致，真诚不欺；守信则意味着要遵守自己的诺言，凡是自己承诺的便一定要兑现。粗粗看来，这样的定义似乎已经足够清楚明白，但其实不然；由于社会历史背景和人生阅历眼光的不同，事实上人们对何谓诚信存在着各自的不同理解乃至误解。为了避免无谓的争议，我们在讨论诚信问题时首先需要进一步澄清它的含义。笔者以为，从社会经济伦理的角度看，诚信应当含有以下四层含义。

1. 言行的真实（truthfulness）

"诚信"的首要含义是"诚实"或言行的"真实"，这是"诚信"中"诚"字的主要含义。显然，"诚实"所意谓的言行"真实"强调的是言论的"真实"，因为即便是伪装做作乃至假冒伪劣坑蒙拐骗的行为，也是通过传递了虚假信息的欺骗性语言表现出来的。

需要澄清的是，言论的这种"真实"，是指"心口一致"或实话实说而不是指说出真理，是伦理上的"真实"而不是认识论意义上的"真实"。两者的不同在于，"真理"一般意味着"作为认识的言论与被认识客体的一致"，而"诚实"却意味着"言论与言行者主体内心的一致"；一个人如果自己相信了某种并不真实的认识然后再传递给别人，我们可以说他的言论不是真理，却不能说他不诚实。区分这一点的重要性在于，由于传统的真理符合论源于谎言的对立面，我们便很容易混淆认识论意义上的真理与伦理意义上的诚实，错误地用言论本身的真理性来衡量言论的诚实性。

2. 内心的真诚（sincerity）

如果说"诚实"主要意指"心口一致"或实话实说，那么是否意味着为人诚实就必须逢人都掏心窝子呢？这个问题的意义在于，一方面，为人诚实显然并不需要把自己的所思所想都表达出来，将自己的内心和盘托出不仅在很多情况下是一种不负责任的愚蠢，而且事实上也根本没人能够做到这一点；但另一方面，故意只说某些实话而避开另一些实话，却很可能意味着一种更加高明的欺骗，因为有选择性地实话实说往往能够更有效地误导别人。因此，诚实就不仅仅在于实话实说，更重要的是如何实话实说、如何在主观上不隐瞒有可能对他人造成损害的真实信息。可是什么样的实话实说才体现了诚实，在理论上却并不存在明确的客观标准。[1]

解决这个问题的最有效办法，是在言行的"真实"中加入"真诚"的因素，即关照他人利益、与他人合作的真心实意。一个人如果内心诚恳，真心与人为善而不愿损人利己，自然应该知道什么真实信息是不应当加以隐瞒的，从而做到诚信。于是"诚"字又包含着"真诚"的意蕴。

3. 承诺的坚守（keep promise）

除了诚实之外，"诚信"的另一个主要含义是"守信"或对承诺的坚守，这是"诚信"中"信"字的主要含义。在人际交往中要真

---

[1] 参阅：徐大建，《企业伦理学》，北京大学出版社 2009 年版，第 6 章。

正做到诚实不欺、合作双赢，不仅需要狭义的"诚实"或实话实说，而且还需要"言必信，行必果"，说到做到。这是因为，言论在以合作双赢为目的的伦理关系中不仅具有传递信息的功能，而且具有作出承诺的功能；无论是虚假的信息还是虚假的承诺，都会导致损人利己、破坏合作的后果。

因此，广义的"诚实"或"真实"言论就不仅包括心口一致或实话实说，而且还包括言行一致或说到做到；虚情假意满口谎言当然不是真实的言论，而一味承诺却从不履行也只能被人认为不诚实或言论不真实。

4. 外在的信任（trust）

"诚信"中的"信"字还有一层含义，那就是为人诚信所必然产生的信任后果。诚信之所以会成为基本的道德准则或品质，归根结底，是由于诚信具有的基本功能：不讲诚信会侵害他人的权益而失去他人的信任，讲诚信则会获得他人的信任而导致双赢的局面。因此，诚信既为做人之本，也是社会正常运行的基本条件之一；就个人而言，得不到别人的信任，在社会上便没有立足之地，就社会而言，缺乏人与人之间的信任，就会充满猜疑和阴谋而衰亡。

由此，信任便成为衡量"诚信"的客观标准，构成"诚信"含义不可或缺的组成部分。不知道个人和社会的信任度，就无法判断个人和社会的诚信状况，一味强调内心的真诚而不顾个人和社会的信任度，更会陷诚信于空洞，甚至导致真正的虚伪。

综上所述，为了避免误解，我们在讨论诚信时便要注意到：一方面，诚信具有不同层次的含义，不仅意谓着诚实守信的道德规范，而且意谓着主观的真诚意愿和客观的信任测度；另一方面，我们决不可将伦理意义上的诚实混淆为认识论意义上的真理，更不可误以为诚实等同于完全的表里如一。

二、古代诚信观的特征

诚信的基本伦理含义古今中外并无大的不同，但在不同的社会和历史时期仍然有着不同的表现。中国人所说的诚信与西方人所说的诚信有所不同，古代人所说的诚信与现代人所说的诚信更有所不同。大致说来，相对于现代人而言，古代西方的诚信观与古代中国的诚信观虽有所不同，但更有相同一面而构成了古代诚信观的特征，即古代人所主张的诚信在道德规范上处于较低的等级，它要服从其他更为基本的道德规范。

西方古代伦理道德观念的典范可见之于亚里士多德的德性伦理。正如麦金太尔所言，从古希腊一直到中世纪，西方奉行的伦理道德始终是亚里士多德的德性论；一方面，亚里士多德的德性论本身是对包括古希腊在内的古代西方英雄社会奉行的伦理道德的理论总结，另一方面，中世纪的宗教伦理思想的发展是以亚里士多德的《尼各马可伦理学》和《政治学》为蓝本并与之不断对话的过程。[1] 因此，我们可以依据亚里士多德对诚信的论述来刻画古代西方人的诚信观念。

亚里士多德的伦理学体系可分为幸福论和德性论两部分，前者阐明人生意义，后者阐明道德规范，但两者就论证思路而言其实是一体的东西：幸福或者说至善在于人的本质或理性的实现，人的本质或理性的实现同时也就构成了德性。由于古希腊人所说的理性意谓着理念世界及其等级制宇宙秩序，因此理性的实现或德性实质上

---

[1] 参阅：[美] 麦金太尔，《德性之后》，龚群等译，中国社会科学出版社 1995 年版，第 10—13 章。

就意谓着对这样一个等级制宇宙秩序的认识和服从：前者意谓着具有并运用理性，构成了智慧与理解等理智德性，后者意谓着听从理性，构成了慷慨与节制等道德德性。在这样的伦理体系中，智慧、勇敢、节制和正义成为基本的德性，其他的德性则处于次要的地位，而且，理智在德性中高于道德，道德只不过在于听从理性或由理性决定的行为适度：道德"德性是一种选择的品质，存在于相对于我们的适度之中。这种适度是由逻各斯规定的，就是说，是像一个明智的人会做的那样地确定的。"[1]正是在这样的伦理学背景中，亚里士多德论述了其诚信观。

在亚里士多德看来，诚实（ἀλήθεια）作为一种道德德性，其基本含义是言行的真实（truthfulness）和真诚（sincerity），[2]但有两种表现：一种反映了个人在自我表现方面的适度，另一种则是"守约的或涉及公正与不公正"[3]。应当说，这两种含义大致相当于我们通常所说的诚实和守信。

诚实的第一种表现，是指在言行上实事求是，既不夸大，也不缩小。[4]关于这种诚实的特征，首先，它是个人自我表现方面的一种品质，与他人没有直接的利益冲突关系。其次，就这种个人品质来说，诚实的对立面是虚伪，亦即过度的自我表现，或者自夸或者自贬。其三，就虚伪的目的来说，无目的的为了自夸而自夸的品质最劣，而为了荣誉的自夸在品质上要比为了钱财的自夸好一些；至于自贬，则在品质上要好于自夸，因为自贬的目的不是为了得到什么而是要避免张扬，此外，在一些不那么明显和突出的事情上适当

---

[1]　[古希腊] 亚里士多德，《尼各马可伦理学》，廖申白译，商务印书馆2003年版，47—48页。

[2]　参阅：同上书，第333页。

[3]　同上书，第119页。

[4]　参阅：同上书，第119页。

地用一点自贬，例如苏格拉底式的自贬，倒也不失高雅，而那些在细枝末节的小事上贬低自己的人，就是让人看不起的伪君子了。[1]

诚实的第二种表现，则是指守约，以及不守约会导致不公正。不过在诚实的这个方面，亚里士多德除了提及它涉及守约和公正之外，没有做出任何进一步的论述。根据亚里士多德关于公正或正义的有关论述，这种诚实或者说守约应当具有如下特征：首先，这种诚实不同于自我表现而涉及人与人之间的利益冲突关系，因此与公正有关；其次，由于公正所意谓的守法与平等是以维护奴隶制为前提的，只限于自由人，因此守约也只限于自由人并且不能违反奴隶制度。[2]

总而言之，在亚里士多德的德性论伦理体系中，诚实作为一种道德德性被分割为两个部分："与他人无直接利益冲突关系的真诚"和"涉及人际利益冲突关系的守约"；但无论是真诚还是守约，它们在整个道德体系中都处于较低的地位：与智慧、勇敢、节制和正义等四主德相比，表里如一性质的诚实可以说是一种无足轻重的个人休养，守约性质的诚实虽然涉及公正或正义，却根本没有相关的说明，似乎从来就没有得到重视。

古代中国人的诚信观念则主要见于儒家学说，儒家不仅是公认的中国传统文化主流，而且对诚信有着比其他学派远为丰富的论述。

从总体上说，儒家学说是一种道德政治一体化的伦理学说，它以天下太平或社会和谐为最终目的，以维护不平等的等级制秩序为基本手段，以"忠孝"和"基于血缘亲情的爱"为根本。儒家对诚信的论述，正是在这样的学说背景中展开的。必须指出的是，在儒学中，表示诚信的概念是"信"而不是"诚"；儒学中"诚"的概念

---

[1] 参阅：亚里士多德，《尼各马可伦理学》，第120—121页。
[2] 参阅：同上书，第128—129、250页。

虽然保留了"言行的真实"和"内心真诚"的字面意思，却是一个道德本体论的概念，意在说明道德来自天理以及道德实践的根本在于虔诚笃信。

其一，在儒学中，"诚"的基本含义虽然也是言行的真实不欺，但这种真实不欺不是指实话实说和履行承诺，而是指言行符合"道"或行为规则。言行如果符合"道"或行为规则，就是真实的言行，可称之为"诚"，如果不符合"道"或行为规则，就是不真实或虚妄的言行，亦即不诚。言行如果无不合"道"，那就达到了"诚"的境界，与"道"合一而成为圣人了，不待思勉而无不合道。但言行要达到"诚"的境界，就需要选择善而勉力为之。[1]

其二，在儒学中，"诚"虽然也含有内心真诚的含义，但这种真诚主要不是指关照他人利益的诚意，而是指对"道"的虔诚笃信或"不自欺"。在儒家看来，人生的最高理想，无非是"格物而后知至，知至而后意诚，意诚而后心正，心正而后身修，身修而后家齐，家齐而后国治，国治而后天下平"（《大学》）。在这个过程中，修身是关键，即言行无不合"道"而达到"诚"的境界；但修身的核心却在于诚意，唯有意诚心正，虔诚笃信，才能做到言行无不合"道"，完成修身而实现自我的道德，奠定齐家治国平天下的基础。所以王守仁说："《大学》之要，诚意而已矣"（《大学古本序》）；周敦颐说："五常百行，非诚非也，邪暗塞也"（《通书》），意思是说，不诚则一切德行皆属虚伪而无其实。

在此基础上，儒家对"信"的论述表达了其诚信观。在儒家伦理中，"信"的基本意义是"言以出信"（《左传·襄公二十七年》），即以言语取信于人。由于以言语取信于人必然要诚实和守约，因此

---

[1] 见《中庸》："诚者，天之道也；诚之者，人之道也。诚者，不勉而中，不思而得，从容中道，圣人也；诚之者，择善而固执之者也。"

"信"在儒家的论述中大都同时含有信任、诚实和践履的意思，大致相当于现代人所说的诚信。就其重要性和地位来说，它包含着以下两层含义。

其一，"取信于人"是一项基本的道德义务，所谓"人而无信，不知其可也"（《论语·为政》），"与国人交，止于信"（《大学》）。"信"之所以如此重要，就个人而言，它是进德修业的基础："君子进德修业。忠信，所以进德也；修辞立其诚，所以居业也"（《易·乾·文言传》）；就社稷而言，它是治国安邦的基础："自古皆有死，民无信不立"（《论语·颜渊》），"上好信，则民莫敢不用情"（《论语·子路》）。所以孔子特别强调朋友之间的信和对民众的信："与朋友交言而有信"，"道千乘之国，敬事而信"（《论语·学而》）。

其二，"信"如果与"仁义"相悖，那就要弃"信"而尊"仁义"，所谓"言必信，行必果，硁硁然小人哉"（《论语·子路》），"大人者，言不必信，行不必果，惟义所在"（《孟子·离娄下》）。朱熹进一步解释说："大人言行，不先期于信果，但义之所在，则必从之，卒亦未尝不信果也。尹氏云：主于义，则信果在其中矣；主于信果，则未必合义。王勉曰：若不合于义而不信不果，则妄人尔。"（《孟子集注》）因此，儒家学说中又有可以不讲诚信的论述，例如，"父为子隐，子为父隐，直在其中矣"（《论语·子路》），又如，"《春秋》有三讳：为尊者讳，为贤者讳，为亲者讳"（《公羊传·闵公元年》）。

因此，就古代中国的诚信观而言，诚信虽然也很受重视，儒学对"信"的论述的丰富程度甚至要大大高于古希腊人对诚信的论述，但诚信的地位并不高。相比之下，诚信在古希腊伦理体系中的地位虽然也不高，但希腊人从来没有像儒家那样明确地表示过：如果诚信与忠孝相悖，则不能再讲诚信。

三、现代诚信观的特征

大致说来，相对于古代诚信观来说，现代人的诚信观的特征则在于：现代人所主张的诚信在道德规范和道德品质上处于较高的等级，换言之，诚信在现代属于基本的道德规范。

现代社会始于 16 世纪欧洲资产阶级革命所形成的市场经济社会。随着社会的转型，人们的伦理观念也在 17—18 世纪完成了从古代身份伦理到现代契约伦理的转型，[1] 其代表是康德的先验主义义务论伦理学和休谟的经验论功利主义伦理学，由此形成了现代的诚信伦理。

康德的义务论伦理学是近现代义务论伦理学的代表，它从总体上秉承了亚里士多德的唯理论论证思路，即人是理性生物，他的行为就应当听从理性的命令，所以道德在于只听从理性的命令而不受本能欲望的支配。不过，康德对理性的理解不同于亚里士多德：在亚里士多德那里，理性或逻各斯的基本含义虽然也在于发现规律性的真理，但就道德而言，却意味着明智地选择行为的适度；而在康德那里，理性的本质则仅仅在于追求普遍必然的法则。[2] 根据康德对理性的理解，人的行为便可以分为两大类：行为如果受本能欲望的支配，那么理性命令就表现为以本能欲望为目的的有条件的假言命令，这种命令没有普遍必然性；行为如果只听从理性，那么理性命令本身就是目的，表现为先验理性的无条件的绝对命令：你应当

---

[1]　参阅：徐大建、单许昌，《伦理转型：从身份伦理到契约伦理》，《哲学研究》2013 年第 4 期。

[2]　参阅：[德] 康德，《道德形而上学原理》，苗力田译，上海人民出版社 1986 年版，第 120 页。

遵循的行为准则必须能够不自相矛盾地同时成为所有人的行为准则，换言之，"要只按照你同时认为也能成为普遍规律的准则去行动"，这种命令才具有普遍必然性。[1] 由于道德在于合乎理性地行动而不在于本能欲望的满足，那就唯有只听从理性的行为才合乎道德，因此要判断一种行为是否道德从而能否成为一个道德准则，就既不是根据行为的后果，也不是根据公认的道德准则，而只在于它是否出于先验理性的命令，康德也称之为义务或善良意志。

根据这样的义务论伦理学，康德从两个方面论证了其诚信观。

就诚信的道德性质来说，康德认为，对于我们是否应当讲诚信、一个人在没办法时是否可以作不打算兑现的诺言这样的问题，就如对待其他道德问题一样，同样可以有两种考虑，或者诉诸本能欲望，或者诉诸纯粹理性。如果诉诸本能欲望，就会考虑行为的后果，例如考虑作一个虚假的诺言是否能摆脱当前的困境，或者更加深谋远虑，考虑到这种谎言是否会使我失去信用从而在以后给我带来更大的困境等等，这种考虑不仅难以判定后果而且完全肯定的是恶。合乎道德的考虑显然在于诉诸纯粹理性："我只需问自己，我是否也愿意把这个通过假诺言而解脱自己困境的准则，变成一条普遍规律；也愿意它不但适用于我自己，同样也适用于他人？"这样一考虑马上会发现，虽然我愿意说谎，却不愿意让说谎变成一条普遍的规律，因为假如人人都作假诺言的话，就没有人会相信任何保证，也就不可能作任何诺言了。换言之，"作假诺言"是不可能成为普遍规律的。[2] 可见，诚信的道德性在于它是纯粹理性的要求，而不在于行为的后果，也不在于它符合公认的道德准则。由此康德强调，为了维持店铺信誉、以便赚更多的钱而实行"童叟无欺"的销售行为，

---

[1] 康德，《道德形而上学原理》，第 51、72 页。
[2] 参阅：同上书，第 52—53 页。

无疑合乎"要诚实"的道德戒律，但这种行为却不是出于义务，而是出于个人利己的动机，因此不能说是道德的行为。

就诚信的道德地位而言，康德对能够成为普遍规律的道德义务作了一个全盘的分析。他从纯粹理性或纯逻辑的角度出发，按照道德义务的对象和约束程度把道德义务分成四类：1.对自己的完全责任，如每个人都应该通过情感促使生命的提高；2.对他人的完全责任，如每个人都应信守诺言；3.对自己的不完全责任，如每个人都应发展自己的才能；4.对他人的不完全责任，如每个人都应该济困扶危。完全的责任的反面是自相矛盾的，它们不允许有利于爱好的例外，对人具有严格的约束力；不完全责任的反面虽然不是自相矛盾的，因此允许某种爱好的干扰，对人的约束力不那么严格。但不论完全的责任还是不完全的责任，其道德性都在于，人们愿意它们成为普遍的规律。[1]根据这样的分析，保护自己的生命、诚信、自我发展和济困扶危就成了四种最基本的道德义务，其中保护自己的生命和自我发展属于非人际关系方面的基本道德，诚信和济困扶危则属于人际关系方面的基本道德，而尤其值得注意的是，保护生命和诚信分别属于非人际关系和人际关系方面必须强制实施的最基本的道德义务。

休谟的经验论功利主义伦理学则是近现代情感主义伦理学的先驱和代表。这种功利主义伦理学以英国经验论认识论为基础，一反西方传统上占主导地位的唯理论论证思路，认为人类道德的根基不是理性而是情感。休谟认为，经验论的认识论考察表明，唯理论将数学、经验科学和人文学科的真理依据全都归结为理性，那是混淆了理性、心理习惯和趣味情感的功能。[2]在人类的认知心理结构中，

---

[1]　参阅：康德，《道德形而上学原理》，第73—76页。
[2]　参阅：[英] 休谟，《人类理智研究》，吕大吉译，商务印书馆1999年版，第151—153页。

理性和趣味的范围与职责各有不同，"前者传达关于真理和谬误的知识；后者产生关于美和丑、德性和恶行的情感"[1]；理性的功能在于对事实和关系的真假作出判断而决不能对其善恶得出判断，要对事实和关系的善恶作出判断，只能依靠旁观者的情感。因此，所谓德性，就是"凡是给予旁观者以快乐的赞许情感的心理活动或品质"[2]，换言之，道德的本质在于客观公正的旁观者的情感认同，即大家的共同情感或"同感"（sympathy）。就整个人类行为结构来说，趣味产生的快乐和痛苦情感构成了行为的动机或目的，理性的职责在于为之提供手段，[3] 手段或行为的善恶取决于行为者动机或目的的善恶，而动机或目的的道德善恶则在于其是否符合公众的情感认同。

根据这样的经验论认识论，休谟提出了如下的伦理学基本论证思路：经验告诉我们，人们一致称颂的德性可分为四类：1. 对他人或社会有用的品质如仁爱和正义；2. 对自己有用的品质如审慎、勇敢、勤俭；3. 直接令自己愉快的品质如崇高、宁静和各种爱；4. 直接令他人愉快的品质如礼貌、机智、谦虚。不过，不论是对自己有用或令自己愉快，还是对他人有用或令他人愉快，这些品质之所以得到人们的一致赞许，并不是因为它们对个人有用或令个人愉快，而是因为它们获得了大家的同感，亦即使旁观者共同感到它们对社会有用或令人愉快而获得了大家的一致认可和支持。因此，德性的唯一目的在于让同感或广博的人道融化偏狭的自私性而使人类社会达到和平、秩序和幸福，在于使人幸福与快乐。[4]

根据这样的功利主义伦理学，休谟从正义的角度论证了他的诚信观。

---

[1] 参阅：休谟，《道德原则研究》，第 146 页。

[2] 同上书，第 139—141 页。

[3] 参阅：同上书，第 146 页。

[4] 参阅：L A Selby-Bigge ed., *Enquiries Concerning the Human Understanding and Concerning the Principles of Morals*, Oxford: Clarendon, 1902, pp. 274—277, p. 279。

就诚信的道德性质而言，由于守信在休谟的伦理体系中属于正义的组成部分，其道德性质便依赖于正义的道德性质。休谟认为，从正义的内容形成来看，正义作为一种协议或约定是在人们的相互交往和"对共同利益的感觉"中逐渐形成的，人们为了自身的利益在交往并发生冲突的过程中，逐渐都会意识到，彼此不侵犯对方的财物对双方都有利，继而这种感觉会引导双方以某些规则来参照和调整各自的行为，并通过这样的博弈和不断地试错，缓慢地形成关于财产权的社会协议，正义观念由此而生，[1] 即正义意味着不侵害他人财产的产权规则，具体表现为确定私有财产权、根据契约转移财产，以及履行许诺等三项具体法则。从正义的道德性质来说，正义之所以普遍受到人们的赞美和敬重，是因为人们在情感上共同认可包括守信在内的产权规则所导致的社会效用或公共利益："自私是建立正义的原始动机；而对于公益的同情是那种德所引起的道德赞许的来源。"[2]

就诚信的道德地位而言，由于正义在休谟的伦理体系中属于最重要的社会道德之一，作为正义组成部分的守信或诚信也就成了人类社会最基本的道德德性或道德规范之　。休谟认为，正义的重要性从它起源于财产权的社会协议就可以看出来：产权规则或正义的产生本来就是为了防止由于生活资源的稀缺和人的自利倾向必然导致的纠纷和争端，确保社会的安宁和稳定，如果没有产权规则或正义，"社会必然立即解体，而每一个人必然会陷于野蛮和孤立的状态，那种状态比起我们所能设想到的社会中最坏的情况来，要坏过万倍"[3]。从具体的产权规则来说，确定和保护私有财产权的法则能

---

[1]　参阅：[英] 休谟，《人性论》，关文运译，商务印书馆 1980 年版，第 530—531 页。
[2]　同上书，第 540 页。
[3]　同上书，第 538 页。

够稳定财产的占有，克服财产不稳定引起的争端，鼓励勤奋和创造；根据契约转移财产的法则能够"产生对人类社会非常有益的商业和交往"；而履行许诺或诚信的法则则能够"保证人类的一般的利益借以获得极大增进的相互信任和信赖"。[1] 由此可见，守信或诚信在休谟的伦理体系中也是最基本的道德规范。

四、诚信伦理的基础和转型

综上所述，就诚信的伦理含义而言，古代的诚信观和现代的诚信观并无大的不同，它们都赞美诚实、真诚、守信和信任，尽管古代的诚信观更偏重诚实而现代的诚信观更偏重守信。两者的不同主要在于，诚信在古代社会的伦理体系中地位较低，不属于基本的道德规范或道德德性，而在现代社会的伦理体系中已上升为基本的道德规范或道德德性。

在古代西方，占统治地位的基本道德规范或德性是古希腊人所主张的四主德，即"智慧""勇敢""节制"和"正义"，虽然"诚信"的部分内容如"守约"与"正义"有关，但其主体部分"诚实"显然不属于基本的道德德性。在古代中国，基本的道德规范或德性则是三位一体的"仁""义"和"礼"，其中"仁"说明了德性的基本内容，"义"说明了德性的本质属性，"礼"则说明了德性的外在标准；"信"虽然也很受重视，却要服从"仁义"。与此相反，在现代社会，"诚信"已成为维系社会稳定的根本道德规范"正义"的基本组成部分，从而成为人们必须遵循的基本道德德性。

那么，诚信伦理为什么会发生这样的社会历史转型呢？

---

[1] 参阅：休谟，《道德原则研究》，第47—49页。

以上的论述已经表明，人类伦理观念变化的根源不在于观念自身。虽然不同的时代具有不同的道德理念，同一个时代却并不存在不同的道德理念；尽管同一个时代中的确存在着不同的伦理学派、不同的伦理观点和论证，但它们最后表达的道德理念却相差无几。事实上，伦理学理论不过是从理性和逻辑的角度对社会伦理的反思和理性重构，其论点和论证的变化在不同程度上反映了社会伦理的转型，却无法主导社会伦理的转型。因此，诚信伦理的社会历史转型的根源是无法依靠纯哲学的理论分析来探明的。

历史唯物主义表明，伦理道德总是植根于人们的生产交往方式和由此决定的社会组织结构之中，为人们的生产交往有序化、维护社会的稳定而存在的。因此，诚信伦理的社会历史转型也必然根源于人们的生产交往方式和由此决定的社会组织结构的社会历史转型。古代诚信观之所以不同于现代诚信观，根本原因在于古代社会的生产方式不同于现代社会的生产方式，在于古代社会的生产方式形成的不平等等级制熟人社会不同于现代社会的生产方式形成的自由平等的陌生人社会。

诚信之所以在古代社会的伦理体系中地位较低，不属于基本的道德规范或道德德性，是由古代社会的生产方式和社会结构所决定的。

无论是西方的古代社会还是中国的古代社会，社会经济都以农业为主导，人们的生产方式表现为基于小农经济和庄园经济的家长制计划指挥模式，生产以消费为主要目的，生产资料归家族或家长所有，由家长或领主主导资源配置，组织安排生产，生产出来的财富由家长或领主支配，按照家族中个人的身份地位和劳动贡献进行分配。与此同时，这样的生产方式便形成了等级制权威社会，以不平等和熟人交往为其特征。在这样的社会中，共同体保持生产交往有序化、维系社会和谐稳定、迎接共同体内外各种挑战的关键，在于每个人通过在共同体（例如家族、氏族、城邦甚至帝国）中的地位来确认自己的身份，从而识别自身的权利与义务，各司其职并服从领导。由此形成了以各司其职和服从领导为基本道德规范的身份伦理。在这样的社会伦理中，一方面，尽管诚信行为也因为能够减少交易成本而得到肯定，却不是保持生产交往有序化、维系社会和谐稳定所必不可少的东西；另一方面，由于人们的社会交往主要限于熟人之间，不诚信的行为也会面临极大的亲朋压力而不常见于日常生活，从而使得诚信无需成为基本的道德德性。

同样，诚信之所以在现代社会的伦理体系中上升为基本的道德规范或道德德性，也是由现代社会的生产方式和社会结构所决定的。

在现代商品经济社会，社会经济以工商业为主导，人们的生产方式表现为各生产主体之间进行平等交换性质的市场经济模式，生产以利润为目的，生产资料归个人或企业所有，由个人或单位领导进行资源配置，组织安排生产，生产出来的财富由个人或单位领导支配，按照个人对商品生产所需要的要素如劳动和资本所作的贡献进行分配。与此同时，这样的生产方式形成了网络状平民社会，以平等和陌生人交往为其特征。在这样的社会中，农民和帮工不再受传统身份的约束，变成了自由出卖劳动力的工人；土地领主和行业雇主也各自摆脱了原有的身份，变成了具有浮士德精神的企业家；任何人的价值或者利益都不能凌驾于另一个人的价值和利益之上，"必须容许'需求'和'供给'的变化取代领主的指令和习俗，由前者而不是后者来指挥经济活动"[1]，个人之间的利益冲突必须通过协商和妥协得到解决。于是，社会保持生产交往有序化、维系社会和

---

[1] ［美］海尔布罗纳等，《社会经济的起源》，李陈华等译，上海人民出版社 2010 年版，第 35 页。

谐稳定的关键，转变成了对个人自由平等权利和依据协商达成契约的尊重，由此形成了以自由平等和按契约行事为基本道德规范的契约伦理。在这样的社会伦理中，一方面，诚信由于构成了契约伦理的前提而成为保持生产交往有序化、维系社会和谐稳定所必不可少的东西；另一方面，由于人们的社会交往大量扩散到陌生人之间，不诚信的行为也会因亲朋压力的减少而比较常见于日常生活，从而加强了诚信的基本道德德性地位。

可见，虽然现代诚信的字面意义与古代诚信的字面意义区别不大，然而由于各自的社会基础不同，各自在伦理体系中占据着不同地位，两者存在着本质的差别，这就决定了，现代诚信伦理并非由传统的诚信伦理直接延续就可形成的。

大家一致认同，中国目前的市场经济建设亟需现代诚信伦理的建设，亟需在传统中国诚信伦理的基础上建设现代诚信伦理。然而现代诚信伦理的形成，需要整个社会伦理的转型。由于社会伦理的转型是由社会的生产方式以及由此形成的社会结构转型决定的，要实现从传统诚信伦理到现代诚信伦理的转型，首先就必须完成从传统社会到现代社会的转型。根据这样的观点，我们目前的诚信伦理建设的重点，并非大力宣传传统的诚信伦理，而是要大力推进市场经济本身的建设和完善，包括法治建设，建立起真正的现代社会，为现代诚信伦理的转型提供坚实的社会基础。一方面，不搞市场经济，也就不需要现代诚信伦理，而没有健全的法治，市场经济就会遭到破坏；另一方面，传统的诚信伦理虽然在字面上与现代诚信伦理区别不大，本质上却是不适应市场经济的。

第四编

企业伦理问题

1 现代企业的社会责任 [1]

近年来，企业的社会责任问题受到了工商业界和管理学界越来越多的重视，其实质正如1995年英国25家最大公司联合发表的一份研究报告所称："那些在将来处于优胜地位的公司具有以下特点：不仅仅把眼睛盯在为股东赚钱上，不仅仅用财务指标衡量公司业绩，而是在思考和讨论公司的目的和表现时，综合考虑公司的所有利益相关者。"[2] 现代企业的社会责任问题关系到企业的使命和目标定位，从而涉及企业的发展战略和竞争优势，因此是企业管理的核心问题之一。

关于这个问题，尽管国内外已发表了不少有影响的见解，并取得了一些共识，但在"企业究竟应当承担什么样的社会责任"等关键问题上，却仍然众说纷纭，存在着不少分歧。笔者以为，要深刻理解现代企业的社会责任问题，需要从企业伦理的角度作出进一步

[1] 原载《河北大学学报》2006年第3期，个别文字有改动。
[2] *Tomorrow's Company: The Role of Business in a Changing World*, "Inquiry Findings (Final Report)", June 1995.

的分析。本文的目的便在于提供这样一种伦理分析。

一、历史的回顾和问题的实质

经济活动自古以来就存在着由于追求利润最大化而引发的利益冲突，现代的企业活动也并不例外。因此，自现代企业诞生以来，便始终存在着损人利己的不道德工商活动以及由此引发的对于企业社会责任问题的探讨。但在 20 世纪 60、70 年代之前，企业的社会责任问题并未引起工商业界的广泛注意和重视。其中的原因固然有很多，但主要的直接原因恐怕是，大量不道德的工商活动在 20 世纪 60 年代之后引起了现代公众的广泛敌意和更加严厉的法律制裁，迫使工商业界不得不为了自身的发展重视企业的社会责任问题。而造成这种情况的因素则是现代经济的发展所形成的一些特征。现代经济的发展使得产品极其丰富而市场供过于求，使得大众的生活水平提高而更加注意生活的质量，也使得商业竞争异常激烈、企业变得日益庞大而对社会拥有越来越大的影响。这些因素不仅加剧了利益冲突，而且使不道德工商行为更加引人注目，成为影响经济发展的主要因素之一。

在欧美，从 19 世纪的自由资本主义时期一直到 20 世纪 50 年代，其间虽然也存在着不道德的工商活动，但尖锐的阶级矛盾和频繁的国际战争掩盖了企业和社会之间的矛盾。在这种状况下，主要的社会经济问题是如何提高经济效率和大众的生活水平，缓和阶级矛盾；不道德的工商活动与经济繁荣之间的相互关系并没有成为主要的社会经济问题。因此，就企业与社会的关系而言，虽然也有学者对企业的社会责任发表过意见，[1] 但占统治地位的看法始终是"看不见的手"的自由放任经济思想，即企业是私人的财产和牟利工具，其任务是为股东赚取最大利润，谈不上什么社会责任，或者说，厂商谋求利润最大化最后能达到社会福利最大化的结果，所以企业的社会责任就是为股东赚取最大利润。

"二战"以后，全世界进入了一个相对稳定的和平时期，欧美则进入了一个经济高速增长和社会福利化的时期，大众生活水平的提高不仅极大地缓和了阶级矛盾，而且使得人们更加注重生活质量。在这种情况下，当欧美社会于 20 世纪 60 年代进入供过于求的"买方市场"、社会矛盾因竞争加剧开始激化时，不道德的工商活动便成了公众关注的焦点。相对于贫富不均、失业人数增加等社会经济问题而言，人们更加关注的是欺诈消费者、贿赂腐败、滥用有毒物质和放射物质、环境污染等单纯为了追求利润而损害社会利益的企业行为。于是欧美在 60—70 年代兴起了以青年学生和社会公众为主体的各种社会运动，如消费者运动、环境保护运动等等，大众也变得对工商企业普遍抱有敌意。[2] 作为回应，美国和一些欧洲国家于 60 年代到 90 年代进一步出台了一系列针对不道德工商活动的法律，如《国家交通和汽车安全法案》（1966）、《清洁空气法案》（1970）、《美

---

[1]　根据著名管理学大师德鲁克的说法，现代企业的社会责任这个问题最早是由德国的经理人员、政治家和社会哲学家拉特瑙（Walter Rathenau, 1867—1922）提出来的，拉特瑙在第一次世界大战以前就广泛地论述了企业、特别是大企业同围围社会之间的关系，并提出了企业的社会责任这一概念和用责任来代替利润的观点。参阅：[美] 德鲁克，《管理——任务、责任、实践》上卷，孙耀君译，中国社会科学出版社 1987 年版，第 397 页。20 世纪 20 年代爆发于整个西方资本主义国家的经济危机使得思想家们再一次关注企业的社会责任问题，例如 30 年代初美国哈佛大学的法学家伯尔和多德关于企业社会责任问题的著名争论。参阅：A. A. Berle, "Corporate as Powers in Trust", 44 *Harvard Law Review* (1931); E. Merrick Dodd, "For Whom Are Corporate Managers Trustees?", 45 *Harvard Law Review* (1932)。

[2]　根据有关资料，在 20 世纪 70 年代，美国的企业丧失了大约 80% 的公众的好感；在 1968 年，还有 70% 的公众认为企业在处理自己的利润和公众的利益两者之间的关系上是公平的，而到了 1976 年，却只有 15% 的公众对此作出肯定的回答。参阅：Fred D. Baldwin, *Conflicting Interests*, D. C. Heath and Company, 1984, p. 85, p. 74。

国联邦外国腐败行为法案》(1977) 和《联邦审判准则》(1991) 等等，并对不道德的工商企业进行了极其严厉的判罚。[1]

面对这样的形势，欧美的工商业界一方面加强了意在改变自己形象的各种慈善活动，如向社区、当地医院和私立大学捐款，支持文化艺术事业，为贫寒子弟提供助学金，等等，将此作为自己的社会责任，另一方面也开始企业的伦理建设，如全美企业圆桌会议于1981 年发表声明，强调企业对消费者、员工、社区和环境应当承担的责任，[2] 欧洲则有设在巴黎的国际商会于 70 年代发表了题为《日益增长的企业的社会责任》的报告，强调了员工的各项权利。[3]

与此同时，企业的社会责任问题也在欧美的理论界热闹起来：企业的责任就是为股东赚取最大利润吗？除此之外企业还应当对社会负有什么责任？归纳起来，欧美关于企业究竟应当承担哪些社会责任大致有三种不同的观点。

第一种观点坚持西方传统的自由主义理论，认为企业的社会责任是在不欺诈和公平竞争的前提下为企业的所有者或股东谋求最大利润。这种观点的著名代表人物有诺贝尔经济学奖获得者哈耶克和弗里德曼。在他们看来，神圣不可侵犯的个人自由或权利是自由市场经济的基础；在自由市场经济体制下，企业管理人员受企业所有者的委托，其责任就是根据所有者的意愿来管理企业，一般说来也就是在遵守社会基本规则的前提下尽可能地多挣钱，为股东的利益服务；如果除此之外还要求管理人员履行对社会的责任，那无异于让管理人员不经股东或顾客或雇员的同意用他们的钱来解决社会问

---

[1] 参阅：[美] 罗伯特·F.哈特利，《商业伦理》，高洁译，中信出版社 2000 年版。欧洲的有关立法情况可参阅：刘俊海，《公司的社会责任》，法律出版社 1999 年版，第53—56 页。

[2] 参阅：Paine, *Cases in Leadership, Ethics, and Organizational Integrity*, McGraw-Hill, 1997, pp. 382—385。

[3] 参阅：刘俊海，《公司的社会责任》，第 53 页。

题，其实就是变相地向他们征税，把政治机制扩展到了经济领域，这样就会从根本上破坏个人的自由和市场经济制度。弗里德曼的结论是，"社会责任"是政府的事，而不是企业的事，"企业的社会责任就是增加利润"。[1]

第二种观点认为，企业不应当只对股东的利益负责，还要对企业的所有利益相关者如员工、消费者、经理、供应商和地方社会的利益负责，即企业应当在股东与其他利益相关者之间寻求利益上的平衡。这种观点的代表人物有弗吉尼亚大学企业管理教授弗里曼和乔治顿大学的经济伦理学教授唐纳森等人。他们的理由是，企业的所有者和管理者虽然有权利利用私有财产为自己谋利，但不能侵害他人的权利，把他人作为牟利的工具；而且，在市场经济中，企业也是一种契约，它的存在需要得到社会上各种利益相关者的同意，因此，企业就不仅仅是股东的私人财产，而是一种社会实体，企业必须对它的所有利益相关者负责。[2]值得指出的是，有人认为这种观点实质上与第一种观点没有根本的区别："从古典的角度看，弗里德曼与弗里曼的争论，在企业追求利润这一终极目标上并无差别，他们的差别更多地是在达到这一目标的手段上。"[3]但笔者不同意这种看法，因为股东利润最大化的目的显然会与各种利益相关者之间的利益平衡这一目的发生冲突。

第三种观点则不仅要求企业应当考虑所有利益相关者的利益，而且要求企业应当尽力帮助解决与企业无直接关系的社会问题。持

---

[1] 参阅：Milton Friedman, "The Social Responsibility of Business is to Increase its Profits", in Hoffman & Moore ed., *Business Ethics*, McGraw-Hill, 1990; F. A. Hayek, "The Corporation in a Dynamic Society", in M. A. Shen ed., *Management and Corporation*, 1960。

[2] 参阅：R. Edward Freeman, "A Stakeholder Theory of the Modern Corporation: Kantian Capitalism", in *Ethical Theory and Business*, Prentice-Hall, 1988; Thomas Donaldson, *Corporations and Morality*, Prentice-Hall, 1982。

[3] Norman Bowie, "New Direction in Corporate Social Responsibility", in Horffman, Frederik & Schwartzl, *Business Ethics: Readings and Cases in Corporate Morality*, McGraw Hill, 2001, p. 178.

这种观点的人大都是管理学家，其代表人物有管理学大师德鲁克。德鲁克认为，企业的社会责任可以在两个领域中产生：一个领域是企业对社会的影响，在这个领域中企业的社会责任是，它必须避免其生产过程中所产生的副作用或副产品对社会造成严重的损害，不论损害的是公众的身体健康还是社会的优良价值；另一个领域则是社会本身的问题，在这个领域中企业的社会责任与企业自身的生产无关，而涉及社会问题的解决，例如在解决某个地区的居民就业、发展经济和扶助贫困等问题上，企业需要超出其本身的目的和功能来为社会作出贡献。他赞成这方面社会责任的理由是："一个健全的企业……不能存在于一个病态的社会之中。即使社会的弊病并不是由于机构管理当局的行为引起的，但从管理当局本身的利益来讲，也需要有一个健全的社会。"因此企业应当关心并帮助解决各种社会问题。当然，考虑到承担这些社会责任有可能产生的不良后果，德鲁克对企业承担这些社会责任作了一些限定：即企业承担这些社会责任时不能超越其使命的限度、能力的限度和职权的限度，以避免影响自己的使命、吃力不讨好，以及篡夺不合法的权力。[1]

在中国，虽然由于国情不同，企业社会责任问题的表现和讨论也有所不同，但其发展趋势却有类似之处。大致说来，中国的企业社会责任问题是在经济改革后出现的，其特点在于，一方面企业承担了过多的社会责任，如国有企业办社会的问题，另一方面企业在体制转轨中也出现了大量侵犯社会利益的不道德行为，如假冒伪劣和贿赂腐败的问题。前一方面的问题在20世纪80年代受到了广泛的注意，而后一方面的问题到了90年代才受到人们的重视，其原因则与欧美的情况类似，因为中国直至90年代才进入了供大于求的竞

---

[1] 德鲁克，《管理——任务、责任、实践》上卷，第412—414、433—441页。

争激烈的买方市场并逐步走向小康社会。

自 80 年代末以来，国内的学者专家也对企业应当承担什么样的社会责任问题发表了各种看法，归纳起来大致有以下两种。第一种看法是，企业在追逐利润，谋求自我生存与发展的同时，还要维护社会和公众利益，承担社会发展的责任，如缴纳税金的责任、保护环境的责任和保护消费者的权益等。[1] 这种立场接近于上述第二种观点。第二种看法是，企业应当承担什么社会责任取决于社会对企业的要求；企业必须为社会服务和健康发展承担责任，其中既有经济性责任，也有非经济性责任，既有法律上的责任，也有道义上的责任；它包括三项具体内容：1. 履行物质资料再生产的职责，为社会的存在和发展创造物质条件；2. 对给社会环境造成不良的有害的影响承担责任；3. 履行物质资料再生产领域以外的责任，比如模范地贯彻执行国家法令法规，自觉遵守社会公德和职业道德，关心、支持社区文教福利事业，等等。[2] 这种立场大致相当于上述第三种观点。

二、企业应当承担哪些社会责任

如上所述，现代企业的社会责任问题已引起了国内外广泛的关注和讨论，并通过讨论取得了很大的成绩和一些共识，现在大多数人已经一致认为，现代企业不能仅仅考虑股东或投资者的权益，还要考虑其他利益相关者如顾客、员工和一般公众的权益，也就是说

---

[1]　参阅：吴克烈，《企业社会责任初探》，载《企业经济》1989 年第 8 期；高巍，《市场经济条件下企业的社会责任》，载《山西财经学院学报》1994 年第 1 期。

[2]　参阅：王齐、庄志毅，《论社会主义企业的社会责任》，载《国内外经济管理》1990 年第 4 期；李占祥，《论企业社会责任》，载《中国工业经济研究》1993 年第 2 期；陈炳富、周祖城，《企业伦理学概论》，南开大学出版社 2000 年版，第 53—63 页。

要承担一定的社会责任。但现代企业究竟应当对社会负有什么样的责任，却远没有达到一致的结论。

从社会责任的性质来说，有的人认为主要是指法律责任，有的人则认为还要包括经济责任和道德责任。从社会责任的内容来看，企业的社会责任又如德鲁克所说大致可以分为两类，一类责任与企业本身在社会中扮演的角色相关，这方面的责任主要是由企业对社会正反两方面的影响产生的；另一类责任则与企业本身在社会中扮演的角色无关，这方面的责任是由各种社会问题产生的，如企业对各种有利于社会的事业的捐助，对解决各种社会经济问题所作的贡献，等等。那么，企业究竟应当对社会负有什么样的责任呢？

在笔者看来，要解决上述分歧，关键在于澄清责任这一概念的伦理含义，并结合企业的目的和企业社会责任问题的本质来进行分析。

首先需要指出的是，责任这个概念本质上是一个伦理概念。因为它的意思是一个主体应当去做的分内之事，表示一种正当或"应当"性质的道德行为规范，"认真负责"历来被认为是一种优秀的道德品质；而从根本上说，它表示的是人与人之间的一种正当或"应当"的伦理关系。[1] 根据这样的分析，那么无论是法律责任还是经济责任，就都具有伦理道德的含义。

法律责任本身就是一种道德责任。没有人可以否认，守法本身就是一种道德行为，因为法律不过是底线道德的程序化和具体化，是随着道德的变化而变化的，其本质是不应侵害他人的权益。法律责任与道德责任的联系和区别在于，从内容上说，道德责任包括法律责任，其外延比法律责任要宽；从层次上说，道德责任是法律责

---

[1] "责任"一词虽然在表面上表示的是人与事的关系，但实质上是表示人与人的关系，因为人与人的关系是要通过人与事的关系表现出来的。

任的伦理基础，不符合道德的法律迟早要被废除。就德鲁克所说的两方面的社会责任而言，与企业的目的或使命有关的责任属于底线道德和法律责任，而与企业的目的或使命无关的责任则属于高尚道德。

经济责任实际上也是一种道德责任。所谓企业的经济责任，一般是指厂商应当高效率地为社会提供价廉物美的产品和服务，而不是指为股东追求最大的利润。前者符合经济效率的伦理原则[1]并有利于增进社会福利，因而是一种道德责任，而后者则不是，因为追求利润最大化是道德中立的，既可以通过正当的手段，也可以通过不正当的手段。经济责任与道德责任的联系和区别同样在于，经济责任是道德责任的一种，并且大致也属于底线道德。

如果这样的分析是正确的，那么我们在探讨企业的社会责任时便不必区分法律责任、经济责任和道德责任，而只要从伦理的角度加以分析，就能够得出企业应当承担的全部社会责任；或者在得出了企业的全部社会责任之后，如果需要，再去区分其中的经济责任和法律责任。这样做至少可以使问题变得简单明了。

其次必须指出的是，既然企业的社会责任是一种责任，那么我们就应当根据责任这个概念所具有的内涵来判定，什么应当是企业的社会责任，什么不应当是企业的社会责任。

按照"责任"一词的一般用法，责任是指任何一个主体做它分内应当去做的事情并要为此承担后果。[2] 笔者以为，根据责任的这一定义，责任这一概念就必然包含两个基本要素：[3] 其一，责任是主

---

[1] 关于经济效率的伦理原则，参阅：徐大建，《企业伦理学》，上海人民出版社2002年版，第一章。

[2] 参阅：《现代汉语词典》，商务印书馆1984年版。

[3] 除了这里所说的两种要素之外，根据"应当"蕴含"能够"的一般伦理原则，责任还要受制于能力，因为你不能要求一个主体去做它无能为力的事情，广义的能力包括权力，狭义的能力则不包括权力。

体的分内之事，也就是说，责任是主体为了完成自己的使命、或达到自己的原有目的、或扮演自己的角色应当去做的事情。这就意味着，责任是由主体的使命、目的和角色决定的，它与主体的使命、目的和角色是手段与目的的关系；与主体的使命、目的和角色无关的事情，不应当成为一种责任。其二，责任既蕴含着采取行动又蕴含着对行为后果的承担，没有对责任的承担，责任就是一句空话。采取行动以权力（主要指决策权）为前提，对行为后果的承担则意味着奖惩或利益，这就意味着责任蕴含着权利，或者说责任需要责、权、利三者的统一：责任作为完成使命或达到目的的手段，既需要权力，也需要利益；没有权力，就无法采取必要的行动去承担责任，没有利益，就会发生偷懒或投机等不负责任的行为。

如果这样的分析是正确的，那么企业的社会责任就至少要受到企业的使命和权利这两个方面的限制。所以，为了确定现代企业的社会责任，我们首先要搞清楚现代企业的性质和目的：企业是什么？它为什么会产生？社会为什么允许企业存在？显然，企业应当怎么做，要取决于它的性质和目的，而根据责任这个概念的含义，企业的社会责任便要取决于它在社会中的使命或所扮演的角色。其次，我们还要搞清楚现代企业的权利，因为，既然责任与权利是对等的或统一的，弄清楚现代企业的权利有助于我们更好地理解现代企业的社会责任。

众所周知，企业是人们在劳动生产实践中创立的一种协调分工合作的经济制度。传统的观点仅仅把企业看作宏观经济制度中的一个独立生产者或法人，其组织形式类似于计划经济制度。不过按照现代的看法，市场经济条件下的企业制度不仅是一个独立的生产者或法人，而且需要各种利益相关者的参与，缺少了其中任何一种利益相关者，就不可能产生企业。这些利益相关者大致可分为四类。

从企业内部来说，企业作为一个独立的生产者或法人是劳动（包括管理劳动）的提供者；从企业外部来说，这些利益相关者又大致可分为三类：1.各种资源的提供者（股东、债权人、原料供应商），2.顾客（销售商、消费者），3.社会（公众以及社会的代表政府）。在市场经济体制中，这些利益相关者彼此之间的关系是一种平等交易的契约关系，就此而言，企业又可以看作是这些利益相关者彼此之间所订立的一组合约的连接点。[1]

根据经济学家的研究，我们现在还知道，企业这种经济制度之所以会出现，社会之所以需要企业，是因为，一方面，企业作为一种层级组织和独立生产者，不仅可以节约生产成本，而且可以在一定条件下节约交易成本，从而能够大幅度提高经济效率，发展生产力，而另一方面，在市场经济的条件下，企业作为一组合约，能够使得所有的利益相关者通力合作，各自获得自己的利益，达到双赢的结果。[2] 由此可见，企业的使命或根本目的就是为了，1.提高经济效率，为社会提供最大的产出；2.平等交易，使所有的企业参与者各自获得自己应得的利益。如果不能完成这两个使命或根本目的，企业就根本不会产生，更不必谈论它的发展了。

明白了现代企业的使命或根本目的，我们便可以直接从中推出它的两大社会责任。

现代企业的首要社会责任就是充分利用并有效地配置组织内外的各种资源，提高企业的经济效率，以便高效率地为社会提供所需要的产品和服务。企业是社会的产物，企业之所以能够存在，是因为企业能高效率地为社会服务，包括为社会提供产品和税收，为经

---

[1] 参阅：詹森和麦克林，《企业理论：经理行为，代理成本和所有权结构》(1976)，载[美] 路易斯·普特曼、兰德尔·克罗茨纳主编，《企业的经济性质》，孙经纬译，上海财经大学出版社 2000 年版。

[2] 参阅：徐大建，《企业伦理学》，第 43—46 页。

济发展积累资本，从而为个人和社会整体的发展奠定物质基础。否则社会便不需要企业，企业就无法生存。在这里必须指出的是，提高经济效率并不等于提高经济效益或追求利润最大化，两者的主要区别是，提高经济效率只能通过正当的手段，如技术创新、管理创新、充分调动人的积极性等，而追求利润最大化则可以采取各种手段，不论是正当的手段还是不正当的侵害他人权益的手段。因此，严格地说，不加限制条件的"提高经济效益"并非如某些人所说的那样是企业的社会责任之一。

现代企业的另一方面的社会责任是，企业应当尊重所有参与者和相关者的权利并遵循按贡献分配的原则，公平地对待企业的所有利益相关者，以便充分满足各个利益相关者的需要。这既涉及企业与其外部相关者的权益关系，又涉及企业内部各参与者的权益关系。企业的外部关系主要有企业与企业的关系，企业与消费者或顾客的关系，以及企业与社会整体的关系，企业的内部关系则主要指企业与其员工的关系或企业内部各阶层的关系。

为了承担企业的这两大社会责任，完成企业的使命，社会必须要赋予企业一定的基本权利，这个基本权利可以从现代公司的性质看出来。根据大多数现有公司法的说明，公司是由出资人（股东）入股组成的法人团体，在其法人财产基础上运行，享有并承担与自然人相同的民事权利和民事责任；因此，现代企业的主要权利是，拥有自己的法人财产权，并享有依法自主经营、自负盈亏的生产经营活动的权利。[1] 在这里，权利与责任是对称的，责任意味着增进社会利益的生产经营活动，权利则意味着履行责任的能力并为自己的经营决策承担责任，两者都是达到目的的手段。

---

[1]　参阅：《中华人民共和国公司法》，第3条、第4条、第5条。

按照这样的分析，笔者既不同意弗里德曼的观点，也不同意德鲁克的观点。弗里德曼的观点错在，他将股东利润最大化误认为是企业的目的而将其追求看作是企业的社会责任，而在现实中，一个企业只要将某些人的利润最大化作为自己的终极目的，就必然会作出损害他人权益的事情，尽管理论上得不出这样的结论。实际上，如果正确地理解企业的目的，那么正如德鲁克所指出的，利润只不过是企业为了达到自己的目的、履行自己的社会责任所得到的报酬。

德鲁克的观点则错在，既然企业的社会责任只与其使命或目的有关，那么企业就不该将与其使命或目的无关的社会问题的解决作为自己的社会责任。即便企业的发展需要一个良好的社会，但正如弗里德曼所说，公共事务是政府的事，不应当由企业来管；此外，他自己也已指出，企业插手公共事务，不仅会妨碍它完成自己的使命，而且存在着过分扩大企业的权力的危险。事实上，许多企业的慈善活动，其实质并非为了解决社会问题，而只是一种旨在扩大其影响和权力的公关活动。

我们必须看到，现代企业的社会责任问题的本质是，在市场经济中，企业的利润最大化追求不仅可以在谋取自身利益的同时推动社会和经济的发展，而且事实上也往往会在激烈的市场竞争中引发严重的利益冲突而危害社会与自身的利益；为了社会的利益和企业自身的利益，工商企业就应当采取双赢的目的，在追求利润最大化的同时不侵害社会或利益相关者的权益，简要地说，这就是企业的社会责任。

三、企业承担社会责任的机制

企业的社会责任问题除了明确其内容之外，还有一个重要的问题，那就是由谁来承担这一责任，如何落实这一责任。

关于这个问题有人提出，企业只是一个法人或虚拟的人，没有自然人所具有的意志和良心，因此无法承担社会责任。[1] 在笔者看来，这样的问题没有什么意义。企业当然不同于自然人，但这并不意味着企业作为一个整体就因此无法承担责任，否则"法人"和"法人代表"这样的术语就毫无用处。企业既然在社会中作为一个独立的实体进行活动，就必然要对自己的行为承担责任。

诚然，企业是一种组织或制度，它没有人格，但它是由人组成的。因此，有意义的问题应当是，如何将企业作为一个整体所应承担的社会责任，转化为企业中各个成员的道德责任；如何保证企业中各个成员承担起自己的道德责任，以便企业能够承担自己的社会责任。显然，要解决这两个问题，就至少需要做两件事，一是明确企业中各个成员为了承担企业的社会责任各自需要承担什么道德责任；二是建立一个有效的监督管理机制，以保证各个成员履行自己的道德责任。

为了承担企业整体的社会责任，企业中的各个成员必须承担两种道德责任。一种道德责任是需要所有企业成员共同遵守的社会责任：即企业内部的所有成员，不分职位高低，其行为都应当有利于企业整体社会责任的履行，而不能违背企业整体的社会责任。因此，这种道德责任的内容对所有的企业成员来说都是相同的，并且涵括了以上所述的企业作为一个整体所应遵循的全部社会责任。

另一种道德责任是企业成员各自应当承担的道德责任：即企业内部的所有成员，不分职位高低，都要做好自己的本职工作。没有

---

[1] 参阅：John R. Danley, "Corporate Moral Agency: The Case for Anthropological Bigotry"; Kenneth Goodpaster and John B. Matthews, "Can a Corporation Have a Conscience?", in Hoffman & Moore ed., *Business Ethics*, McGraw-Hill, 1990。

这种道德责任，企业就不能形成有效的运行机制，其整体的社会责任就会落空。这种道德责任有时候也被称为职业道德，其根本的精神是敬业、勤业和精业，其内容则因职位而异。

只要企业中的各个成员都能履行这两种道德责任，那么企业作为一个整体就能承担自己的社会责任。而为了保证企业中各个成员履行自己的道德责任，企业还需要建立有效的监督管理制度，这与企业的董事会和高层领导，尤其是与行政第一把手的道德责任有关。

监督管理制度的关键因素在于企业的董事会和高层领导。由于企业的董事会和高层领导是企业的代表，拥有企业的最高管理权，他们对企业的社会责任就负有不可推卸的主要责任。就此而言，他们的道德责任首先是明确本企业的具体使命和社会责任，制定体现本企业具体使命和社会责任的企业政策，包括行为准则和奖惩制度，并以身作则加以贯彻，其次是建立一个专门的监督机构，具体负责监督这些制度的实施。企业董事会和高层领导的这两项道德责任的实施，便构成了企业社会责任的监督管理制度。

总而言之，根据现代企业的组织结构，企业的核心人物是所谓的企业家，也就是企业的最高领导层，他们是企业这一组合约的中心签约人，拥有企业的最高管理权，因此从根本上说，企业的社会责任问题的解决，在于他们的道德责任和社会对他们的激励约束。

2　德治的方法论基础和启示 [1]

在当前中国从传统社会向现代社会、计划经济向市场经济的双重转型历史转折时期，物质生产力和人民的生活水平得到了极大的提高，但与此同时，也产生了一些利益冲突和各种不道德的社会现象，尤其是前市场社会中闻所未闻的各种不诚信行为。针对这些不道德行为，党的十八大报告指出，要"深入开展道德领域突出问题专项教育和治理，加强政务诚信、商务诚信、社会诚信和司法公信建设"。不过，在如何进行道德治理的问题上，学界却存在着不同的看法。不少人认为，对不道德问题的治理应以制度建设或法治为主。

本文打算通过西蒙的有限理性决策模型，从德治或道德建设的必要性和可能性着手来论证，虽然制度或法治是必要的，但德治尤其不可偏废；并试图进一步揭示，依据这个决策模型，我们目前需要什么样的道德。

———————
[1]　原载《道德与文明》2013 年第 5 期，个别文字有改动。

一

在如何进行道德治理的问题上，学界存在着两种不同的观点。一种观点主张德治与法治并重，另一种观点却主张法治而贬低德治。在这里，"德治"可以理解为通过公民道德建设，包括家庭教育、学校教育、各种道德宣传和灌输，以及舆论奖励和制裁，乃至理性反思等手段，在人们的头脑和思想中确立有利于社会繁荣和稳定的道德观念和规范，软性地内化为"良心"，由此建立社会道德共识并自觉地规范自己的行为。而法治，则可以理解为通过国家强制性质的各种法律法规来遏制不道德的行为。

国内很多学者，尤其是一些经济学家，对德治是不以为然的，他们对道德的作用深表怀疑。主流经济学家往往认为，经济与道德没什么关系，在经济活动中，每个人都从自我利益出发，而不可能以遵循自我牺牲和利他主义的方式行事。在方法论上，微观经济学教科书从自利最大化的理性人假设出发，经过一系列推理，最后得出了福利经济学的第一定理和第二定理，表明了自利和公益的一致性，其中并没有什么伦理道德的作用，因此便可以合理地得出结论：经济学不讲道德，也无需道德。

当然，有些经济学家明白，微观经济学的完全理性人假设及其决策模型并不符合现实，现实的人不可能是全知全能者，由于信息不对称，就总会发生机会主义行为；但他们仍然认为，克服机会主义行为所需要的是法律所规范的市场机制或公平竞争，而不是道德。在他们看来，唯有利润才是衡量企业为顾客创造价值的唯一标准：在好的制度下，即产权得到充分保护的条件下，利润反映了企业家应对不确定性、创新和获取他人信任的能力，而如果缺乏好制度，则我们就根本没有衡量价值创造的标准，所以问题的关键是制度或法律。[1]

他们认为，根据道德心理学的实证研究，大多数人的行为动机是自利，其行为倾向都相差无几，[2] 不过其实际行动却是根据现行的制度确定的。所以，大多数人的伦理行为都需要外界的强制性制约，即法律法规形式的正式制度的制约。至于道德这样的非正式制度，既然不具有强制性约束作用，那么其主要作用无非是通过灌输宣传来改造人的自利本性，但改造人性不仅难以实现，而且危险。因此我们只能依靠法律法规来引导人性。总而言之，有什么样的正式制度，就会有什么样的行为，正确的制度引起道德的行为，错误的制度导致不道德的行为。对此，诺贝尔经济学奖获得者布坎南的一段论述颇具代表性：

在有秩序的市场结构中，人们力图把根据自己的能力或机会得到的报酬极大化的行为，能够有利于社会。这里，我们可以把那种行为叫做"寻求利润"。但是，在另外一套机构和制度下，完全相同的行为可能不会产生对社会有利的后果。个人竭力使根据机会得到的报酬极大化所产生的非故意造成的结果可能是"坏的"，而不是"好的"。"寻求租金"一词是要描述这样一种制度背景中的行为。在那里，个人竭力使价值最大化造成了社会浪费，而没有形成社会剩余。……在个人决策者的层次

---

[1] 参阅：张维迎，《正确解读利润与企业社会责任》，载《经济观察报》2007 年 8 月 19 日，http://www.sina.com.cn。

[2] Lawrence Kohlberg, "Moral Development and the Education of Adolescents", in Ellis D. Evans ed., *Adolescents: Readings in Behavior and Development*, Dryden Press, 1970: pp. 178—196.

上，他们的行为本身与市场相互作用中寻求利润的行为没有不同。个人价值极大化的非故意的结果从那些可以归类为"好的"结果转为看来显然是"坏的"结果，并不是因为个人变成了有不同道德的人，从而改变了他们的行为，而是因为制度结构发生了变化，作出个人选择的环境变了。当制度从有秩序的市场转向直接政治分配的几乎混乱的状态的时候，寻求租金就作为一种重要的社会现象出现了。[1]

在笔者看来，许多经济学家之所以持这种观点，可能有多重原因。其一，这种观点其实并不了解法律与道德的关系，往往将道德仅仅理解为自我牺牲性质的高尚道德而将底线道德摈除于道德之外，从而以为道德与经济无关。其二，因此这种观点似乎并不了解道德的作用方式，认为道德的作用主要在于改变人的自利本性，而这是难以实现的。其三，中国目前的道德建设效果欠佳，可能也是这种观点不认同德治的主要原因之一。

然而，只要明白法律与道德的关系，就会明白，道德或德治对于治理目前中国道德领域中的突出问题也是必要的或不可或缺的。

道德或德治之所以必要，是因为法律不过是底线道德在社会问题比较严重的领域中的细化而已；法律的基本原则如正义和秩序，本来就出自底线道德，它们的共同指向都是维护社会稳定；大部分法律，其第一原则如公平诚信等等，都是道德原则。在没有严重道德问题的领域，社会秩序依靠道德便可得到维护，但一旦某个领域发生了严重的道德问题，道德原则已不足以维护这个领域的社会秩序时，社会就不得不按照道德原则制定暴力强制性的细则来维护秩

---

[1] 布坎南，《寻求租金与寻求利润》，载《经济社会体制比较》编辑部编：《腐败：权力与金钱的交换》，中国经济出版社1993年版，第112—127页。

序，那就是法律。因此，在发生严重道德问题的社会领域，为了维护秩序，法律固然不可或缺，但社会的道德共识仍然是基础；缺乏道德共识，不仅会缺乏制定法律的基础而使得法律难产，即便有了法律，也会由于执行成本过高而发生法不治众的现象。

当然，为了说明德治在进行道德治理问题上与法治同样重要，除了从理论上说明，其一，德治的必要性之外，我们还需要针对人们之所以会轻视德治的上述原因说明，其二，德治何以可能，以及其三，中国目前的道德建设何以成效不大。为了说明后两个问题，我们必须首先说明德治的方法论基础。

二

从德治的方法论基础来说，西蒙的有限理性决策模型为我们提供了一个德治何以可行的有说服力的依据。

有限理性的概念最初是针对主流经济学的理性人假设提出来的。众所周知，新古典经济学理论的方法论基础是完全理性假设，即经济主体"谋求效用的主观期望值的最大化"[1]。这种假设虽然通过事实的简化实现了经济学的简洁优美和数学化，却抽象掉了现实世界中信息不完全和不对称状况这一关键事实，排除了经济活动中的各种不道德行为，因而并不符合现实中人们的理性行为，"对于真实世界的解释能力极其贫弱"[2]。新古典经济学因此遭到了很多经济学大师的严厉批评，其中凯恩斯和哈耶克等人还有针对性地提出了有限理性的概念，并成为宏观经济学和信息经济学的开创者。不过这些

---

[1]　[美] 西蒙，《基于实践的微观经济学》，孙涤译，上海人民出版社2009年版，第27页。

[2]　同上书，第32页。

经济学家并没有在微观层次上对人的有限理性行为作出具体描述。

在微观层次上对人们的实际理性决策行为进行了详细考察，并由此提出有限理性决策模型的学者，是计算机科学家和心理学家西蒙。西蒙的有限理性决策模型博大精深，奠定了现代企业经济学和管理研究的基础，但就本文的目的来说，其有价值的论点大致可概括为以下三点。

1. 从逻辑上说，理性决策就是从一组前提（价值前提和事实前提）推导出来的结论。

关于理性行为，西蒙首先通过逻辑分析对理想的或完全的理性决策行为做了描述性的界定：理想的理性行为乃是达到目的的最有效行为，所以必须考虑各种备选行为的可能性和后果。由此可以得出完全理性的决策程序模式：

（1）提出问题（将问题列入议事程序）；

（2）针对问题列出所有的备选方案；

（3）（根据事实知识）预测所有备选方案的各种后果；

（4）（再根据价值标准）对各种后果进行评价并选择最优方案。

可见，西蒙所说的理性，主要是指韦伯所说的现代意义上的"工具理性"，不过其中也包含了韦伯所说的"价值理性"的因素，即程序（4）中的价值标准。

2. 现实的理性决策行为不可能是完全理性的而只能是有限理性的。

在上述逻辑分析的基础上，西蒙接着对理性决策行为的要素进行了心理分析，亦即对人的现实理性决策行为进行分析，由此得出了现实的理性决策行为不可能是完全理性的而只能是有限理性的结论。

西蒙指出，个人的理性决策行为不可能是完全理性的，因为

"单一个体的行为不可能达到任何理性的高度,因为它必须考虑的备选方案的数量太大,评价备选方案所需要的信息太多,所以就算要达到近似的客观理性也难以想象。个人的种种决策是在'给定条件'的环境中发生的,所谓'给定条件'就是被决策主体当成个人决策所依据的前提条件,行为只能适应这些'给定条件'所设置的限度"[1]。简言之,完全理性决策需要考虑有关知识、价值和相关行为的各个方面,而人类头脑没有这样的能力。

首先,就预测所有备选方案的各种后果而言,行为主体不可能完全了解并预期每项备选决策产生的结果,想象力并不能弥补零零碎碎的真实体验的不足。我们只能对结果进行推导,但我们对推导所依据的约束条件和事物规律的知识和信息是不完备的。为了尽可能理性地决策,我们的现实做法是,试图根据经验分离出选择最优方案必须加以考虑的有限的相关因素和结果,只考虑那些在因果关系和时间上与决策最密切相关的最重要的因素,而忽略那些间接因素。可是这样的分离,不仅是否合理我们并不知道,在很大程度上还要取决于成本。

就对各种备选方案的后果进行评价而言,即便我们能够相当完整地描述抉择的结果,预期的快乐也会与现实的快乐相差甚远,因为我们不可能考虑到所有相关的价值因素。

其次,行为主体不可能想到所有可行的备选方案。设想可行的备选方案不仅需要想象力,而且受到体力和时间的限制,因此在任何时刻都只能想出非常有限的几个备选方案。

因此,人类的理性行为只能是有限的。所谓有限理性,是指人们的真实决策行为虽然做不到从所有备选方案中做出选择,但能够

---

[1] [美] 西蒙,《管理行为》,詹正茂译,机械工业出版社 2004 年版,第 86 页。

理性地遵循刺激—反应模式，即可以刻意选择和修改某种决策环境或决策前提，这样便能在"给定条件"或限定的环境中进行理性决策。而这样的有限理性决策行为之所以可能，是因为人在实现动作整合的过程中表现出可训练性，即能够通过总结经验形成一定的行为模式来解决问题。人不但能够像动物一样进行"试错"，而且能够通过思考和沟通进行"试错"，运用"记忆"和"习惯"来节省思考。这些东西都给定了决策的环境或前提。

于是，现实的理性决策不可能是寻求最优，而只能是选择看起来不错的方案（满意解决法），其程序是在给定的一系列条件下根据经验或直觉搜寻决策方案：

（1）设定议程：即先关注最需要得到满足的需求。西蒙指出，无论是问题还是机会，只有引起注意，才有可能成为议程考虑接纳的对象；它们或者是通过内部信号发送机制，或者是从复杂的外部感觉环境中被挑选出来的。因此，决策过程中最关键的缺乏因素不是信息而是注意力，这就需要研究科学发现领域和意外机制，通过在潜在的信息来源中进行选择性的系统搜索，寻找值得注意的事项。

（2）再现问题：即确定问题的实质是什么。这本身也是一个问题的求解过程。如果不能从记忆中找到答案，那么只能通过选择性搜索去排除和确定。

（3）搜索备选方案：即在业已存在的方案中进行定位，如找房子和找工作，需要了解发现潜在雇主、确定搜索停止时间，以及获得相关信息的程序。如没有业已存在的方案，那就必须设计。

在这个决策方案的搜寻中，直觉往往起很大作用。不过非逻辑的直觉大都是以往逻辑分析积累产生的习惯性反应，因此会随着经验、研究和教育的增加而大大增多。

3. 组织能够帮助建立个人的决策心理环境或决策前提来影响个人的理性决策。

根据上述有限理性决策模型，西蒙指出了社会共同体何以能够通过管理影响个人行为的途径："由于成人能对决策环境进行选择和刻意修改，所以其行为可以达到更高程度的完整性和理性。从某种意义上说，这是属于个人的事：个人让自己置身于受到一定刺激和一定信息影响的情境中。但是，这更大程度上属于组织的问题。组织的一项职能就是，将组织成员安排在某种心理环境中，组织成员会根据环境的情况制定出最终能实现组织目标的决策，这种环境也能为他们提供正确决策所必需的信息。"[1]

因此，管理在于刻意控制决策环境，即通过建立一些制度，把制度纳入个人的决策前提，从而影响个人的决策。这种影响主要表现为：（1）组织通过制度使得群体中每个成员能够稳定地预期在特定条件下其他成员的行为；（2）组织通过制度提供一般性刺激因素和注意力导向因子，来引导群体成员的行为，并向群体成员提供刺激行动的中间目标。这些制度包括任务分工、工作惯例、权威体系、沟通渠道和培训教育等，它们在很大程度上决定了组织参与者的心理模式，所以也设定了训练组织成员的条件，也因此决定了在人类社会中运用理性的条件。

西蒙进一步解释说，管理的核心问题是如何让组织成员协调一致地行动，因此管理的核心是"协调"。从决策的角度来看待"协调"，就是将"协调"看作"组织如何使个人的行为符合组织的总体模式，也就是组织如何影响个人的决策"[2]。这种影响并不表现为组织直接决定个人的决策，而表现为组织可以通过自己的影响决定个

---

[1] 西蒙，《管理行为》，第86页。
[2] 同上书，第165页。

人决策所依据的某些前提。由于决策是从一组前提——价值前提和事实前提推导出来的结论，组织便可以对自己的成员施加影响，决定组织成员在行动时依据何种前提做出决策，由此达到协调的目的。

西蒙认为，组织的协调方式或影响个人决策的方式主要有权威、沟通和培训、效率、认同等四种方式。其中最主要的是通过"权威体系"和"各种沟通渠道"向个人提供一些主要的决策前提，如基本价值前提即组织目标，以及实现这些价值所需的各种相关信息，使之成为个人的决策前提，从而完成对个体成员的影响。可见，西蒙所说的影响个人理性行为的组织制度，虽然也包含一些组织法规，本质上却是道德教育或曰德治。

三

西蒙的有限理性决策模型说明了，德治不仅是必要的，而且是可行的。

首先，这一决策模型说明了，道德何以能够在人们的行动中发挥作用。根据这一决策模型，人们采取行动所根据的决策前提大致包含三种东西：一是要解决的问题；二是针对问题形成一些有限的解决方案所需要的事实知识，主要包括我们所具备的科学知识和经验记忆；三是评价并选择备选方案所需要的价值因素，这些价值因素虽然也包含法律法规，但主要是通过各种教育和实践为我们所认可的价值观和道德规范，它们能够在决策前提中删除对他人和社会不利的备选方案。"理性人"的"知"与"行"在实践上是统一的。

其次，这一决策模型说明了，道德教育或德治是如何在人们的行动中发挥作用的。根据这一决策模型，在现实中，各种共同体和社会能够通过各种"权威体系"和"沟通渠道"把组织目标以及实现这些价值所需的各种相关信息灌输到个人头脑中，形成他们的"良心"，有效地遏制自利本性。在这个教育过程中，"行"（决策）是蕴含在"知"（决策前提）之中的，"知"（决策前提）是通过"行"（决策）表现出来的，任何知识理论，必须能够运用才能称之为"知"或掌握。因此，德治在人们的行动中所发挥的重要作用并不表现为改变人的自利本性，而是通过教育将道德内化为所谓的"良心"并成为人们的决策前提。

其三，根据上述两方面的说明，价值观和道德规范要在人的决策前提中发挥重要作用，首先要符合实际，成为有效的决策前提，也就是说，道德教育一定要注意实效，其关键则在于道德教育的内容要切合现实。如果所教育宣传的价值观和道德规范脱离人们的一般实践状况，那就只能成为口号而不能真正进入到决策前提之中，发挥决策前提的作用。为了在决策或行动的实践中达到知行统一，首先要在道德教育上满足知行统一的要求。

于是，西蒙的有限理性决策模型不仅说明了德治的可行性，而且还给我们目前的道德教育状况不佳的原因提供了启示。

应当承认，我国目前的社会风气与官场风气之所以存在很大问题，原因比较复杂，其中既有法制不完备和执法不力等法治方面的因素，更有道德教育和宣传效果欠佳等德治方面的因素，人们对目前的道德宣传或者不以为然，或者很少有人切实予以实践，这也是上述一些学者倾向于加强法治而轻视德治的理由之一。不过正如我们已经论证的，道德教育和宣传效果欠佳这种情况并不能成为我们轻视或否定德治的理由，我们应当做的，是探讨道德教育效果欠佳的原因并提出对策，来推进德治。那么我们目前的道德教育的实际情况究竟如何呢？

就对一个人的素质培养具有基础性作用的家庭教育而言，众所周知，目前的家庭教育普遍存在着忽视道德教育而过分重视智育的倾向。由于独生子女政策，使得父母望子成龙、望女成凤的热切期盼上升到了史无前例的程度，在"赢在起跑线上"等口号的蛊惑下，家庭教育已逐步形成在智育上要求过高而在其他方面过多包办和过分溺爱的趋势，造成了不少独生子女虽然聪明早熟却也养成了各种不良行为习惯：如自私自利、唯我独尊；如追求享受、好逸恶劳；如独立性差、自理能力低；如爱说谎、不守信；如心理素质差、承受能力小；等等。这些德育上的问题由于独生子女在青少年中所占的比例越来越大而需要高度引起重视。

就对一个人的素质培养同样起着关键作用的学校教育和社会舆论而言，目前的学校道德教育和新闻媒体宣传在内容上同样存在着很大的问题。一方面，学校教育和主流媒体在道德教育上过分着重灌输"自我牺牲"和"服从"性质的高尚伦理而在很大程度上忽视"不说假话"和"不属于自己的东西不能拿"这样的底线伦理；另一方面，学校教育和新闻媒体的宣传同时却充斥着"分数第一"和"成功至上"等个人奋斗的理念。这样的道德教育内容，造就的往往是满口仁义道德却一心追求私利的人格。

不可否认，我们现在强调的高尚道德是从传统道德发展而来的，与传统的"天下为公"和"忠孝"伦理没有根本区别；这种高尚道德一般而言，对于提升人的精神境界、维护社会稳定的确具有重要作用，因而值得提倡。但我们也要看到，它的精神实质是通过自我牺牲和服从来克服个人的私利，维护共同体的和谐。就普通大众而言，它适用于传统的以自给自足的小农经济为基础的封闭的等级制熟人社会，也适用于以家庭和工作单位为基础的封闭的计划经济熟人社会，却无法用来解决以自由平等为基础的开放的现代市场经济陌生人社会中的各种利益冲突。与此同时，在学校教育和社会舆论宣传中普遍存在的个人奋斗和成功至上的个人主义理念，虽然适用于现代市场经济社会，却不但不能消除陌生人社会中的各种利益冲突，反而会加剧这些利益冲突。这是我们目前道德教育或德治状况不佳的基本原因之一。

有些学者虽然表面上肯定伦理道德或德治的作用，但他们却以为，社会风气和官场风气不良的原因不在于道德教育和宣传方面有缺陷，在他们看来，人们对道德上的是非曲直都是知道的，只是不去实践而已，换言之，问题在于实践上的知行分离而不在于道德教育。这种看法的缺陷在于，它无法说明德治的作用，从而会自相矛盾地否定德治的作用。因为德治本来就是通过软性的道德教育而不是通过硬性的暴力强制来实现的，如果道德教育和宣传的作用仅仅是让人们知道行为的是非曲直而不能按照所知去指导自己的行为，那么德治如何才能发挥作用呢？此外，这种看法由于无法解释道德实践上的知行分离的原因，也就只能导致道德教育或德治实际上无用的结论。

在笔者看来，西蒙的有限理性决策模型表明，道德实践上真知和行为分离的说法是不符合逻辑的，因为真知是通过行为表现出来的，判定一个人的真知或真实想法的根据只能是他的实际行为而不是口头言论，把一个人的口头言论当做他的真知或真实想法，既是人们很容易犯的一个认识论错误，也是教条主义的根源之一。只要我们深入地思考知行分离的情况，就会发现，知行分离可以是口头言论和真实想法的分离，也可以是所学与所用的分离，但决不是真知和行为的分离。如果说我们目前的德治状况不佳的原因是知行分离，那么这种知行分离只能是口头言论和真实想法的分离或者所学和所用的分离。

事实上，目前社会上存在的许多不诚信问题，也大都不是发生在兄弟姐妹亲戚朋友之间，而是发生在陌生人之间的。大多数不讲诚信的国人，尽管会脸不红心不跳地欺诈陌生人，却本能地不会对自己的兄弟姐妹亲戚朋友采取同样的手段。这说明了，在现实生活中人们的知行是统一的，所谓的知行分离，是那些不讲诚信的人不懂得如何处理平等的陌生人之间的关系，他们真正认同的，其实是圈内奉行高尚道德、圈外不讲诚信。

本文的结论是，市场经济的道德既不是高尚道德，也不分熟人生人，而是圈内外一视同仁的诚信和公平竞争。西蒙的有限理性决策模型给我们的启示是，在市场经济社会中，应以"不侵害他人权益"和"双赢"的底线道德作为道德教育的核心内容，只有在此基础上提倡高尚道德，才能使得我们的道德决策前提符合市场经济社会的现实，才能真正起到德治的作用。党的十八大报告中所指出的社会主义核心价值观，即富强、民主、文明、和谐，自由、平等、公正、法治，爱国、敬业、诚信、友善，应当成为我们德治的扎实基础。

3 平衡：管理思想中的伦理观念 [1]

在我国目前的工商管理教育中，伦理道德和价值观是不受重视的。综观现有的工商管理核心课程，几乎全都专注于企业利润最大化导向的所谓科学管理方法而与伦理无关，即便是"组织行为学"和"战略管理"等少数课程，因涉及人际关系与企业目的而非常有限地论及企业伦理，也仍然蕴含着以企业利润最大化为最终目的；近年来，许多高校虽然迫于外界的压力终于将"企业伦理学"或"管理伦理学"纳入了工商管理的核心课程，但也面临着师资缺乏和学生不感兴趣的困境。由此培养出来的工商管理人才，也大都是学界所谓精致的利己主义者。

潜藏在这种商科教育背后的理论基础，是当今流传甚广的主流经济学思想：现实中的经济活动参与者都是追求自我利益最大化的理性人，指望他们讲伦理道德是不现实的。其更为精致的表达是：在经济活动中，尽管由于信息不对称总会发生机会主义行为，但克

---

[1] 原载《上海财经大学学报》2014 年第 6 期。

服机会主义行为所需要的是法律所规范的市场机制或公平竞争，而不是伦理道德；唯有利润才是衡量企业为顾客创造价值的唯一标准，在产权得到充分保护的条件下，利润反映了企业家应对不确定性、创新和获取他人信任的能力，而如果产权得不到充分保护，则我们就根本没有衡量价值创造的标准。[1] 不过这种看法并没有说明，现实中的产权规定究竟是什么，又从何而来。

　　这样的商科教育并不符合管理的本质。众所周知，所谓管理，简要地说就是行使某些职能，以便有效地获得、分配和利用组织内外的各种资源来实现一些具体目标和任务；因此管理从来都是对组织或人的管理。由于组织的本质是分工协作，管理的核心便必然是协调。协调必然包含三个基本要素：1. 协作的任务，即组织的具体目标和任务；2. 协作的方式，主要有组织的权威和信息交流系统；3. 协作的意愿，依赖于组织成员之间的利益平衡。在这三个要素中，前两个要素归根结底要围绕后一个要素展开，在这个意义上，组织成员之间的利益平衡便成为有效管理的最根本要素：一个企业如果做不到组织内外的利益平衡，就必然会陷于各种利益冲突，导致协作意愿的丧失而失败。

　　进而言之，管理追求的是组织和社会的效率而不是个体和企业的利益，因此必然要围绕所有参与者的共赢而非企业家和管理者的私利展开，其最核心的要素也就必然是利益平衡。换言之，管理无论表现为何种职能，其核心要素始终是表现为利益平衡的伦理和价值观，而不是科学方法，更不是反映了某些利益相关者利益的利润最大化原则。

　　管理思想的发展充分表明，管理虽然体现为各种职能和方法，

---

[1] 参阅：张维迎，《正确解读利润与企业社会责任》，《经济观察报》2007 年 8 月 19 日，http://www.sina.com.cn。

但其核心却始终是协调和利益平衡。在古典管理理论阶段，这种利益平衡伦理观念表现为劳资双方的经济利益共赢，在人际关系—行为科学理论阶段，劳资双方的利益共赢观念从经济利益发展为保护员工的其他利益，而到了当代西方管理理论阶段，这种共赢观念又发展为企业内外所有利益相关者的利益共赢。

一、古典管理理论与劳资双方的共赢

管理思想虽然自古以来就有，但系统的管理理论却发源于工业革命所产生的工厂管理。19 世纪末至 20 世纪初，随着资本主义市场的飞速发展和激烈竞争，为了适应规模日益扩大的工厂的管理，传统的凭借经验的管理已显得力不从心。针对当时工业管理出现的两个基础问题，即生产及财务管理问题和员工激励问题，西方逐渐发展出了以泰罗的科学管理思想、法约尔的行政管理思想和韦伯的古典组织理论为代表的古典管理理论。

就这些古典管理理论而言，法约尔的行政管理思想和韦伯的古典组织理论主要着重于组织协作的方式，而泰罗的科学管理思想则主要着重于组织协作的具体任务和组织协作的意愿。相对而言，尽管法约尔的行政管理思想和韦伯的古典组织理论因奠定了管理思想中组织理论的基础也非常重要，但是泰罗的科学管理思想由于更为集中地体现了当时的管理中心问题而具有划时代的影响。

人们往往认为，泰罗管理思想的核心是他开创的工业工程理论。德鲁克曾说，泰罗科学管理思想的重要性在于，他在历史上第一次将知识应用于作业研究、作业分析和作业工程，从而引起了生产率革命。在历史上，人们从来没有研究过这些东西，劳动技能从来都是师徒式传授，甚至是秘密地传授，以保住饭碗，而且不一定科学，这不仅使得劳动技能的培养受到极大限制，而且由于不科学而限制了劳动生产率的提高，乃至让人们认为，劳动者能够增加产出的唯一途径便是增加劳动时间。泰罗的科学管理和工业工程把知识应用于劳动，使得大规模的工人能够在三个月之内掌握的技能比少数人原来需要几年的时间才能掌握的技能更加熟练更加科学，不仅帮助美国人打败了德国法西斯，而且使得美国成了世界上劳动生产率最高、生活最好的一流强国。[1]

这种看法虽然在很大程度上是正确的，却并没有反映出泰罗管理思想的整体，因而往往会误导人，使人误以为泰罗的贡献只在于科学的工时研究，而忽略他的管理思想中含有的极其重要的伦理思想，即利益平衡才是科学管理的核心。

从整体上说，泰罗管理思想的逻辑架构可以简要地归纳为一个中心问题和两个基本途径：中心问题是如何提高劳动生产率，而解决这个问题的基本途径则是，1. 科学管理——"确切了解你希望工人干些什么，然后设法使他们用最好、最节约的方法完成它"；2. 利益平衡——"劳资之间的关系无疑是管理艺术中最重要的组成部分"。[2]

泰罗认为，当时工厂管理的中心问题是劳动生产力低下；由于工人们有意磨洋工，沿用不科学的单凭经验的工作方法，劳动生产力只发挥出了 1/3。究其主要原因，是管理不善夹杂着劳资之间的利益冲突，具体则表现为：[3]

---

[1]　参阅：[美] 德鲁克，《个人的管理》，沈国华译，上海财经大学出版社 2003 年版，第 29—37 页。

[2]　[美] 雷恩，《管理思想的演变》，孙耀君等译，中国社会科学出版社 1986 年版，第 131 页；原文见：[美] 泰罗，《工厂管理》，纽约：哈珀-罗出版公司 1903 年版，第 21 页。

[3]　参阅：同上书，第 122—123 页。

1. 不完善的工资制度迫使工人磨洋工。按照当时的计时工资制，工资是按照是否上下班以及地位的高低而不是以做出的努力大小来决定的，即多劳不会多得；而按照当时的计件工资制，首先，计件标准，包括工资率，即工作量与工资量的标准，不科学，其次，当工人的工资多得时雇主们便随意降低工资标准，于是工人们不让管理部门知道简便省力的方法和改进措施，故意沿用不科学的单凭经验的工作方法，并合谋确定产量以避免雇主降低工资；

2. 工人们认为加速工作会使大批工人失业，也使得工人们故意磨洋工，沿用不科学的工作方法。

针对这些原因，泰罗提出了他的科学管理思想：[1]

1. 进行工时研究制定工作标准，改进不合理的工资制度。首先，决不能单凭经验根据过去的成绩来确定工资率，然后又由于激发了工资的提高而随意更改工资率降低工人工资；因此要通过现在称之为工业工程的工时研究制定标准化的操作程序并科学地确定工资率，但定额不能导致突击劳动和紧张劳动以致损害工人的健康。其次，实行差别计件工资制，工作如完不成标准定额只发应得工资的 80%，如达标或超额则发应得工资的 125%，促使工人采取正确的方法和标准。最后，坚持按贡献而不是按职位分配的原则。

2. 挑选有能力的人，改进人事管理，使得能力与工作相适应。首先，为工作挑选合适的员工。其次，为员工寻找最合适的工作；对有能力的工人进行培训，帮助他们成为头等工人并设法激励他们发挥自己的最大力量，而对不努力的工人，则调换工作。

3. 在上述两者的基础上进一步制订和完善各种工作制度。首先，事先精心制订计划，确定和分配任务。其次，指导工人完成任务。

---

[1] 参阅：雷恩，《管理思想的演变》，第 127—135 页。

其三，解决组织问题，设置职能工长，类似于我们现在的职能部门，用计划职能与执行职能的分离来替代传统的等级军事组织形式。最后，结合工时研究和成本会计法来对工作进行控制。

根据以上的整体框架，显然，泰罗的科学管理思想绝非限于工时研究，而是以工时研究为突破点，将生产管理、人事管理、组织理论和财务管理融为了一体；而贯穿于这些科学管理的要素、将它们融为一体的核心，则是利益平衡问题，即劳资利益冲突问题及其对劳动生产率的影响问题。科学管理方法与利益平衡之间的关系是：为了提高劳动生产率，企业必须实施科学管理；而要实施科学管理，就要以"各尽所能，按贡献分配"的方式照顾工人的利益；最后达到效率与公平的统一，即"高产出，高工资，高利润"，一方面通过解决"劳资之间的利益冲突"来实施科学管理和提高效率，另一方面又通过解决"管理不善"和提高效率来解决"劳资之间的利益冲突"。简而言之，唯有合作与双赢，确保劳资双方获得最大限度的利益，才能解决提高效率这个科学管理的根本问题。正因为如此，泰罗才强调指出，科学管理的实质不是种种方法，而是劳资双方的心理革命。[1]

泰罗科学管理思想在实践中的成败也说明了，任何有效的管理方法和制度，都要以组织中各成员的利益平衡为基础，至少不能明显地损害其中大多数成员的利益，否则便不能成功。资料显示，泰罗制尽管科学合理，但在一开始付诸实践时并不成功，遇到各方的反对，乃至激起了工人罢工和美国众议院的调查。其原因很多，例如，管理部门不喜欢泰罗的成本会计控制方法，因为这种方法可以很精确地评估管理部门的工作成绩；工厂主反对，主要是因为泰罗

---

[1]　参阅：雷恩，《管理思想的演变》，第153—154页。

制把工厂的权威建立在知识之上而不是建立在所有权之上；伯利恒市公民及管理部门反对，是因为泰罗制的实践使工人和居民越来越少，使公司的房屋和商店无利可图；等等。但最主要的反对者还是工人和工会，工人反对，是出于害怕失业、竞争和紧张；工会反对，则是因为泰罗制导致竞争并使生产力提高，会导致一部分工人的失业并造成工会内部的分裂。[1]

也正因为如此，泰罗强调，科学管理成功的关键是人和人际关系，包括言论自由、尊重和友爱、公平对待。泰罗还强调涉及工人的改革的3项原则：1.消除工人怀疑，争取工人合作；2.改革首先应从对工人直接影响最小的方面着手；3.行动要缓慢，必须先试行，贵在努力坚持。[2]最终，正是由于泰罗制在此后的实践中考虑到了各方的利益尤其是工人的利益，才逐步取得了成功。

二、人际关系运动与以人为本

以泰罗制为代表的古典管理理论在20世纪早期欧美的企业管理中得到了广泛的应用，极大地提高了劳动生产力和工人的福利，福特汽车公司的成功便是一个典型案例。成功的原因如上所述，不仅在于管理从经验走向科学，更主要的在于这种科学管理是建立在劳资双方的利益共赢之上的。不过，古典管理理论也有其明显的缺陷：经济物质激励虽然对于劳资双方的利益平衡和员工的激励来说是基础，但不仅易于造成员工之间的竞争和冲突，而且并非利益的全部；当工人的经济利益得到了相当程度的满足之后，它对于利益平衡和

---

[1] 参阅：雷恩，《管理思想的演变》，第140—141、144—150、155页。
[2] 参阅：同上书，第155—157页。

员工的激励来说就远远不够了。

20 世纪 20 年代的霍桑工厂试验表明，人不仅仅是注重经济物质需要最大化计算的"经济人"和"理性人"，而且也是有爱与尊重等社会情感需要的"社会人"和"非理性人"，其行为不仅受到物质利益的驱使，还要受到人际关系的影响。因此，从管理的核心要素即利益平衡与员工激励的角度去看，就需要研究人在群体中的行为模式，包括基于人的需要的行为驱动力、群体对个人行为的影响，以及由此造成的群体行为模式，以便采取更加适当的管理措施。于是从 20 世纪 20 年代至 50 年代，管理思想的发展进入了第二阶段，即人际关系—行为科学运动阶段。

管理思想中的人际关系运动以社会学、心理学和社会心理学等学科为基础，发展出了一门有关工作中人们行为的"组织行为理论"，并且用它来修正古典管理学派研究整个组织行为的古典组织理论，极大地推进了管理思想的发展。首先，人际关系运动讨论了基于人的需要的行为驱动力，说明了经济利益在员工激励方面某种程度上失效的原因在于人们的社会情感需要；进而逐步发展出员工激励方面的所谓"组织人道主义"，强调员工的精神健康，从强调人的社会性需要过渡到强调通过作业设计以及工作进行自我实现，本质上也就是从强调马斯洛所谓"爱"和"自尊"的需要过渡到"自我实现"的需要；最后，在此基础上人际关系运动讨论了组织内部群体对个人行为的影响以及由此造成的群体行为模式。

马斯洛的需求五层次论是管理思想中人际关系运动的人格心理学基础，它认为，人的心理需求不仅仅是经济物质需求，而是包括五个层面：生理需求（包括繁衍后代的生存基本需要）、安全需求（包括防备生理损伤、疾病、经济灾难和意外事故，仍属于经济需求）、归属与爱的需求（良好人际关系等社会感情需求）、自尊需求（导致自信心和威望感的需求）、自我实现需求（充分发挥才能和实现自我理想的需求）。根据马斯洛的需求理论，人的激励便包含两个要点：1. 人的需求取决于他已得到的东西，只有尚未满足的需求才能够影响行为；2. 人的需求有轻重层次，需求依层次而来，这并不是说不同级别的需求不能在同一时间发挥作用，而是说在某一特定时期总有某一级别的需求处于主导地位，其他的需求处于从属地位。[1] 从管理激励上说，马斯洛的理论有三点启示：1. 为了有效激励，应集中注意目前起作用的需求；2. 职工的需求会随着一般经济情况的变化而变化；3. 越来越多的人特别是管理阶层的人对自我实现的需求和期望增长了。此后，奥尔德弗修正了马斯洛的需求理论，[2] 将五个层次的需求压缩为三个层次：1. 生存；2. 人际关系（和睦、友谊和归属）；3. 发展（事业和能力方面的成就）；并且认为，人的需求并非严格地由低层次到高层次逐级发展的，而可以越级出现。这样就为组织人道主义强调员工的精神健康和自我发展奠定了基础。

在马斯洛等人的人格需求理论的基础上，赫茨伯格提出了所谓的"激励—保健因素理论"[3]，认为传统所说的激励因素只是保健因素而非激励因素，真正的激励因素是员工的自我发展。其理由是，广泛的实际调查发现，当人们报告说不愉快或工作不满意时，他们把这归咎于他们的工作环境或工作条件，而当人们报告说愉快或满意时，他们把这种良好感觉归于工作本身或工作内容。

赫茨伯格认为，确定为工作条件的那些因素叫做"保健因素"，

---

[1] 参阅：[美] 马斯洛，《动机与人格》，许金声等译，华夏出版社 1987 年版，第 40—68 页。

[2] 参阅：Clayton P. Alderfer, "An Empirical Test of a New Theory of Human Needs", in *Organizational Behaviour and Human Performance*, Volume 4, Issue 2, pp. 142—175, May 1969。

[3] 参阅：F. I. Herzberg, 1987, "One more time: How do you motivate employees?", *Harvard Business Review*, Sep/Oct 87, Vol. 65, Issue 5, pp. 109—120。

包括监督、人际关系、物质工作条件、工薪、公司政策、管理措施、福利及工作安全等，它们起的作用类似于医疗保健的原则。当这些因素恶化时，就会对工作不满意，但当这些因素良好时，却只能消除不满意，而不能导致积极的态度。相反，那些产生积极态度、满意和激励的因素叫做"激励因素"，包括成就、成绩得到承认、挑战性的工作、工作责任的增加，以及成长和发展的机会。所有这些因素都存在于工作本身的性质之中，能满足个人自我实现的需要，因此能对员工产生激励。由此得出的结论是，传统认可的激励因素其实是保健因素，虽然必需，却没有激励作用。对工作的激励必须来自工作的丰富化、更有挑战性的工作、成长的机会，以及监工认识到员工对于承认和成就的需要，并给员工提供自我实现的机会；能激励人的不是工资的普遍增加，而是作为对成长、成就和责任的报酬的那种收入的增长。

　　另一个具有较大影响的组织人道主义理论是麦克雷戈提出的所谓"X-Y 理论"[1]。麦克雷戈认为，有关人的性质以及人们行为的假设，决定了管理人员组织、领导、控制和激励人们的方式，但"传统的组织原则"是不恰当的，因为它们一般以教会和军队的组织管理为依据，不适用于现实的政治、社会和经济环境，更主要的是，它们是基于人的行为的错误假设之上的。在麦克雷戈看来，关于人性和行为有两种决然不同的假设。由于人会变成什么样子在很大程度上取决于你怎样看待和对待他们，我们就能够依据正确的人性和行为假设来改进人力资源管理。

　　关于人性和行为的"X 理论"认为：1. 一般人的本性是不喜欢工作，只要可能就会逃避工作；所以对绝大多数人必须加以强迫、

---

[1]　参阅：Douglas McGregor, *The Human Side of Enterprise, Annotated Edition*, McGraw-Hill, 2006, pp. 43—81。

控制和指挥，以惩罚相威胁，才能让他们为实现组织目标付出恰当的努力。2.一般人宁愿受指挥，希望逃避责任，较少有野心，对安全的需要高于一切；传统的指挥和控制观点，包括古典管理理论和先前的人际关系运动管理理论，都是建立在这种假设之上的。关于人性和行为的"Y理论"则认为：1.体力劳动和脑力劳动如同游戏和休息一样都是自然的，一般人并非天性就不喜欢工作；因此外在控制和惩罚的威胁并不是促使人们为实现组织目标而努力的唯一方法，人对自己参与的目标能实行自我指挥和自我控制。2.对目标的参与是与获得成就的报酬直接相关的，这些报酬中最重要的是自我意识和自我实现的需要得到满足；大多数人在恰当的条件下不但能接受而且会追求责任，缺乏雄心和逃避责任一般是人生经验的结果而不是人的天性。3.许多人都具有相当高度的想象力、独创性和创造力来解决组织的问题；在现代工业社会的条件下，大多数人的智慧潜能只是部分地得到了发挥。按照"Y理论"，管理当局的任务应当是发挥员工的潜能，使他们在为实现组织目标贡献自己的力量时能够达到自己的目标。这与传统的目标管理相吻合，但激励却来自人们对组织目标的参与。因此接受Y理论的管理人员不会对工作环境进行严密的控制和监督，相反他们会让员工有更多的工作自由，会鼓励员工发挥创造性，会少用外部控制而鼓励自我控制，通过工作本身的挑战性引起的满足来进行激励，帮助员工走向成熟。

根据以上这些有代表性的人际关系运动管理思想的论述，可以看出，人际关系运动中的管理思想家虽然研究的是行为科学及其在激励方面的应用，但其成功和影响却在于他们的管理思想对工人或员工的精神健康和自我实现的强调，在于这种管理思想中蕴含着对抗资本对员工精神的摧残、进一步保护员工、改进劳资双方利益平衡的伦理观念。

三、当代管理理论与利益相关各方的共赢

人际关系运动在人的激励和提高劳动生产率这一管理学中心问题上看到了古典学派偏重于经济物质激励易于导致竞争和冲突的缺陷，因此偏重于从社会团结和人际合作的层面来寻求人的激励要素，并以此为基础寻求组织结构和领导协调的改进，对管理思想的发展起了很大的推动作用。当然人际关系运动也含有明显的局限性：不够全面系统。从20世纪50—60年代开始，随着企业管理实践的发展，西方管理学界百花齐放，出现了各种更加注重整体和系统但各有侧重的管理理论，如社会系统学派、决策理论学派、系统理论学派、经验主义学派、权变理论学派等等，由此管理思想的发展进入了当代管理理论阶段。

管理思想对整体和系统的强调，决定了管理的核心要素即协作意愿的利益平衡观念也变得更为全面系统，从劳资双方的共赢发展为企业内外各利益相关者的多方共赢。当代的管理学大师德鲁克的管理思想最为典型地说明了这一倾向。

德鲁克的管理思想虽然博大精深，其内在逻辑却可简要地归结为三个依次递进的层面：企业的特定目的和使命——管理的任务——贯彻企业使命和任务的管理职能。

首先，管理学要说明企业的特定目的和使命究竟是什么。德鲁克认为，一切组织机构无非是社会的器官，是为了实现社会的功能、进而为构成社会的个人服务的，否则就会被社会否定；企业作为一种组织机构也不例外，也是为了实现社会的特定目标、为了满足社

会、团体或个人的特殊需要存在的。不过，企业的特定目的和使命与非盈利性组织如学校、医院等组织的使命有所不同，企业是为经济业绩而生存的组织机构，其特定使命是经济业绩："企业必须始终将经济业绩作为首要任务，并将此任务贯彻在自己的每一项决策和行动中。企业及其管理当局只有通过企业取得的经济成果才能证明自己的存在价值。如果企业的管理层无法使企业获得经济成果，那么这种管理层就是失败的；如果企业不能以消费者愿意支付的价格向消费者提供他们所需要的各种产品和服务，那么这种企业就是失败的；如果企业不能提高（或至少不能保持原有的）财富创造能力，那么这种企业同样是失败的。"[1] 企业当然还有其他的目标，如利润、社区福利等等，但它们都是完成了经济成就之后的副产品。唯有经济成果才能证明企业存在的价值。

德鲁克明确指出，企业的经济业绩并不是指流行的有关工商企业及其行为的经济理论所说的利润最大化，因为利润最大化"只不过是用复杂的方式来表述'贱买贵卖'这句老话"，反映的是企业所有主的利益，而不是为社会服务的表现。他还引用乔尔·迪恩（Joel Dean）的话说："经济理论中的一个基本假设是，利润最大化是每一家企业的基本目标。但是近年来，理论家已经对利润最大化做出了重大修正，用来指长期利润；用来指经营管理的收入，而不是指企业所有者的收入；而且还包括一些非财务收益，如高度紧张的经理人员日益增加的闲暇时间和企业内部各经理阶层之间的和睦关系。同时，利润最大化还应包括一些特殊的考虑，如限制竞争、维持管理控制、解决工资要求、防止反托拉斯诉讼。实际上，这个概念已经变得如此概括而笼统，以至于似乎已经包括了人们生活中的绝大

[1] ［美］德鲁克，《组织的管理》，王伯言等译，上海财经大学出版社 2003 年版，第28 页。

多数目标。这一趋势反映出这样一个事实：理论家们日益认识到许多企业，特别是大型企业，并不是按照边际成本和边际收入表示的利润最大化原则，来展开其经营活动的……"利润和利润率虽然重要——对社会比对单个企业更为重要，但利润率却不是工商企业和企业活动的目的，也不能说明企业行为及其存在的理由，而只是一个限制因素。任何企业的第一次考验，不是使利润最大化，而是获得足够的利润来应付经济活动上的各种风险，从而防止亏损。[1]

其次，企业的特定目的和使命决定了管理必须完成三项任务。1.管理的首要任务当然是完成企业的特定目的和使命。尽管一般而言企业的特定使命是经济业绩，但每个特定企业的具体经济业绩各有不同，所以企业家的首要任务就是确定一个企业的具体使命是什么。2.完成企业的使命就必须要利用各种资源，但唯一真正重要的资源是人，所以根本的途径是有效利用人力资源，使其转化为生产力来完成使命。于是管理的第二项任务是使工作富有成效和使员工取得成就，即如何用人。3.企业要完成自己的使命，必定会对社会发生各种作用，例如提供就业岗位、提供税收来源、造成对产品的浪费、产生污染等等。于是便产生了管理的第三项任务，即处理对社会的影响、承担社会责任：做有利于社会的事情而不做不利于社会的事情。

最后，管理的任务决定了各种具体的管理职能。

1.实现企业的使命这一首要任务决定了管理的职能首先是"市场营销"和"创新"。企业的使命不是提供就业机会，不是提供红利，而是向消费者提供产品和服务，即创造市场和顾客。"顾客是企业的基础，是使其持续存在的动力源泉。只有顾客，才能提供就业。

---

[1] 参阅：[美] 德鲁克，《管理：使命、责任、实务》，王永贵译，机械工业出版社2007年版，第92—93页。

正是为了满足顾客的要求和需要，社会才把物质创造资源托付给工商企业。"[1] 创造顾客决定了企业的两项基本职能：市场营销和创新。市场营销是最基本的职能，制造和人事不能与它相提并论。从顾客的观点看，市场营销就是整个企业。不过市场营销恰恰不是一般所说的销售，甚至不是销售的补充，而是相反的东西。销售是从产品出发，目的是把现有的产品卖出去，而市场营销是从顾客出发，目的是根据顾客的需要创造新的产品和服务，从而创造顾客和市场。企业只能在不断的创新中生存。

由此导出"创新"的职能：即把社会的需要转化成有利于企业的各种机会。创新有三种：产品、社会、管理。首先，最有活力的创新是一种能造成新的潜在满足的与以前不同的产品或服务，而不是一种原有产品或服务的改进。其次，非技术上的社会创新如银行信贷和保险对经济发展可能更为重要。最后，创新的本质是提高生产率——不是通过体力，而是通过资本设备和脑力形成率（亦即一个国家产生具有想象力和远见，具有教育、理论和分析技能的人的速率），用资本代替劳动，用知识代替资本和劳动，那就需要管理创新。[2]

2. "使工作富有成效和使员工取得成就"这一任务决定了"工作管理"和"员工管理"两大管理职能。工作与员工的管理将面临三项主要挑战：雇员社会的来临；劳工心理及社会地位之改变；"专业工作与知识员工"将成为后工业社会中经济和社会的中心。20 世纪后半期以来，蓝领工人不断地衰落，知识工人方兴未艾，受过教育的年轻人越来越多，社会越益富足，但新教伦理却已被粉碎；人们继续追求物质和精神上的欲望，但工作结构及特性已彻底改变，人

---

[1] 参阅：德鲁克，《管理：使命、责任、实务》，第 95 页。
[2] 参阅：同上书，第 99—102 页。

们工作的目的不只是为了经济上的利益，不只是图生存，而更要求生活，希望借工作达到精神生活和社会生活的满足。过去对付劳工的那些恐怖手段如经济动乱的恐惧、工作安全的顾虑、武力等等，已经失效；只有自我激励与自我引导才能使知识员工努力工作。传统的工作管理、组织、经济及权力关系都将面临这些青年人的挑战。

针对这些变化，德鲁克提出的对策是：首先要观念变革，要认识到在知识社会，知识和信息是比传统的土地、资本、劳动更加重要的资源，必须把人当作公司最重要的资源。其次在"工作管理"方面要使工作适用于工人，即大力开展泰罗式的工作研究。再次是"员工管理"，应在五大层面上激励员工，生理层面上要控制工作的速度、节奏和注意范围；心理层面上要注意工作的负担和需要、工作习惯的养成，以及人的成就感；社会层面上要让员工在人群中获得工作的满足；经济层面上要解决公平分配的难题；权力层面上要注意员工的需要。[1]这两项管理职能的结合与升华就构成了目标管理：即用目标（科学的计划与战略规划）和自我控制来代替指挥与上级控制。

3."承担社会责任"的企业任务提出了一个新的管理职能即"社会责任"。承担社会责任有两个基本原因：企业是为了社会而存在，企业的运作又必定与社会发生关系。企业活动既然会对社会造成影响，就得对自己的行为后果承担责任，企业仅仅遵守法规是不够的，因为企业造成的不良后果往往不是由于贪婪和不遵守规则引起的，而是由于考虑不周引起的。[2]

承担社会责任的要点有二，一是企业必须对自己造成的不良后果承担责任，无论是有意还是无意，否则将自食其果。二是企业在

---

[1] 参阅：德鲁克，《管理：使命、责任、实务》，第224—238 页。
[2] 参阅：同上书，第380—382 页。

帮助解决社会问题时不能影响自己本身的使命和任务，因此要考虑自己的能力和职权限度。承担社会责任的最好做法是把社会问题转化为机会，典型的案例如西尔斯公司在 20 世纪初设立乡村农业代办处，福特公司在 1913 年把工资一下提高了 4 倍多；目前的机会则是中年知识分子的疲倦、烦恼和精疲力竭，以及他们对第二职业的需要。[1]

德鲁克的管理思想综合了以往各种管理思想的精髓并加以发展，形成了管理思想史上的一座丰碑。他不仅通过对企业的使命、任务和职能的论述，将管理的核心即协调的三个因素融为一体，使管理科学达到了一个新的高度，而且把管理科学中蕴含的利益平衡的伦理观念也发展到了一个新的高度：通过对管理的第二项任务和职能的阐明，将协作的方式与企业内部的协作意愿结合在一起，反映了对员工利益的保护，又通过对企业使命以及管理的第一项和第三项任务和职能的阐明，将协作的任务与企业外部的协作意愿结合在一起，反映了对社会整体尤其是顾客利益的保护。

四、结语

从管理思想的发展我们能够看到，管理虽然往往表现为各种各样的职能、方法、政策和措施，但它们本身都不是目的而仅仅是手段，都要围绕着目的展开，而管理的目的，归根结底是效率和公平，脱离了效率和公平，管理就只不过是一些盲目的技巧，甚至会变成各种损人的手段。

管理从来都是对组织的管理，组织管理的首要目的是效率。真

---

[1] 参阅：德鲁克，《管理：使命、责任、实务》，第 25、26 章。

正的管理学大师，无不认为组织管理的根本目的是效率，营利组织是如此，非营利组织也是如此。泰罗所说的劳动生产力、德鲁克所说的经济绩效等企业管理目的，都不过是效率的表现。

与管理学大师不同，主流经济学家往往认为，作为营利组织的企业的目的应该是利润最大化，这不仅是因为他们认为，厂商利润最大化与社会效率是一致的，而且还因为他们认为，对于营利组织来说，衡量效率的有效标准就是利润最大化。但他们应当明白，效率与利润最大化是不同的概念。效率是表示生产的概念，与分配无关，而利润却是分配的结果；利润可以通过提高效率增加，也可以通过改变分配增加而与效率无关。因此效率是一个表示社会利益的概念，而利润只代表了厂商或企业家的利益。只有在没有欺诈和利益冲突的理想条件下，厂商利润最大化与社会效率才是一致的，我们才能用利润最大化来衡量效率；而在充满了利益冲突的现实条件下，厂商利润最大化与社会效率是不一致的，代表厂商利益不代表社会利益的利润最大化就不能作为衡量效率的标准。

为了坚持利润最大化的企业目的，有些经济学家引入了产权制度，认为只要产权得到了充分保护，就能克服欺诈和利益冲突，实现厂商利润最大化与社会效率的一致，用利润最大化来衡量效率，否则就根本没有衡量价值创造的标准。但他们还应明白，所谓的产权并非上帝制定的不变万灵药，而是为了保护某些人的利益人为制定的法律，是不断变动的，其合理性取决于是否照顾到了大多数人的利益从而能够提高效率，长期效率依赖于公平。如果认为经济的发展主要要依靠企业家的能力而将产权制度的落脚点放到保护企业家的利益之上，那么这样的产权制度就仍然不过是代表了企业家的利益而不代表社会利益。根据管理实践总结出来的上述管理思想已充分表明，只要把利润最大化作为企业的根本目的，那么无论是赤裸裸的利润最大化追求还是披上了产权保护外衣的利润最大化追求，都仅仅代表着厂商的利益，引发企业主或企业家与其他利益相关者的利益冲突，从而破坏效率。

因此，效率依赖于公平。只要我们认可管理的根本目的是效率，那么管理的本质一定是协调和表现为利益平衡的公平。显然，组织效率来自协调一致，协调一致来自协调的意愿，协调的意愿来自表现为利益平衡的公平。简而言之，这就是本文的结论。管理伦理或企业伦理不仅内在于企业管理之中，而且是企业管理的根本所在。

第五编

经济伦理问题

1 资本的运营与伦理限制 [1]

资本和资本的运营是现代社会和现代性的本质特征："资本一出现，就标志着社会生产过程的一个新时代。"[2] 现代社会的产生和发展，本质上是以资本的运营和扩张为特征的市场经济的发展扩张过程。资本的运营和扩张才极大地提高了生产力，并随之使人类的生活发生了翻天覆地的变化。不过，传统对资本的运营和扩张在伦理上基本持否定的看法：资本的运营和扩张虽然大大促进了生产力，导致了财富的大规模积累和社会的进步，但无论在动力上还是在运行机制上都是一个不讲道德的过程。由于资本的本质是盈利，是人的贪婪和恐惧心理的化身，所以资本的不断扩张过程必然是一个侵犯他人权益的过程，是一个导致各种社会矛盾的过程。

基于这种认识，人们对资本及其运营往往持两种相反的态度。保守的人会因为现实主义而对资本的"恶"加以肯定，认为那是推动历史发展不可避免的"恶"，从而对各种不道德的经济行为持姑息

---

[1]　原载《哲学研究》2007 年第 6 期。
[2]　《马克思恩格斯选集》第 2 卷，人民出版社 1995 年版，第 172 页。

态度，乃至出现了"腐败有理"的说法。激进的人则会出于各种经济、政治和道德的理由，对资本的"恶"加以彻底的否定，进而否定市场经济。这些倾向都不利于市场经济的发展和完善。本文认为，资本及其运营在伦理道德上是"恶"的这种看法虽然有相当的合理性，但却过分简化了对现实的说明，因此容易对市场经济的现实采取上述两种简单化的极端态度。然而事实上，资本的运营不仅存在着"恶"，也存在着"善"，亦即存在着"不侵害他人产权"和"双赢"的原则作为它自己的道德限制，否则既无法说明纯粹的"恶"如何能够产生"善"，也无法说明市场经济的运行及其合理性。在此基础上，本文探讨了资本运营的伦理制约的心理和社会基础。

一、资本运营的"恶"与"善"

按照传统的伦理观，现代社会中的资本和市场的运营和扩张，主要表现为"恶"，如果说其中也有"善"的东西，那不在于资本运营本身，而在于资本运营的结果。无论如何，资本及其运营本身是"恶"的。资本的运营之表现为"恶"，在于资本的盈利本质是人的自利和贪婪的充分体现，在于资本的运营中所出现的种种恶行。

当然，资本本身不会运营，只有通过人格化的资本即资本家才能运营。资本运营中的种种恶行无非是人的自利或贪婪的表现。然而，体现了人的自利和贪婪、以利润为最终目的的资本运营却大大地提高了生产力，创造了巨大的社会财富，导致了人类社会史无前例的进步。于是，资本的运营便成了一出悲喜剧：它的整个过程充满了"恶"，结果却出人意料地导致了某种"善"。可是，我们应当如何理解和看待这样的悲喜剧呢？这个问题事关重大，因为它往往会决定我们的理论和实践的出发点。出于不同的理解，自资本产生以来，人们在伦理上始终对资本及其运营持有两种不同的倾向，一种对资本及其运营持基本肯定的态度，另一种则持基本否定的态度。

对资本及其运营持肯定态度的观点认为，经济的发展和社会的繁荣要靠人的努力，而人类行为的基本动力出于人的自利本性，资本的运营和扩张之所以能够取得如此大的成就，是因为它的本质即盈利性充分体现了人的自利乃至贪婪的本性，从而极大地调动了人的生产积极性。一旦否定资本，就等于否定了人类行为的动力，经济发展与社会繁荣便无从谈起。因此，经济发展和社会繁荣必须以利用人的这种本性为根本。这种观点也可以简称为"私利即公益说"。

相反，对资本及其运营持否定态度的观点则认为，资本的运营虽然可以在短期内发展生产力，推动历史的前进，但由于资本的本质是盈利，资本运营的原始动力是人的自利乃至贪婪的本性，因此资本的运营必然是一种损人利己的活动，因而是一种时时处处制造利益冲突和社会矛盾的过程。由于资本的运营自身所固有的内在矛盾，它所引发的社会矛盾是不可克服的，必然会由于社会的崩溃而导致自身的毁灭。这种观点也可简称为"资本罪恶论"。

进入 20 世纪后，资本的运营不仅没有在根本上克服上述社会经济的矛盾，而且引发了新的社会矛盾，亦即资本主义的精神危机，主要表现为由于利润追求的目的化而导致的拜金主义和享乐主义。[1]其根本原因正如贝尔所说：资本主义的发展破坏了新教伦理，"当新教伦理被资产阶级社会抛弃之后，剩下的便只是享乐主义了。资本主义制度也因此失去了它的超验道德观。……一旦社会失去了超验

---

[1]　参阅：张雄，《货币幻象：马克思历史哲学解读》，《中国社会科学》2004 年第 4 期；鲁品越，《资本逻辑与当代现实》，上海财经大学出版社 2006 年版，第 6 章，第 3 节。

纽带的维系，或者说当他不能继续为他的品格构造、工作和文化提供某种'终极意义'时，这个制度就会发生动荡。"由于新教伦理的衰退，"社会行为的核准权已经从宗教那里移交到现代主义文化手中"，作为道德准则和严肃目的的合成物的"品格"为标榜与众不同和自我提升的"个性"所取代，"一言以蔽之，现代人满足的源泉和社会理想行为的标准不再是工作劳动本身，而是他们的'生活方式'。"[1] 于是，追求各种刺激的现代文化和享乐主义盛行，而奢靡贪婪的社会必将崩溃。

二、资本运营的伦理约束

不可否认，关于资本运营的这两种看法都有自己的合理性。"私利即公益说"正确地肯定了，人的自利性和资本的运营是现代社会中调动人的生产积极性的主要因素，如果被完全否定就会导致社会的停滞不前。"资本罪恶论"正确地揭示了，资本运营中存在着"恶"的倾向和深刻的矛盾，如果没有得到抑制就会导致社会崩溃。

但另一方面，这两种观点又都未能全面地说明资本的运营机制，因为它们都未能说明，如果资本的运营本身全然是"恶"，都是会造成社会冲突从而减少社会财富的掠夺和欺骗，那么它如何能够增加社会财富，又如何能在现实中持续地存在下去。

所以，这两种相互对立的观点尽管都是正确的，但却并不全面。其原因在于，它们都简单地认为，资本仅仅表现了人性的恶，资本运行的过程本身是全然不道德的，至多只能看作一种道德中性的东

---

[1] ［美］贝尔，《资本主义文化矛盾》，蒲隆等译，生活·读书·新知三联书店 1989 年版，第 67、34 页。

西。它们都忽视了一个简单的事实，即任何行为都有其道德的基础和原则，否则是不可能维持下去的。

事实上，资本运营活动虽然都为自利所驱动，却含有两种成分，一类是有利于创造财富的活动，另一类则是纯粹剥夺他人所创造的财富的活动。诺斯把前一种活动称为"私人收益率接近社会收益率的活动"[1]，威廉姆森把后一种行为称作"投机行为"或"机会主义行为"，其最大的特征就是通过各种形式的欺骗进行掠夺。[2] 显然，只有前一类活动才是生产性的活动，能够增加社会财富，而后一类活动则是分配性的活动，不能增加社会财富。

因此，如果承认资本的运营和市场经济的确有利于发展生产力的话，那么它们的本质就不应当是纯粹的欺骗和掠夺，或者说，尽管在资本运营和市场经济中确实存在着欺骗和掠夺，但欺骗和掠夺由于会破坏资本运营和市场经济而不能成为资本运营和市场经济的本质，正如韦伯所指出的："贪得无厌绝对不等于资本主义，更不等于资本主义精神。相反，资本主义倒是可以等同于节制，或至少可以等同于合理缓和这种不合理的冲动。""通过（形式或实际的）强力手段获利，有它自己必须遵从的另外的法则，把它纳入与以交易获利的行动相同的范畴，是没有意义的，尽管我们很难禁止人们这样做。"[3]

其实，在某种意义上，西方近一百多年来的资本运营史或市场经济史的确可以看作一系列制约欺骗和掠夺的记录。对资本运营的这种伦理制约，在形式上表现为法律和道德两类，而其实质，无非

---

[1] 参阅：[美] 道格拉斯·诺斯、罗伯特·托马斯，《西方世界的兴起》，华夏出版社 1999 年版，第 5 页。

[2] 参阅：[美] 奥利弗·E. 威廉姆森，《资本主义经济制度》，段毅才等译，商务印书馆 2002 年版，第 2 章。

[3] [德] 韦伯，《新教伦理与资本主义精神》，黄晓京译，四川人民出版社 1986 年版，第 16 页；于晓、陈维纲等译，生活·读书·新知三联书店 1987 年版，第 8 页。

是要保证资本运营成为一种"理性的获利活动"，其判断标准就是，它应当是"私人收益率接近社会收益率的活动"而不是欺骗掠夺性质的"机会主义行为"。

就法律形式的限制而言，防止资本运营进行欺骗和掠夺的法律大致可发为两类，一类是保护劳工权益的法律，另一类是保护资本运营的各方参与者权益的法律。

在资本主义发展早期，资本运营的损人利己和利益冲突主要表现在资本家为了获取更多的利润，利用自己掌握生产资料的优势地位，迫使工人接受低工资并延长劳动时间："1900 年时的工人，甚至于 1913 年时的工人，还没有养老金，没有带薪假期，没有加班工资，星期天或晚上上班没有额外的补贴，（除德国之外）没有死亡保险，没有失业补助，没有任何工作保障。"但自那时以后，西方各国出台了各种保护劳工权益的法律。以美国为例，1915 年在阿拉斯加州颁布了第一个老年雇员退休金法，1916 年国会通过"亚当森法"，规定铁路工人 8 小时工作制，1935 年国会通过"全国劳工关系法"和"社会保障法"，1938 年通过"公平劳动标准法"，规定了最低工资率和最高工时数，1946 年通过就业法，1964 年通过就业机会法，创造各种条件促进就业，1968 年实施"健康保险法"，保障绝大多数人的医疗保健权利，等等。这些法律有效地保护了广大劳工的权益，抑制了资本运营对劳工权益的侵害。以致到"20 世纪 50 年代，产业蓝领工人……在所有自由市场发达国家中……在经济上都已成为'中产阶级'。他们享有广泛的工作保障，享有养老金，享有带薪长假，享有全面的失业保险或'终身就业'。"[1]

与此同时，尤其是自 20 世纪 50 年代以来，西方各国还出台了

---

[1]　参阅：［美］德鲁克，《社会的管理》，上海财经大学出版社 2003 年版，第 54 页。

保护参与资本运营的其他利益相关者的各种法律。仍然以美国为例，美国早在 1906 年便颁布"纯洁食品和药物法"，以保护消费者的基本权益；1934 年颁布"证券交易所法"，并设立证券交易委员会，以保护广大投资者的权益；特别是从 20 世纪 60 年代以来，出台了一系列保护消费者和广大纳税人的权益的法律，著名的有《国家交通和汽车安全法案》（1966 年）、《清洁空气法案》（1970 年）、《美国联邦外国腐败行为法案》（1977 年）和《联邦审判准则》（1991 年）等等，这些法律在 20 世纪 50 年代后阶级矛盾得以缓和而社会矛盾加剧的西方发达国家，对资本运营的"恶"进行了有效的制约。

就道德形式的限制而言，从西方的资本运营史看，对资本运营中的欺骗和掠夺作出了有效抑制的商业道德主要有两种：新教伦理和企业伦理。

在资本主义发展早期，正如贝尔所说，"清教的约束和新教伦理扼制了经济冲动力的任意行事。当时人们工作是因为负有天职义务，或为了遵守群体的契约"[1]。在韦伯看来，尽管资本的运营需要打破古代鄙视牟利性经济活动的道德观念，但却并不是对贪欲的简单肯定，而是通过新教伦理特别是加尔文教命定论所内含的侍奉上帝观念使得牟利性的经济活动合法化，由此得到了所需的资本主义精神。这种资本主义精神表现为理性的获利活动，其具体的内容包括：1. 工作作为目的本身被珍视；2. 致富、贸易和利润不仅是个人职业成功的证据而且是对个人德性的证实；3. 基于理性的严谨有条的个人生活方式受到珍视；4. 应该为了未来而推迟眼前的享乐和直接的幸福。[2]

---

[1]　贝尔，《资本主义文化矛盾》，第 67 页。

[2]　参阅：韦伯，《新教伦理与资本主义精神》，第 36—38 页。关于资本主义精神的具体描述可参阅，[美] 小钱德勒等，《管理学历史与现状》，郭斌译，东北财经大学出版社 2001 年版，第 5—16 页。

随着资本主义的发展，尤其是到了20世纪50年代后，制约着资本运营的新教伦理走向衰落。但与此同时，欧美各国尤其是美国，从20世纪60年代开始，兴起了一个企业伦理的运动。企业伦理的核心理念是，为了企业的长盛不衰，企业必须把自己的信誉看作头等大事。而为了建立企业的信誉，企业必须首先明确自己的社会服务对象，将之作为自己的奋斗理想，其次还必须明确企业为达到这种理想应对各个利益相关者如顾客、投资者、员工和社会负有的责任，并以这些理想和责任作为自己的伦理价值取向，指引企业的方向，指导企业的计划、决策和行为评估。[1]

这种着重理想和责任的企业伦理精神，当前已经深刻地影响了主流的管理思想。例如管理学大师德鲁克认为，企业如一切组织机构一样也是社会的器官，是为了实现社会的功能，进而为构成社会的个人服务的，否则就会被社会否定。因此企业的目的绝不是追求利润最大化，"流行的有关工商企业及其行为的经济理论，即利润最大化——只不过是用复杂的方式来表述贱买贵卖这句老话——只能说明投机行为，却不能说明优秀企业的管理经营"[2]。企业的目的决定了企业只有三项任务：1. 完成组织特定的目的和使命，2. 使员工取得成就和 3. 承担社会责任。这样的企业伦理和管理思想，如今已成为国内外优秀企业的资本运营方式，有效地抑制了资本运营中潜伏的"恶"。

三、资本运营的伦理制约基础

由此可见，资本的运行本身并非是一个全然"恶"的过程，而

---

[1] 参阅：徐大建，《企业伦理学》，第12章。
[2] 德鲁克，《管理——任务、责任、实践》上卷，第79页。

是一个"恶"不断受到"善"的抑制的过程。诚然,资本的运行的确以自利乃至贪婪为基础,因而蕴含着"恶"的倾向,并且资本的运行本身蕴含的"恶"如果没有得到有效的抑制,必然会在它自身制造的重重矛盾中迅速地崩溃。但在现实的资本运营中,资本本身蕴含的"恶"一直在不断地得到有效的抑制,结果资本的运营便由于同时包含着"善"的制约而推动了生产力的发展和历史的前进。

因此,资本运营的伦理不同于传统的伦理。传统的伦理试图将自利本身看作是"恶",将"善"看作是对自利的克服或根除。现代伦理却不把自利本身看作是要予以根除的"恶",因为如此则资本的运营将不复存在,而至多将自利看作是"恶"的根源,将"善"看作是对自利的抑制而不是根除。由此,资本运营乃至经济活动的伦理原则便既不是"利他",也不是"自利",而是对自利的抑制即"不侵害他人"以及由此而生的"双赢"。

关于资本运营的这种伦理原则,亚当·斯密等人已在所谓"看不见的手"的理论中做了比较充分的阐明。正如哈耶克所指出的,在斯密等人看来,现实中的人"天性懒惰、目光短浅和好于挥霍",因此,唯有通过外部环境的力量或激励制度,才能"激励人们根据自己的选择和依从那些决定着其日常行为的动机而尽可能地为满足所有其他人的需要贡献出自己的力量",或者说才能迫使人们从自利出发经由一只看不见的手或自由而公平的竞争的引导而达到公益,而这种外部力量或激励制度,就是保护个人权益不受他人侵害的产权制度。[1]

然而,尽管资本运营的实践已经表明,其伦理制约是可能的,

---

[1] 参阅:[英] 哈耶克,《个人主义与经济秩序》,邓正来译,生活·读书·新知三联书店 2003 年版,第 16—17 页;[英] 亚当·斯密,《国民财富的性质和原因的研究》下卷,郭大力、王亚南译,商务印书馆 1974 年版,第 25、27—28、252—253 页。

但我们仍需从理论上说明两个问题，其一，资本运营的伦理制约或自由公平的竞争如何是可能的；其二，如何才能恰如其分地在不损害人的积极性的同时抑制人的自利有可能带来的危害。这两个问题的澄清有助于我们找到对资本运营进行制约的基本条件，从而有助于我们在实践中对资本运营进行有效的制约。不过，由于第二个问题太复杂，超出了本文的讨论范围之外，我们在这里只对第一个问题加以简要的讨论。

如上所述，资本运营的伦理制约可分为道德和法律两类，但无论是道德约束还是法律约束，都是人们通过长期交往所形成的制度约束。道德约束是人们长期交往自发形成的非正式制度约束。所谓道德的自我约束，其实是外在文化约束的内化而已。而法律约束，则不过是不侵害他人权益的道德共识的细化：任何特定的法律都是以不侵害他人权益的道德共识为基础，经过社会各个阶层的利益的多次重复博弈，经妥协所得出的对个人正当权益的规定。因此，关于资本运营的伦理制约或自由公平的竞争如何可能这一问题，可归约为这些制度约束的形成所需要的心理基础和社会基础的问题。

首先，就资本运营约束制度形成的心理基础而言，如果仅仅从人性恶的角度看问题，那么就很难证明，我们如何能够在不否定自利的基础上有效地制约人的自利或贪婪，无论是采用自我约束的道德方式还是采用外在的法律约束方式。人们之所以主张"自利即公益说"和"资本罪恶论"，恐怕也是基于不相信资本运行的"恶"能够仅仅在自利的人性条件下得到有效的抑制，因此要么不谈对自利的抑制，要么试图彻底否定自利。

先看道德约束的方式。如果认为人性仅仅是自利的，那就只能站在开明利己主义的立场上，试图在自利的基础上论证人们能够为了自己的长远利益而克制自己的私利，但这种论证如果不超出自利来求助于某种信仰，那么从根本上是站不住脚的。[1]这也是斯密和休谟等人求助于法律制度的根本原因。

再看法律约束的方式，如果人性仅仅是自利的，人与人的关系像狼一样，那么，其一，霍布斯已合乎逻辑地证明，除非进行专制，否则人们是很难就任何法律达成协议的，而专制当然不会有利于自由平等的竞争。其二，即便我们可以通过其他某种手段，如民主投票机制来决定法律制度，但极端自利的人必定会通过各种机会主义行为，使得执法成本过高而使法律形同虚设。这就是说，无论是道德约束还是法律约束，正如哈耶克所说："人们自愿遵循这类规则的意愿……实是社会交往规则得以逐渐进化和不断改善的一项必要条件。"[2]而这种合作与妥协的意愿，才是制度约束形成的心理基础。

斯密为资本运营及其伦理限制的心理基础提供了深刻的启示。在他看来，人不仅是利己的，而且生来就具有同情心，正是人天生具有的这种同情心，构成了道德"黄金律"和各种美德的根源，使得人类社会免于落入狂暴蛮横的世界。他还指出，孟德维尔的"私利即公益说"的错误正在于，只承认人的自利心而否认任何对自利心的克制所产生的美德。[3]根据斯密对道德心理基础的揭示，我们可以认为，自利心是推动资本运营的动力，"同情心"则对自利心构成了某种限制：没有自利心，资本运营就会失去动力，而没有"同情心"的制约，自利心就会变成一股破坏社会和市场的力量，惟有自利心与同情心两者的结合与平衡，才能构成"不侵害他人产权"和"双赢"的心理基础。

博弈论研究的进展为我们提供了一个很能说明问题的案例。一

---

[1]　参阅：徐大建，《企业伦理学》，第1章。
[2]　哈耶克，《个人主义与经济秩序》，第32页。
[3]　参阅：[英]亚当·斯密，《道德情操论》，蒋自强等译，商务印书馆1997年版，第1、24—25、406—413页。

项重要的博弈论研究表明，能在博弈中取得最有利于自己结果的最优策略是"一报还一报"的策略。这种策略一开始对他人采取善意的态度，而后也只是采取只报复一次而不是不断报复的善意态度，因此被称为"善良的"策略。[1] 这项研究结果的伦理意义在于，"一报还一报"的策略如果的确是一种最优策略，那就可以证明，人们在行为中是能够达到"基于同情心的不侵害他人"与"自利"的统一的。一方面，它的最优性表明了它的自利性，另一方面，它的最初善意表明了它的"善良性"，并且，由于它是一种尝试性的策略，人们在采纳它时并不知道它是一种最有利于自己的策略，因此并不是一种完全出于自利的策略，而是一种"不侵害他人"与"自利"统一的策略。

其次，既然制度约束是通过长期的社会交往形成的，那么制度约束就必然有其社会的基础。在我们看来，形成制度约束的社会基础就是平等的交往。

假定任何人都是既具自利心又具同情心的理性人，那么他们会如何博弈或者说采取何种策略，以便达到自我利益的最大化呢？人们当然可以采取不同的策略，但只要双方在博弈中处于平等的地位，即双方都能进行报复或对对方进行制约，那么，出于同情心和"一报还一报"的最佳策略，人们之间的多次重复博弈，就总有可能使得各方都转而采取合作的态度，而达到一个互不侵害对方权益的妥协方案或各方都能接受的法律规范。相反，如果博弈的双方处于极其不平等的地位，以致有一方除非做出重大牺牲否则便无法进行报复，而另一方实际上处于相对不受制约的地位，那么就会发生一

---

[1] 所谓"一报还一报"的策略是指，最初采取合作的方式，亦即不侵害对方的利益，然后看对方如何做，对方合作便合作，对方侵犯便报复。参阅：[美] 艾克斯罗德，《对策中的制胜之道》，吴坚忠译，上海人民出版社 1996 年版，第 2 章。

方不断侵害另一方利益的情况，直至受侵害的一方忍无可忍进行拼死的报复，从而导致两败俱伤的结果。在这种情况下，资本运营的"恶"是不可能得到有效制约的。由此可见，平等的民主制度是形成妥协和相对公平的制度的另一个必要条件，虽然它并不构成充分条件。

本文的结论是，同情心和平等的交往是制约资本运营的两个基本条件。在每个人的行为都是从自我出发的前提下，一个具有同情心和平等交往的社会就总有可能对资本的运营进行有效的伦理制约，而一个不具有同情心和平等交往的社会，则必然会由于无法对资本运营进行有效的伦理制约而破坏资本的运营。至于如何进行伦理限制，使得我们既能够获得足够的动力，又不让这种动力演变为无法控制的破坏力量，应当是当前各门社会科学要解决的核心问题。

2 社会主义市场经济的财富
分配原则 [1]

社会财富的分配涉及每个人的利益和生产积极性，因此，财富的合理分配历来是关系到社会的和谐稳定乃至繁荣富强的重大问题，是财富伦理的首要问题。

那么什么样的财富分配才可以说是合理的呢？社会主义市场经济条件下的财富合理分配原则应当是什么呢？现有的大多数理论文献都抽象地认为，财富分配应当遵循"按劳分配"或者"按贡献分配"的原则，但既没有说清楚理由，更没有说清楚两者的区分和联系，因而并没有为具体的财富分配政策提供有说服力的理论基础。本文试图依据历史唯物主义原理，进一步澄清社会主义市场经济条件下的财富合理分配原则这一问题。

---

[1] 原载《伦理学研究》2013 年第 3 期，个别文字有改动。

一、财富分配的含义和原理

广义的财富可以包括各种使用价值，既包括人生的终极价值如身心健康、情爱友谊和创造活动等，也包括实现各种终极价值所需要的物质性使用价值和非物质性使用价值，如食物、住房、交通工具、金钱、知识、美德等等。人们可以说，身心健康、情爱友谊、知识和美德是最大的人生财富，也可以说，房子、车子和钱财才是通常所说的财富。不过，身心健康、情爱友谊和创造活动之类的人生终极价值是不可分配的，它们无法通过争抢获得而只能靠自己的努力获得，知识和美德之类的非物质性使用价值也很难说是可以分配的，它们也无法通过争抢获得而只能靠自己的努力获得。所以一般而言，可以分配的重要使用价值大致只有罗尔斯所说的两类"基本善"（primary goods），一类是非物质性的政治权利或法权，另一类是包括社会地位在内的物质财富，它们都可被称为社会价值。本文所讨论的财富分配，主要是指人们追求自己的各种终极价值所需的物质财富，包括商品和服务，可是由于物质财富的分配方式在很大程度上是由法权决定的，所以必然也要涉及法权。

就事实而言，人们在不同的历史时期主张或实施过不同的财富分配方式，如按德性分配或按身份分配，按贡献分配或按生产要素分配，按劳分配或按劳动力价值分配，按需分配，等等。不过这一事实并不妨碍人们提出这样的问题：不同的财富分配方式各自的依据是什么？什么才是合理的财富分配方式？

历史唯物主义认为，在现实中，财富的分配方式并不是由人们任意决定的，而存在着其客观基础，即财富的分配方式是由人们的生产方式及其包含的所有制形式决定的："唯物主义历史观从下述原理出发：生产以及随生产而来的产品交换是一切社会制度的基础；在每个历史地出现的社会中，产品分配以及和它相伴随的社会之划分为阶级或等级，是由生产什么、怎样生产以及怎样交换产品来决定的。"[1] 换言之，生产方式就是我们生产社会生活所必需的物质财富的资源配置方式，具体表现为怎样组织生产、由谁来指挥生产等，因此必然蕴含着包括生产资料所有制形式的各种产权安排，也就必然蕴含着商品或财富的分配方式。

在前市场社会，社会经济以农业为主导，人们的生产方式表现为基于小农经济和庄园经济的家长制计划指挥模式，生产以消费为主要目的，生产资料归家族或家长所有，由家长或领主主导资源配置，组织安排生产；因此生产出来的财富也必然由家长或领主支配，按照家族中个人的身份地位和劳动贡献进行分配。相反，在现代商品经济社会，社会经济以工商业为主导，人们的生产方式表现为各生产主体之间进行平等交换性质的市场经济模式，生产以利润为目的，生产资料归个人或企业所有，由个人或单位领导进行资源配置，组织安排生产；因此生产出来的财富也由个人或单位领导支配，按照个人对商品生产所需要的要素如劳动和资本所做的贡献进行分配。

在历史唯物主义看来，就财富分配由生产方式决定而言，财富分配方式并无正当合理与否的问题，或者说，财富的分配"只要与生产方式相适应，相一致，就是正义的；只要与生产方式相矛盾，就是非正义的"[2]。不过，从社会历史发展的角度来看，从生产方式是否合理的角度来看，我们却不能说，财富的分配方式在任何时候都是正当合理的。因此历史唯物主义还认为，现实的财富分配方式

---

[1] 《马克思恩格斯文集》第 3 卷，人民出版社 2009 年版，第 547 页。
[2] 《马克思恩格斯文集》第 7 卷，人民出版社 2009 年版，第 379 页。

是否正当合理，归根结底要看决定它的生产方式及其包含的所有制形式是否适应或促进了生产力的发展："当一种生产方式处在自身发展的上升阶段的时候，甚至在和这种生产方式相适应的分配方式下吃了亏的那些人也会欢迎这种生产方式"；"只有当这种生产方式已经走完自身的没落阶段的颇大一段行程时，当它多半已经过时的时候，当它的存在条件大部分已经消失而它的后继者已经在敲门的时候——只有在这个时候，这种越来越不平等的分配，才被认为是非正义的，只有在这个时候，人们才开始从已经过时的事实出发诉诸所谓永恒正义"。[1]

具体地说，决定了财富分配方式的生产方式在其历史发展过程中，由于其自身具有的内在矛盾，一方面会经历一个生产发展从上升到下降的过程，另一方面会逐渐导致财富分配的两极分化和社会的贫富悬殊，由此造成严重的社会矛盾和冲突，破坏阻碍生产力的发展。其经典案例就是马克思对资本主义生产方式的长期发展必然导致资本主义经济危机和无产阶级革命的分析。一方面，资本主义生产方式由于其自身内在的矛盾必然会造成越来越严重的经济过剩危机，破坏生产力的发展，另一方面，这样的经济危机又同时伴随着越来越严重的贫富两极分化和社会矛盾，最后引起无产阶级革命和生产方式的变革。

根据这样的分析，我们可以得出一个财富分配方式是否正当合理的双重标准。第一个标准，是看决定它的生产方式处于上升阶段还是处于下降阶段，即社会经济发展是处于平稳发展的阶段还是处于停滞不前乃至危机重重的阶段，这个标准可被称为财富合理分配的效率标准。第二个标准，则要看它本身有没有尽量照顾到了每个社会成员的利益，即社会政治状况是否和谐稳定，这个标准可被称

---

[1] 《马克思恩格斯文集》第 9 卷，人民出版社 2009 年版，第 155 页。

为财富合理分配的公平原则。

就这两个标准的关系而言，效率标准是根本的标准。其一，当生产方式处于上升阶段、社会经济平稳发展时，每个人都会从中受益，不至于产生严重的分配不公现象，而一旦出现了严重的财富分配不公现象，就必然会随着时间的推移导致社会动乱，破坏经济发展，所以分配公平事实上是经济可持续发展的必要条件，也即效率标准蕴含着公平标准；其二，分配公平虽然是经济有效发展的必要条件却不是充分条件，即财富的公平分配不一定能够促进生产力的发展，例如吃大锅饭形式的公平分配在一定历史条件下就会阻碍生产力的发展，乃至导致社会的衰亡。不过，效率标准是根本的标准并不意味着我们可以因此忽视公平标准，其一，尽管效率标准从长期看蕴含着公平标准，但两者毕竟不能等同，在短期内高速经济发展与财富分配不公是能够同时存在的，但忽视公平标准必然会破坏经济的可持续发展，其二，更重要的是，经济发展的根本目的并不是它自身，而是促进每个社会成员的利益。

总结起来说，在财富分配的正当合理问题上，我们首先要遵循效率标准，即决定财富分配方式的生产方式应当促进生产力或国民经济的平稳有序发展，否则就要调整生产方式，由此改变财富分配方式，其次还要遵循公平标准，即由生产方式决定的财富分配方式应当形成和谐稳定的社会政治状况，否则就要直接调整财富分配方式。

二、社会主义市场经济的财富分配原则

社会主义市场经济是一种市场经济。一般而言："市场经济是一种经济体系，在此体系内，主要由个人和私有厂商对生产和消费做出决策，由价格、市场、盈亏以及激励和报酬来决定生产什么、怎样生产和为谁生产。厂商生产能够获得最大利润的商品（由此决定生产什么），使用成本最小的生产技术（由此决定怎样生产）。个人依靠劳动和资产挣得工资和财产收入并按自己的意愿花费这些收入，从而决定了消费（由此决定为谁生产）。"[1]

根据这样的定义，可以说市场经济作为一种生产方式大致包含了三个要素：首先，人们的生产合作方式是以契约为主要形式的平等交易；其次，其组织形式表现为权力分散而不存在外部强制的平面网络组织，体制的参与者都是独立的经济实体，对所交易的产品和服务拥有所有权并能自主作出决策；再次，这样的合作方式和产权安排决定了它是以自愿的供求交易、公平的自由竞争以及由供求与竞争两者共同形成的价格机制来解决资源配置问题的，一方面，社会的需求状况和各种资源的稀缺程度通过市场竞争而在商品的市场价格上反映出来，体制成员主要通过收集市场价格信息获得资源配置所需的各种信息，然后根据这些信息独立作出决策，并通过交易者的一致同意订立和执行合约而完成决策，另一方面，市场经济体制主要是通过同行之间的竞争来解决激励—约束问题的。

简要地说，市场经济这种生产方式所蕴含的人与人之间的生产关系的要点是，生产以利润和消费为目的，生产资料归个人或企业所有，由个人或企业领导进行资源配置、组织安排生产，因此生产出来的财富也由个人或企业领导支配，按照物质财富的形成所需要的劳动、资本和其他各种因素所做的贡献进行分配。换言之，市场经济的生产方式所决定的财富分配方式是"按贡献分配"而不是

---

[1] Samuelson & Nordhaus, *Economics*, Seventeenth Edition, McGraw-Hill Irwin, 2001, p. 8.

"按劳分配"，更精确些说，"按劳分配"只是作为一个要素包含在"按贡献分配"之中而不能成为一个独立的财富分配方式。

按照上述财富分配的效率原则，由市场经济的生产方式所决定的"按贡献分配"方式在目前的人类历史发展阶段还是正当合理的，因为相对于农业社会的自给自足生产方式和工业社会的计划经济生产方式而言，市场经济已在实践中显示了更加强大的生产力。根据历史唯物主义原理，只要人类历史上还没有出现比市场经济更有效率的生产方式，那么我们就应当在总体上仍然坚持"按贡献分配"的财富分配方式。

市场经济之所以具有较高的生产力或经济效率，大致有以下两个原因。首先，市场经济在物质资源配置方面听从市场价格指挥的做法有较高的效率，这主要表现在，一是信息成本低，二是信息不易扭曲并且传播迅速。这就使各种资源能够得到及时有效的配置。其次，市场经济在人的激励机制方面也比较有效。一般来说，人的激励大致可以从两个方面去寻找原因，一是出于努力和贡献与报酬的匹配程度，匹配程度越高，对人的激励也越大，二是出于竞争的压力，只要有成功的希望，竞争就总是能在一定的程度上激励人。在理想的竞争市场中，由于交易意味着等价交换，因此除了一部分人由于各种原因而失败之外，多数人都能够得到与自己的努力或贡献大致相匹配的报酬，这种较高程度的匹配必然能有效地激励人；并且，市场体制所特有的激烈竞争对于人的激励也是不可忽视的，它能迫使人们为了自身的利益而自觉地激励—约束自己，这样的激励方式成本低而且更加有效。

然而，按照上述财富分配的公平原则，市场经济条件下的"按贡献分配"方式却需要在自身内予以不断调整。因为，在现实的市场经济中，对物质财富的生产作出贡献的因素非常复杂，不仅仅包含通常所说的用时间进行衡量的劳动和用货币衡量的资本等生产要素，还包括人的各种天赋能力，以及各种市场不确定性乃至投机欺诈行为等非生产因素，因此"按贡献分配"可以有不同的形式。由于包含了所有这些贡献因素的"按贡献分配"模式必定会随着时间的推移造成贫富悬殊而不符合财富分配的公平原则，并且最终会破坏生产力的发展，变成不合理的财富分配方式，因此必须根据财富分配的公平原则进行调整。

马克思曾对自由放任的市场经济必然导致社会贫富两极分化做过深刻的分析。在马克思看来，商品经济的核心是资本增值，在机器大工业时代，资本家谋取利润的手段必然是扩大生产规模和扩张生产能力；而在市场经济生产无政府状态条件下，这种扩张又必然会造成生产过剩趋势，从而引发激烈的竞争；一方面，竞争表现为商品价格的竞争，并由此表现为社会劳动生产率或者新技术和生产规模的竞争，这种竞争通过信用的发展使得较大的资本战胜较小的资本，最终导致资本的增长和集中；另一方面，社会劳动生产率的提高必然表现为不变资本的相对增加和可变资本的相对减少，最终导致劳动力使用的相对减少。因此波动和周期性危机是资本主义市场经济固有的常态，其长期趋势必然是垄断和贫富两极分化。[1]

马克思的分析实质上揭示了，资本参与劳动成果的分配是造成社会贫富悬殊的主要原因之一。不过，除了资本的原因之外，造成贫富悬殊的主要因素还有：1.人们通过管理、产品创新、把握市场机会等各种活动来利用资本进行生产的能力，2.市场经济本身所具有的各种不确定性乃至天灾人祸，3.各种投机欺诈行为，等等。首先，仅仅拥有资本并不能支配劳动，因此也不能攫取剩余劳动创造

---

[1] 参阅：《马克思恩格斯全集》第 44 卷，人民出版社 2001 年版，《资本论》第 23 章。

的剩余价值，资本只有与利用资本的能力相结合才能支配劳动，从而攫取剩余劳动创造的剩余价值，这种能力的运用虽然本身也是一种劳动，但往往由于其支配作用而能够获得与其不相匹配的剩余价值。其次，在市场经济中，其固有的各种不确定性也在很大程度上影响着剩余价值的实现，由此会造成大量一夜暴富或倾家荡产的情况，这种因素对财富分配的影响之大常常是人们想象不到的。最后，市场经济中还存在着各种无法依靠市场经济本身予以根治的投机欺诈行为，也在很大程度上影响着剩余价值的实现，不断地制造各种不劳而获的财富。所有这些因素，都会逐渐地积累不公平的贫富差异和尖锐的社会矛盾。

因此，根据财富分配的公平原则，我们就需要通过政府干预对市场经济的"按贡献分配"财富的方式进行调整，实施社会主义市场经济的财富分配方式，即强调共同富裕的原则，在"按贡献分配"的财富分配方式之中强调按劳分配的要素。邓小平指出，"社会主义的本质，是解放生产力，发展生产力，消灭剥削，消除两极分化，最终达到共同富裕"[1]；"社会主义的优越性归根到底要体现在它的生产力比资本主义发展得更快一些、更高一些，并且在发展生产力的基础上不断改善人民的物质文化生活。……如果走资本主义道路，可以使中国百分之几的人富裕起来，但是绝对解决不了百分之九十几的人生活富裕的问题。而坚持社会主义，实行按劳分配的原则，就不会产生贫富过大的差距"[2]。

具体地说，在"按贡献分配"时，我们要在形成劳动成果的各种贡献要素中突出"劳动"的分配要素，压制"资本"和"天赋能力"的分配要素，消除"市场不确定性"和各种"欺诈投机行为"

---

[1] 《邓小平文选》第 3 卷，人民出版社 1993 年版，第 373 页。
[2] 同上书，第 63—64 页。

的分配要素。为此，我们应当实施各种保护社会弱势群体权利的法律，如保护劳工、消费者、投资人等社会群体权益的各种法律法规，来强调"劳动"的分配要素并消除各种"欺诈投机行为"的分配要素；应当实施"遗产税"、"高额累进税"、社会福利保障和义务教育等制度来压制"资本"和"天赋能力"的分配要素并消除"市场不确定性"的分配要素。

三、中国目前存在的财富分配不公问题及改进措施

根据以上的分析，在讨论中国目前应当奉行什么样的财富分配方式时，便需要注意三点。首先，由于中国目前实行社会主义市场经济体制，那么其基本的财富分配方式便必然是为市场经济体制所决定的"按贡献分配"方式。其次，根据财富分配的效率原则，由于中国的社会主义市场经济生产方式取得了高速经济发展并且这种经济发展仍然在持续，我们便应当在总体上坚持"按贡献分配"方式。最后，根据财富分配的公平原则，由于中国目前存在着较大的贫富差异和社会矛盾，[1] 已开始妨碍经济的可持续发展和人民生活水平的提高，我们便应当根据实际情况具体分析造成贫富悬殊的各种分配因素，对市场经济的"按贡献分配"方式进行社会主义性质的调整和修正。

需要调整和修正的第一个方面，是我们通常所说的初次分配。

---

[1]　据国家发改委宏观经济研究院有关研究，2007 年我国基尼系数达到 0.454，据世界银行 2008 年公布的数据，中国的基尼系数已由改革开放前的 0.16 上升到目前的 0.47，超过美国、俄罗斯，更超过印度的 0.36，已接近拉美国家的平均水平。参阅：蔡继明，《我国当前分配不公的成因和对策》，载《中共中央党校学报》2010 年第 3 期。

所谓初次分配，一般是指由现实的市场经济运行所决定的财富分配。由于任何市场经济都是法治经济，是在一定的法律法规下运行的，因此，初次分配的调整和修正主要是规范市场秩序的法律法规的调整和修正，目的有两个，一是坚持"按贡献分配"的原则，铲除各种投机欺诈行为产生的非贡献所得，二是在此基础上进一步突出劳动的分配要素。根据中国目前的实际情况，这方面的调整修正应当主要包括以下四点：

1. 加强党纪国法，严厉打击利用政治权力谋取经济利益的腐败行为。不可否认，造成中国目前贫富悬殊的一大原因是钱权交易性质的腐败行为。近年来中国出现了不少短期内暴富的富豪，他们一不靠办企业，二不靠科学技术，三也没有真正意义上的"资本运作"，却在短短几年、十几年就成为拥有几亿、几十亿元财富的富翁，靠的就是"权钱交换的腐败"。这种由"权钱交换的腐败"造成的贫富悬殊现象，可以从当今揭示出来的"农村圈地运动的腐败""国企改制中的腐败""城市拆迁运动中的腐败""金融领域中的腐败"等大案要案中生动地表现出来。仅原铁道部长刘志军贪腐案，就涉及近百亿元人民币和多家上市公司。而据统计，仅2007年11月至2012年6月，全国纪检监察机关就立案64万多件，给予党纪政纪处分66万多人，涉嫌犯罪被移送司法机关处理2.4万多人。[1]

2. 消除行业垄断，缩小垄断行业与非垄断行业的工资收入差别。根据近年人力资源和社会保障部工资研究所最新发布的数据显示，中国收入最高和最低行业的差距达15倍。而在高收入行业中，除了少数行业的高收入是凭借技术、管理、创新之外，不少都是依靠行政权力，包括行政许可权、行业准入权、资源占有权、价格制定权、

---

[1] 参阅：《大案要案危害严重必须坚决查处》，载《重庆晨报》2012年11月11日。

行政执法权等，对生产、市场、经营、管理等进行高度控制，凭借对政策、资源、审批等的高度垄断形成的。电力、电信、金融、保险、烟草等行业职工的平均工资之所以远远高于其他行业职工平均工资，便是其凭借垄断获得独占的市场或无偿占有资源，生产经营环境条件明显优于其他竞争性行业企业，能够轻易获得超额利润，加之对这些行业企业的薪酬调控政策措施落实不到位，从而拥有丰厚的资金来源提高本行业企业职工的工资福利水平。所以，垄断是造就行业收入差距拉大，并将这种差距不断扩大的最主要原因。[1]

3. 打击房地产炒作和金融投机。近十年来由于生产过剩，大量资本从生产领域转向金融领域，进行投机炒作，房地产投机造成房价过度上涨，股票投机造成股价大幅震荡，使得财富向少数人高度集中，而普通民众买房难，成为"房奴"或者"蜗居"的"蚁族"，大量中小股票投资者损失惨重，也是全社会贫富差距不断拉大的一个重要原因。

4. 保护劳动收益。近十五年来中国的 GDP 总量快速增长，但劳动收入占比逐年下降，资本收益上升，表现为最低工资过低，城乡收入和不同岗位收入差异扩大。1997 至 2007 年，政府财政收入在 GDP 的比重从 10.95% 上升到 20.57%，企业盈余从 21.23% 升至 31.29%，劳动者报酬却从 53.4% 降至 39.74%。中国的最低年收入不到世界平均水平的 15%，全球排名 159 位，最低工资甚至低于 32 个非洲国家。[2] 为了保护劳动收益，需要建立起工资诉讼机制和工资集体谈判机制，在最低工资标准、强化征缴五险等方面进行监管和完善。

---

[1] 参阅：苏海南，《缩小行业间收入差距　根本途径是打破行业垄断》，载《中国经济报告》2011 年第 2 期。
[2] 参阅：刘世荣，《国外工资状况概览——世界工资研究报告》，《中国改革报》2010 年 3 月 16 日。

需要调整和修正的第二个方面，是我们通常所说的二次分配。所谓二次分配，一般是指在初次分配的基础上，政府运用各种税收和社会福利保障制度，来压制"资本"和"天赋能力"的分配要素并消除"市场不确定性"的分配要素。根据中国目前的实际情况，这方面的调整修正应当主要有以下两点：

1. 调整税收制度。中国目前的累进税制度起征点过低，税率差别不大，导致中低收入者个税过重而富人个税偏轻。为了压制"资本"和"天赋能力"的分配要素并消除"市场不确定性"的分配要素，应当大幅提高个税起征点，扩大税率差别，并在适当时机试行遗产税制度。

2. 修正完善社会福利保障制度。中国近十年来虽然在建立保护穷人的社会福利保障体系上取得了很大的成绩，有效地遏制了社会矛盾的激化，但这一体系还不完善并且存在着城乡差别和地区差别，因此需要在保护社会贫困群体尤其是下岗工人和失地农民的方面进一步予以完善。

需要调整和修正的第三个方面，是某些学者所说的三次分配，主要指教育卫生等公共服务或公共品的分配。[1] 教育卫生等公共产品是社会提供给全体公民的，对人民的生活水平或生活质量具有重大影响，每个人都能享受到这种服务对缩小实质上的贫富差异具有重大作用。但我国目前的户籍制度和地区发展的不平衡，使得一部分往往是贫困的人群享受不到另一部分往往是富裕的人群能够享受的公共服务，从而在实质上扩大了贫富差异。克服这一点需要改革户籍制度，缩小地区发展的不平衡。

总的说来，中国目前存在的贫富悬殊，大都不是市场的风险和

---

[1]　参阅：青连斌，《国民财富的四次分配》，《人民论坛》2009 年第 19 期。

天赋能力的差异造成的，而主要是钱权交易性质的腐败和投机不法行为侵害老百姓的基本权利造成的。因此在财富分配问题上，中国目前最为紧迫的事情，首先是强化权利平等原则，在人的平等权利和制止侵权上面下功夫，其次是帮助最贫困的群体。

3　对次贷危机深层原因的
哲学反思 [1]

关于目前这场"二战"以来最严重的金融危机的原因，现有的反思大多集中在经济学的领域，在微观上把危机的主要原因归结为过度的金融创新和缺乏监管，在宏观上把危机的主要原因归结为"宏观经济失衡和信用过度膨胀所产生的美国房地产泡沫"。经济学的这些反思，虽然详细地说明了危机的实际状况和具体过程，对如何克服和防止金融危机提出了有益的救治方案，但正因为这样的反思非常具体，是就事论事的，因此其分析往往限于表层的原因，由此提出的对策虽然在短期内可能十分有效，却也往往是治标不治本的。

要从根本上防止金融危机，还必须对金融危机的原因进行更深层次的探究。显然，引致金融危机的原因是多重的，不仅有表层的

---

[1]　原载《上海财经大学学报》2009 年第 5 期，个别文字有改动。

原因，还有深层的原因，表层的原因在每次金融危机发生时都各有不同，深层的原因对不同的金融危机来说却往往是相同的。只有抓住了危机的深层原因，才有助于我们提出长期有效的治本方案。本文打算对这场金融危机的深层原因作一简要的探讨。

一

关于这次金融危机，现在比较清楚的事实是，它是一个由次级房贷及其证券化所形成的金融风险的放大和引发导致的信用危机。简要地说，这次金融危机的具体过程可分析为三个节点：1. 大规模的次级房贷产生了巨大的风险；2. 房贷证券化这一金融创新将次级房贷原有的巨大风险又放大了成百上千倍；3. 房地产泡沫的破灭和房价的下跌导致次贷违约率上升而引发风险。[1]

首先，这次金融危机爆发的最直接原因是次级房贷的违约率上升，所以其基础是大规模次级房贷。在一般情况下，商业银行出于次级贷款的贷款人缺乏足够的信用保证，在向他们发放贷款时通常是很谨慎的，次级贷款即便存在，量也不会很大。但从世纪之交以来一直到 2006 年，由于政府的间接干预，美国出现了大量的次级房贷。一方面，美国政府不愿意动用国家财政来解决低收入群体的住房问题，早在 20 世纪八九十年代便出台了各种政策，例如放松对商业银行的监管，利用政府支持性机构"房利美"和"房地美"这样的特殊房贷公司来为次级房贷作担保，等等，鼓励低收入群体自己

---

[1]　Jay Cochran, III and Catherine, *Neither Fish Nor Fowl*, November 15, 2001; Yuliya Demyanyk, Otto Van Hemert, *Understanding the Subprime Mortgage Crisis*, working paper, Federal Reserve Bank of St. Louis, 2008; Robert Van Order, *On the Economics of Securitization: A Framework and Some Lessons from U. S. Experience*, SSRN working paper, 2007.

贷款买房。另一方面，美联储在 21 世纪初为了刺激经济采取了低利率的货币政策，在 3 年时间内将联邦基金利率从 6.5% 下调到 1%，由此带动了房贷利率的下降和房价的上涨，乃至房价的上涨得益可以超过房贷的支出，使贷款人即便到了还不起贷款的时候，也能通过出售房屋偿还房贷甚至还能略有盈利，也就是说，使得原来还贷能力很差的人似乎也有了还贷能力。这两方面的间接干预不仅使得次贷合法化，而且掩盖了次贷所蕴含的巨大风险，使得大规模次贷成为现实。

其次，仅仅一定规模的次级房贷还不足以形成系统性风险和危机，由于华尔街的贪婪和缺乏政府监管而催生的过度金融创新，才使得大规模的次贷演变为系统性风险和危机。在华尔街的金融创新之前，商业银行发放的房贷，往往要等二三十年之后才能完全收回本金，资金周转得很慢。为了加快资金的周转率，华尔街的银行家们进行了金融创新，将房贷证券化，即商业房贷公司和银行，通过上述"两房"和投资银行的运作，把发放的房贷加工成"**按揭抵押债券**"（Mortgage Backed Securities 或 MBS）和"**债务抵押凭证**"（Collateralized Debt Obligations 或 CDO）等各种金融衍生品，出售给世界各地的各种投资者，由此回收房贷资金，以便再次放贷，如此循环往复。这样的金融创新，对商业银行来说，可以盘活有限的资金并提高赢利水平，而对投资银行来说，则可以使自己获得同样的信贷收益，却不必像商业银行那样建立庞大的风险稽核机构和柜台业务，也不会受到商业银行那样的严格监管，更重要的是，只有这样的金融创新，才能让华尔街的银行家们获得比其他行业高出成千上万倍的收入。可是，由于房贷的证券化中含有大量高风险的次级房贷，这样的金融创新将次级房贷的原有风险变成了一种放大了成百上千倍的系统性风险。

最后，在某些条件下，上述大规模次贷及其证券化形成的系统性风险虽然存在，却是潜在的，具体一些说，当美联储实行低利率政策、使得房贷利率较低而房价较高的时候，由于次贷的违约率较低，次贷及其证券化所形成的风险便是潜在的。这也是华尔街的过度金融创新能够在一时蒙骗投资者的原因之一。可是这样的条件并非常态，因为低利率所造成的繁荣一定会过头而形成泡沫和通货膨胀，而且美联储的低利率政策也确实导致了2003—2004年的房产泡沫和通货膨胀。于是，为了可持续的经济增长，美联储于2004年6月掉头实行升息政策，将联邦基金利率从1%逐步上调至2006年8月的5.25%，这就带动了房贷利率的上升和房价的下跌，最终导致次贷的违约率大幅上升，引发次贷危机。

综上所述，我们可以把危机的表层原因总结如下：首先，是美国政府的干预，包括鼓励低收入群体贷款买房的政策和美联储刺激经济的低利率政策，导致了大规模的次级房贷；其次，是赌博和冒险性质的过度金融创新和美国政府的缺乏监管，使得银行家们赌输了可以不负责任，赌赢了却能够名利双收，将次级房贷的高风险演变为危机；最后，是美联储的升息货币政策，引发了危机。

二

基于这样的事实和表层原因的分析，我们能够在它们的背后挖掘出何种潜藏的深层原因呢？就此而言，目前存在着三种比较流行的看法：其一，这次金融危机是人性贪婪和政府放任的必然结果，因此它表明了自由市场的失败；其二，这次金融危机是政府干预的结果，因此它表明了政府的失败；其三，它是美国借债消费文化的结果。

第一种看法的逻辑是：次贷危机的根本原因是投机和欺骗性质的过度金融创新，但这种金融创新之所以能够大行其道，不仅在于华尔街的贪婪，在于自由市场的竞争中人们为了赢利和优胜不顾他人利益的本性，更重要的是在于美国政府有关部门对这样的贪婪和本性视而不见，对金融创新缺乏有效的监管。究其根源，是由于很多美国政府官员和学者，包括危机爆发前执掌金融监管大权的前美联储主席格林斯潘在内，都是自由市场经济的信徒，都认为自由市场经济制度是最有效率的制度，投资者出于自己的利益不会作出不负责任的行为，因此对这样的金融创新采取放任自流的态度。由此可见，次贷危机宣告了自由市场经济观念和制度的破产。[1]

第二种看法与第一种看法恰恰相反，在它看来，次贷危机的直接原因是不该借钱买房的人借钱买房，但不该借钱的人之所以能够借到钱，却完全是由于政府的干预。首先是美国政府鼓励低收入群体买房的政策，包括自克林顿政府开始推行的"居者有其屋"政策和房贷担保政策；其次是美联储为了刺激经济而实行的低利率信贷扩张政策，才使得不该借钱的人借到了钱，即便金融创新产品的定价和利润发生了扭曲，也是低利率货币政策的结果。因此，次贷危机的深层原因不是别的，而正是政府的干预，是政府干预的失败。[2]

第三种看法则认为，无论是认为次贷危机表明了自由市场经济的失败，还是认为次贷危机表明了政府干预的失败，其实都是将危机的根源归于美国少数金融决策人物及其思想理论基础。从表面上看，这次金融危机是一场由于借贷过度而造成的信用危机，其形成与美国的少数金融决策人物相关，但深入地看，这场危机却不是少

---

[1] 参阅：[美] 凯文·菲利普斯，《金融大崩盘》，冯斌等译，中信出版社 2009 年版。
[2] 参阅：[美] 罗斯巴德，《美国大萧条》，谢华育译，上海人民出版社 2009 年版。

数决策人物就能发动的，因为这些决策人物的做法和过度的借贷也迎合了人们的普遍心理需求，得到了当时人们的普遍赞扬，否则便不可能实行。在这种心理需求和普遍赞扬的背后，不仅有刺激消费发展经济的理念，更为深层的原因是"及时享乐""举债度日"等消费主义的文化价值观念。因此，次贷危机"并不仅仅是金融危机，它同时也是文化危机、价值危机和哲学危机"[1]。

如何看待这些分析呢？笔者以为，深层的原因不同于表层的原因，表层原因是对公认事实的一种陈述，不会产生大的分歧；深层原因则是对表层原因的进一步追究，由于看问题的角度不同，人们对深层原因的看法往往有很大的分歧，这不仅很正常，而且有助于拓宽人们的思路。不过，合理的深层原因分析至少要满足两个条件：一要符合事实，二要有助于提出长远的救治方案，否则便无意义。

先来看前两种看法。无疑，这两种看法都有合理之处，因为它们都是基于事实的反思，都符合某些事实。第一种看法的合理之处在于，次贷危机确实与人性的贪婪和这种贪婪缺乏制约有关，如果华尔街不是那么贪婪地进行过分的金融创新，如果政府对这种过分的金融创新进行了有效的制约，那么次贷危机是不可能发生的。而第二种看法的合理之处在于，次贷危机也确实与政府的干预有关，如果美国政府没有出台那些鼓励低收入群体购房的政策，如果美联储没有实行刺激经济的低利率货币政策，那么根本不会产生大规模的次级贷款，次贷危机就更不必说了。

然而，这两种看法又都是正相反对的，肯定了一方的合理性，就构成了对另一方的反驳，肯定了双方都有合理性，也就同时否定了双方的结论。它们的结论之所以都不正确，在于它们都是片面的，

---

[1] 参阅：俞吾金，《反思金融危机背后的文化病症》，载《文汇报》2009 年 6 月 23 日。

都强调自己看到的事实而无视对方所说的事实。更为主要的是，这两种看法的结论都是抽象而空洞的。第一种看法强调人性的贪婪和政府的干预，但它没有看到，人性的贪婪还是发展的动力，对贪婪的完全否定会导致动力的消失。第二种看法强调了市场的效率，因此强调自由放任，但它没有看到，贪婪不受到制约的市场注定要崩溃。实践已经表明，市场经济比计划经济更有效率，因此不能否定市场经济；同时实践也已经表明，自由放任的市场经济会由于发生危机而濒临崩溃，因此需要政府的干预。所以，问题不在于要不要政府干预，而在于政府如何干预，干预的界限应当在哪里，抽象地谈论政府干预或放任是没有意义的。

再来看第三种看法。表面上看，这种看法相当有道理，一方面，这次次贷危机确实是借贷过度引起的，而借贷过度不能不说与消费主义文化无关；另一方面，美国也的确盛行某种享乐主义、消费主义的文化和储蓄率过低的生活方式，于是，将次贷危机与享乐主义、消费主义的文化相联系似乎理所当然。

不过，稍微深入一点的思考就可提出如下的疑问：就事实而言，我们是否能说，引起次贷危机的穷人贷款买房行为体现了享乐主义和消费主义文化？从理论上说，日本的储蓄率相当高，不也在20世纪80年代末爆发了类似的由于房产泡沫和股市泡沫破裂引发的经济危机吗？所以，享乐主义和消费主义的文化是否必然会引起金融危机，是值得怀疑的。此外，即便享乐主义和消费主义的文化必然会引起金融危机，这种看法是否有利于我们提出防止金融危机的长远举措，也是值得思考的问题。因为，有效的需求，包括充分消费，是保持经济增长的必要条件，为了反对享乐主义和消费主义的文化而提倡过度的节俭，反而会使消费下降而引起经济危机。

三

总结起来说，前两种反思失之偏颇，后一种反思则不免牵强，而且，从这些反思中都看不出防止金融危机的治本之策，所以都是不能令人满意的。在笔者看来，要分析市场经济条件下金融危机的深层根源，不能陷入对某种表层原因的随意解释，而应探讨经济危机的本质与市场经济的基本缺陷两者之间的必然联系。

经济危机的本质是什么呢？事实表明，在市场经济条件下，经济危机是因社会供求不平衡而发生的企业大批倒闭、员工大量失业、股市崩盘、信用紧缩等严重的经济衰退现象，其本质是有效需求不足。这也是马克思主义经济学和凯恩斯经济学的一致看法，只不过两者对有效需求不足的原因有不同的解释。奥地利学派否认市场经济本身会产生有效需求不足，由此否认经济危机的本质是有效需求不足，是因为他们对市场经济必然会导致的贫富悬殊问题视而不见。

而这样的经济危机，我们应当看到，并不是外生的偶发事件，而是由市场经济内生的基本缺陷决定的必然事件。从效率的角度看，市场经济本身的无政府生产状态必然会造成生产过剩、产生供给大于需求的矛盾；从公平的角度看，市场经济本身的自由竞争必然会造成分配上的贫富悬殊，导致社会购买力不足而产生供给大于需求的矛盾。当市场经济的上述两种基本缺陷相结合，共同产生出有效需求不足时，由于这种有效需求不足无法迅速地通过政府的宏观调控和企业的目标调整得到解决，就会导致经济危机。值得指出的是，虽然市场经济的这两个基本缺陷都会产生供给大于需求而导致经济衰退，但仅仅生产方面的供给大于需求，往往可以比较迅速地通过政府的宏观调控和企业的目标微调得到解决，不至于发展为经济危机。由此可以说，市场经济条件下金融危机的深层原因，是贫富悬殊导致的有效需求不足。

表面上看，这次次贷危机不同于以往的生产过剩经济危机，相反却表现为一种消费过度。但次贷危机中表现出来的消费过度，不是有钱人的纸醉金迷，而是穷人或没有消费能力的人的贷款消费；在自由放任的市场经济中，穷人无法贷款消费，有效需求不足的问题马上就会显现出来，但在美国政府各种政策的鼓励下，穷人的贷款买房使得"有效需求不足"表现为"消费过度"。可见，这次危机所表现出来的消费过度，本质上仍然是有效需求不足。

为了克服有效需求不足从而防止经济危机，可以采用凯恩斯主义的财政扩张政策，也可以采用货币主义的货币扩张政策，但这些办法的本质都是借钱消费，只能救急，不能治本，而且有很大的副作用。在穷人太多、社会购买力不足的情况下，如不借钱消费，会引起 1929 年式的经济危机，但如借钱消费，则又会引起目前这种形式的金融危机，次贷危机在很大程度上就是美联储为了防止经济衰退采取货币扩张政策的恶果。如果明白了社会分配不公是导致金融危机乃至经济危机的深层原因，那么就可以知道，对付有效需求不足的根本办法是对资本的贪婪进行制约，消除贫富悬殊，由此提高整个社会的购买力。

4　金融监管的伦理本质与局限性 [1]

美国次贷危机给我们的最重要教训之一乃是，为了防止金融危机，必须加强金融监管。次贷危机爆发后，为了亡羊补牢，美国布什和奥巴马两届政府也分别于 2008 年 3 月和 2009 年 6 月连续出台了加强金融监管的蓝皮书和绿皮书。[2] 在此基础上，美国会众议院和参议院分别于 2009 年 12 月 11 日和 2010 年 5 月 20 日通过了各自的金融监管改革法案版本，2010 年 6 月 30 日，众议院通过了两院统一的版本，7 月 15 日，参议院通过了最终的版本，7 月 21 日，奥巴马总统签署了这项名为《多德—弗兰克华尔街改革与消费者保护法》的金融监管改革法案。

无疑，金融监管是政府干预市场、弥补市场缺陷的不可或缺的手段之一。不过笔者以为，若要有效地进行金融监管，我们还必须

[1]　原载《道德与文明》2010 年第 2 期。

[2]　参阅：*The Department of the Treasury Blueprint for a Modernized Financial Regulatory Structure*, March 2008, http://www.treas.gov/press/releases/reports/Blueprint.pdf; *Financial Regulatory Reform: A New Foundation*, June 2009, http://www.financialstability.gov/docs/regs/FinalReport_web.pdf。

对金融监管的本质和局限性具有清醒的认识。本文试图从经济伦理的角度出发,对金融监管的本质和局限性作一简要的探讨。

一

要正确有效地进行金融监管,必须对金融监管的根本目的、任务和原则有明确的认识。

金融是现代经济的基石。其一,金融活动通过货币的流动大大降低了贸易的交易成本,使得社会分工不断深化,其二,金融通过融资和投资活动来筹措资金,为市场经济活动提供必不可少的资本。早期的观点如亚当·斯密认为,如果说财富来自劳动,那么财富的增加在很大程度上取决于资本的投入,因为劳动量的增加取决于资本的增加。[1] 而从现代的观点看,金融活动之于经济发展的重要性,主要在于金融活动为各种创新包括科技创新提供了必不可少的资本,从而大大提高了劳动生产率。金融的这些功能,使其成为科学技术之外推动经济发展的最主要动力。在当代世界,"符号经济(资本的流动、汇率和信贷的流动)已代替实物经济(产品和服务的流动),成为世界经济的飞轮,而且前者在很大程度上是独立于后者的"[2]。

然而金融活动本身却内含着自我破坏的因素,即风险。

所谓金融活动,按陈志武的定义,就是跨时间、跨空间的价值交换,[3] 换言之,金融活动的本质就是借贷。无论是储蓄机构的存储

---

[1] 参阅:[英]亚当·斯密,《国民财富的性质和原因的研究》上卷,郭大力、王亚南译,商务印书馆1972年版,第二篇。

[2] [美]德鲁克,《社会的管理》,上海财经大学出版社2003年版,第137页。

[3] 参阅:陈志武,《金融的逻辑》,国际文化出版公司2009年版,第2页。

行为、保险公司的承保行为、还是证券业的证券发行，本质上都是借贷，都是未来收入的提前兑现，只不过这样的借贷和提前兑现是以货币等有价证券的形式来进行的。而这样的借贷和提前兑现之所以能够实现，完完全全是基于对借贷者的还贷能力的信任，此外别无任何可以依赖的基础。因此，金融的基础是信用，是人们的诚信，信贷本身就被称为信用（credit）。

可是，借贷总有可能因各种因素无法收回，储蓄会由于银行因冒险扩张政策倒闭而损失，保单会因保险公司遭遇意外关门而失效，股票会因上市公司经营不善破产而一文不值。金融活动始终存在着各种不可避免的或可避免的风险，乃至信用受损自我毁灭。

由于金融活动本身包含着自我否定的因素即风险，对现代经济极其重要的金融活动便可对经济发展造成严重的破坏。一旦借贷资本的运作发生亏损，那么不仅借贷双方会由此遭受损失，而且人们会因规避风险而不愿投资；如果金融风险得不到控制，当系统性风险被引发而产生金融危机时，大量的借贷得不到偿还，金融机构纷纷倒闭，即便幸免于难也会因社会信用遭到破坏而不敢放贷，导致流动性枯竭，严重影响经济活动的开展，对整个经济造成重大损害。因此，为了维护正常的金融活动，必须对金融风险进行控制。金融监管的本质就是，对风险进行控制或风险管理，保护金融的伦理基础即信用。

一般而言，金融风险的原因可分为两大类：经济环境的不确定性和人为因素。环境的不确定因素主要指供求关系的变化和宏观经济形势，人为因素主要是指人们的投机欺诈行为。在现实中，金融风险的原因往往是多重复杂的，既有环境的不确定因素，又有人为的因素。环境的不确定性是无法控制的，不属于监管的范畴；但经济主体为了谋求利益最大化而实施的不道德行为不仅危害很大，而且在很大程度上是可控的，这是我们需要对金融活动进行监管的行为基础。

根据金德尔伯格的研究，凡金融危机都具有相同的模式和要素。大致说来，历史上的金融危机都经过了四个阶段。第一个阶段是"外部冲击"事件阶段，它可以是任何一个改变了赢利机会的事件，如爆发战争、和平来临、降低利率、提高利率、有了新的发现或创造等等；第二个阶段是经济繁荣阶段，在这一阶段，财富持有人与投机者找到了利用"外部冲击"事件牟利的手段，对之进行投资而使得经济繁荣起来；第三个阶段是经济过热阶段，由于最初进行新的投资的人赚到了新的利润，其他人便纷纷加入，乃至掀起投机热潮，其中不乏欺诈行为，导致资产价格不断攀升，甚至远远高出所谓的"基本要素水平"；第四个阶段是恐慌和崩溃阶段，在投机热潮之后，聪明的内部人开始出售持有的资产，随着价格的下跌，大家陷入恐慌，纷纷试图逃离，经济崩溃爆发。[1]

根据上述金融危机的模型，引起系统性风险和金融危机的人为因素主要是金融投机和欺诈行为。出于牟利动机，现实中存在着各种破坏信用的金融投机欺诈行为，如骗取银行贷款、上市圈钱、操纵证券市场、盲目投机等等。但根据以往的经验，会产生系统性风险并导致金融危机的投机欺诈行为，主要是金融机构的冒险扩张行为以及与此有关的欺诈行为。

例如，20 世纪 80 年代末美国爆发的一场银行倒闭危机，便源于美国主营房产抵押贷款业务的一种小型商业银行"信贷合作社"（Savings and Loan Associations）的盲目扩张行为。20 世纪 80 年代初，美国政府放松了金融监管，各信贷合作社出于竞争的压力纷纷采取

---

[1] 参阅：［美］查尔斯·P. 金德尔伯格，《经济过热、经济恐慌及经济崩溃——金融危机史》第 3 版，朱隽、叶翔译，北京大学出版社 2000 年版，第二章。

盲目扩张总资产规模的政策，其主要做法是大幅度提高储蓄利率，在竞争中争夺储户。由于当时美国的房地产业不景气，住房抵押贷款利率上不去，便发生了存贷利率倒挂的现象。在这种情况下为了生存下去，它们只得采取降低业主产权或净资产，并投资于有高额回报但风险也较大的证券等做法。其结果是产生大量坏账，出现资不抵债的情况。到 1989 年，在 3000 家这类银行中，破产倒闭的达到了 515 家，其余大多数也在财务上陷于困境。[1]

20 世纪 90 年代末爆发的亚洲金融危机，主要的原因便是东南亚各国的过分信贷扩张。20 世纪 90 年代前期，东南亚各国的资本市场还不太成熟，企业过度依赖商业银行的间接融资，而银行又过于依恃政府的"主导"与担保，在这样的条件下，经济的快速发展必然使得银行信贷快速扩张。此时，大量的外资主要是西方发达国家的资本看到有利可图，便迫不及待地流入东南亚各国，一方面加剧了银行信贷的过度扩张，另一方面又使得这些国家的国内投资回报率不断下降，迫使这些国家的银行纷纷把流入的资金投向高风险项目，导致银行不良债权或坏账过大。当外资不相信这些国家的政府会担保由此可能产生的损失时，又快速地大量撤回资金，最后致使这些银行因支付危机而破产，并因此引发金融危机。[2]

就目前这场由美国的次贷危机引发的全球性金融危机而言，其直接原因仍然是各种金融机构牟利性的冒险扩张行为以及有关欺诈行为：房贷中介和房贷公司为了牟利搞出了大量次级贷款，投资银行为了高额利润把次级贷款证券化、转移风险并把杠杆率提得很高，评级机构则为了赚钱隐瞒风险，等等，共同制造了一个规模巨大的

---

[1] 参阅：De George, *Business Ethics*, Macmillan Publishing Company 1990, pp. 269—270。
[2] 参阅：谈敏、夏大慰主编，《改革与探索》，上海财经大学出版社 2000 年版，第 185—209 页。

系统性风险，最后由于房地产泡沫的破灭而产生大量坏账，引发金融危机。[1]

综上所述，如果说金融监管的目的是通过对人为的金融风险进行控制来维护金融的伦理基础，那么金融监管的任务就是防止各种破坏信用的投机欺诈行为，尤其是金融机构的上述冒险扩张行为。由于市场本身无法有效地克服这样的投机欺诈行为，金融监管的任务便自然落到了政府的身上，成为政府不可推卸的责任。在现代市场经济国家中，金融监管从来都是政府的执法行为，是法治的一部分。

当然，金融监管所依据的具体法规并非一开始就有的，也不是一下子就完备的，而是随着问题的不断出现逐步演进的。历史上各国政府已经采用了各种金融法规、会计审计准则，乃至规定存贷款利率的升降幅度和银行的自有资本比例等规定，来防止金融投机和欺诈行为。这次美国政府开始实施的《多德—弗兰克华尔街改革与消费者保护法》，又在整合原有的各种金融监管法规的基础上，针对新的金融投机欺诈行为提出了一系列新的监管措施，如建立新的监管协调机制、将场外衍生品纳入监管、将金融高管薪酬纳入监督、设立新的破产清算机制、创立消费者金融保护局等。

不过，无论具体的金融法规如何演变，它们的伦理基础却是不变的。根据金融监管的目的，我们便可得出金融监管的基本原则：融资活动应当遵循诚实不欺的基本伦理原则，严禁各种欺诈行为；投资活动则应当承担信托道德责任，遵循谨慎从事的基本伦理原则。这是制定关于各种金融活动的法律法规的伦理依据。以美国新出台的《多德—弗兰克华尔街改革与消费者保护法》为例，尽管这项法案包含着令人眼花缭乱的复杂内容，但它归根结底是围绕着监管系

---

[1] 参阅：徐大建，《对次贷危机深层原因的哲学反思》，载《上海财经大学学报》2009年第 5 期，收录于本书。

统性风险和消费者金融保护两大核心展开的，因此它的所有内容都可归纳为两种类型的监管：防止金融机构过度投机冒险以避免系统性风险的审慎性监管，以及确保金融机构在为其客户提供服务时遵守一定标准的商业行为规范性监管；前者基于信托和谨慎的伦理原则，后者基于诚实不欺的伦理原则。

二

　　由于金融危机的确与投机和诈骗行为有关，因此，只要金融监管能够有效地抑制投机和诈骗行为，那么加强金融监管便确实能在一定程度上防止金融危机。不过我们也要看到，由于以下的理由，金融监管也有自己的局限性。

　　首先，在现代经济中，金融危机的最终根源在于市场经济本身的内在矛盾产生的总供给与总需求的不平衡，这种供求不平衡的矛盾是无法通过金融监管来克服的。因此，金融监管不是一种防止金融风险的治本之策。

　　根据金融危机的直接原因，金融危机大致可以分为两类。第一类金融危机的直接原因虽然不能完全排除金融机构的投机欺诈行为，但主要是因市场经济内生的基本缺陷决定的社会供求不平衡引发的。从效率的角度看，市场经济本身的无政府生产状态必然会造成生产过剩、产生供给大于需求的矛盾；从公平的角度看，市场经济本身的自由竞争必然会造成分配上的贫富悬殊，导致社会购买力不足而产生供给大于需求的矛盾。当市场经济的上述两种基本缺陷相结合，共同产生出供给过剩而需求不足时，就会发生企业大批倒闭、员工大量失业的经济衰退现象，同时引发股市崩盘、银行破产和流动性枯竭等金融危机现象。20世纪20年代末至30年代初的世界经济危机就是这类金融危机的一个典型案例。

另一类金融危机的直接原因则主要与金融机构的投机欺诈行为相关，其过程可用上述金德尔伯格的金融危机模型加以说明，其实例可举我们以上所述的几次金融危机，如20世纪80年代末美国的"信贷合作社"倒闭危机、20世纪90年代末爆发的亚洲金融危机，以及目前这场金融危机。表面上看，这类金融危机与生产过剩和需求不足没有直接的关系。但只要深入探究一下就可发现，上述金融机构之所以采取投机冒险的行为，把大量的资本投到虚拟经济领域或高风险的领域之中，乃是因为实体经济领域或其他的领域已经生产过剩而无利可图了。所以，金融机构的冒险扩张行为的根源仍然在于生产过剩和需求不足。

以目前的美国次贷危机为例，表面上看，这次次贷危机不同于以往的生产过剩经济危机，相反却表现为一种消费过度。但次贷危机中表现出来的消费过度，不是有钱人的纸醉金迷，而是穷人或没有消费能力的人的贷款消费；在自由放任的市场经济中，穷人无法贷款消费，有效需求不足的问题马上就会显现出来，但在美国政府的政策鼓励和金融机构的巧妙运作下，穷人的贷款买房使得"有效需求不足"表现为"消费过度"，只不过金融机构的这种投机欺诈行为注定要演变为危机。可见，这次危机所表现出来的消费过度，本质上仍然是有效需求不足。

其次，如上所述，金融监管的任务是防止各种破坏信用的投机欺诈行为，以便控制风险，维护信用。不过，金融监管虽然能在一定程度上控制投机和欺诈造成的经济过热，但这种控制是有局限性的。

在市场经济条件下，由于生产处于无政府状态，牟利的冲动必然会造成投资过热。如果说监管的对象是投机而不是投资，那么如何来区分投机和投资呢？投资与投机之间并没有截然分明的界线，它们之间的相对界线在事先并不清楚；所谓投机，大都是事后被认识到后才被纳入监管法规的。因此，金融监管从来都是滞后的，它无法预防先前没有出现过的投机行为。

从这次美国次贷危机来看，系统性风险主要产生于金融创新，即证券化贷款或金融衍生品交易。因此许多人认为，过度的金融创新和缺乏监管是导致这次金融危机的主要原因，但这种说法只具有事后的正确性。在危机爆发之前，没有人认为房贷的证券化是错误的，由于这些金融创新是新生事物，人们对它们的风险没有经验，现有的数学定价模式只有理论上的可靠性，没有经过实践的检验，当时也不可能存在针对它们的监管法规。因此从逻辑上说，缺乏对金融创新的监管不可能是导致次贷危机的原因，金融监管永远是为了防止旧的错误，而不能防止新的错误。

最后，金融监管在操作中还要考虑如何维持监管与创新的平衡，由此也限制了金融监管的充分发挥。

正如我们已经指出的，金融活动和金融创新是现代经济的主要动力之一。但投机行为往往会利用金融创新，因此对投机行为的金融监管总要涉及金融创新。然而为了保护投资者的利益而实行严厉的监管，很可能不利于金融创新和金融效率。一个有名的例子是，1720 年的"南海股票泡沫"导致了一项严格限制上市公司的"泡沫法案"，要求所有新公司上市前必须得到议会的批准，这个法案从根本上扼杀了英国股市的进一步发展，使伦敦股票交易沉闷 130 余年，阻碍了英国经济发展。[1] 为了经济发展，我们不得不考虑监管

---

[1]　参阅：陈志武，《金融的逻辑》，国际文化出版公司 2009 年版，第 5 章。

的限度。

金融监管的实践也表明，金融监管与金融创新是一对矛盾，人们在实践中不断地调整着两者的冲突，努力实现金融安全与金融效率的协调和统一。以金融监管比较先进的美国为例，金融监管的发展是一条从无到严格监管和安全优先、再转向金融自由化和效率优先、最后走向安全与效率并重的道路。20 世纪 30 年代以前，美国的自由市场经济处于鼎盛时期，不存在真正的监管法规，金融机构的行为基本不受监管。从 20 世纪 30 年代至 70 年代，由于 1929—1933 年的经济大萧条，美国出台了一系列金融法案，并赋予央行和证券监管机构监管职能，实施分业经营、严格市场准入、利率管制等严格监管和安全优先的监管政策。从 20 世纪 70 年代至 80 年代末，由于美国经济长期陷入滞涨，在强调效率的新古典自由主义经济思想的影响下，美国又出台了另一些法案，实施放松管制、分业经营向综合经营转变和利率市场化等金融自由化和效率优先的监管政策。自 20 世纪 90 年代以来，由于金融自由化的潮流和开放式的全球化统一金融市场的初步形成，一系列区域性金融危机相继爆发，迫使人们又重新开始关注金融体系的安全性及其系统性风险，特别是 2007 年爆发的次贷危机，迫使美国开始实施一系列平衡金融创新与金融监管的安全与效率并重的监管政策。[1]

综上所述，我们应当清醒地认识到，金融监管虽然是防止或缓和金融危机的有效手段之一，因而必须加强，但由于金融监管存在着以上的局限性，既不能消除金融危机的深层原因，也不能有效防止不断翻新的投机欺诈行为，我们不能把金融监管当作防止不道德

---

[1] 例如，《多德—弗兰克华尔街改革与消费者保护法》为了平衡安全与效率，并未将引发次贷危机的"资产证券化"一棍子打死，而是要求纳入风险自留机制，通过风险共担来防止不负责任的风险转移。

金融行为和金融危机的万应灵药。为了更加有效地防止不道德金融行为和金融危机，我们还要针对危机的深层原因采取措施，例如加强经济的宏观调控以抑制生产过剩，采取各种消除贫富悬殊的政策以增加有效需求；同时针对金融监管无法有效防止的不道德金融行为采取非监管措施，至少可以采取两种有效的非监管措施。

首先，我们应当加强新闻舆论对资本贪婪的监督作用。事实表明，对于不在法律法规管辖范围之内的不道德行为，包括不道德的金融行为，最有效的制约手段就是公众舆论的制裁。安然事件、世通公司事件等震惊世界的不道德金融行为，最初都是被新闻媒体揭示出来，引起公众的愤怒，然后才进入司法程序或者引发新的法案制定的；如果仅仅依靠法律监管，那么这些事件要么会由于根本不在法律监管范围之内而得不到处理，要么会由于法律监管的发现成本太高而根本发现不了。公众舆论的制约，不仅适用于金融监管无法有效防止的不道德金融行为，而且由于交易成本较低而不可或缺。

其次，我们应当在制度设计上让金融活动的决策者自己承担起风险责任，具体地说就是政府不应当无条件地为金融机构担保。事实表明，20世纪80年代末美国的"信贷合作社"倒闭危机、20世纪90年代末爆发的亚洲金融危机，以及目前这场金融危机，其根源之一，都是因为美国政府或东南亚各国政府为金融机构提供了或明确或隐性的担保。道理很简单，由于政府的担保可以使金融机构在冒很大风险的同时却不必为此承担责任，赚了钱是金融机构的，亏了钱却是国家或老百姓的，这就会促使金融机构胆大妄为，进行过分的投机冒险。因此，在制度设计上让金融机构必须为自己的决策承担起风险责任，是制约投机冒险行为的必要措施。

5　贫富悬殊、按劳分配 与创新发展 [1]

——基于对《21世纪资本论》的批评

经济学所研究的经济活动虽然包括财富的生产和分配，其核心问题却始终是旨在生产决策的资源配置问题。

古典政治经济学的核心问题是物质财富的性质和生产问题，其探讨虽然涉及了财富的分配问题，其最大成就却是以经济增长为中心的市场体制理论：只要政府能够通过法治消除市场欺诈和垄断，以公平竞争为基础的市场价格体系就能有效地配置资源。至于财富的分配，那是由投入的生产要素决定的。亚当·斯密等人承认，尽管由资本带来的利润和由土地带来的地租来自劳动创造的财富，属于不劳而获，但只要不妨碍经济发展，由生产要素决定的财富分配状况就是理所当然的。[2] 李嘉图等人虽然担心，由于人口和产出的

---

[1]　原载《上海财经大学学报》2016年第3期，个别文字有改动。

[2]　参阅：[英]亚当·斯密，《国民财富的性质和原因的研究》上卷，郭大力、王亚南译，商务印书馆1972年版，第43—45、47页。

稳步增长会使得土地资源越来越稀缺，进而导致地租的上涨和财富分配的失衡，危及社会稳定，但由于这种担心脱离了工业化大生产的本质而陷于空想，并未使财富分配问题成为古典政治经济学的核心问题。[1] 财富的分配仅仅是物质生产活动中资源配置的一个环节。

马克思对古典政治经济学进行了深刻的批判，他的政治经济学批判第一次深刻地揭示出，资本主义生产方式由于其生产资料私有制与社会化大生产的内在矛盾，存在着生产过剩和周期性经济危机不断加重乃至社会崩溃的必然趋势，在这一过程中，由市场竞争导致的贫富两极分化、财富和资本不断集中的趋势起着关键性的作用。由此，财富分配问题成为马克思政治经济学的核心问题。

由于马克思的深刻批判，20世纪20—30年代席卷欧美的经济大危机迫使欧美相继实施了罗斯福新政和凯恩斯主义的宏观经济调控，"二战"后英国等欧洲国家又开始推行福利国家政策。这样的变革使得在欧美发达国家一度盛行的自由资本主义市场经济演变为政府干预性的市场经济，并使得它们进入了消费社会，西方发达国家的贫富悬殊在"二战"后一度得到缓和。

市场经济社会的这种演变和社会贫富分化得到缓和使得西方主流经济学对财富分配的不平等得出了乐观的结论。库兹涅茨于"二战"之后第一次系统地运用历史数据和统计工具，发现美国的收入不平等于1913—1948年期间突然减少，由此提出了一个乐观的理论：他虽然提到，这种社会贫富差距的缩小是由于"大萧条"时期和"二战"后的多重外部冲击造成的，但却认为，撇开任何政策干预和外部冲击不谈，经济发展的内在逻辑也可以产生同样的结果，

---

[1]　参阅：[法] 皮凯蒂，《21世纪资本论》，巴曙松等译，中信出版社2014年版，第6页。

随着工业化的进展，由于越来越多的公众参与分享经济增长的丰硕成果，收入不平等会自动减缓。[1]这种乐观倾向，使得自20世纪以来在西方占主导地位的新古典经济学虽然经历了边际革命和数学化，其市场理论与斯密等人的古典经济学却并无根本区别，忽视贫富两极分化而不重视财富分配问题。

然而，西方发达国家的贫富悬殊、生产过剩和经济危机虽然在"二战"后一度得到缓和，但并没有解决市场经济社会的基本矛盾和贫富两极分化的趋势。自20世纪80年代以来，随着世界范围的贫富差距扩大以及由此引起的经济社会问题，财富分配问题已成为伦理学、政治学和经济学的热门问题。正是在这样的背景下，法国经济学家皮凯蒂经过艰苦的资料收集和数据分析，于2013年发表了《21世纪资本论》一书。此书以丰富的历史资料和数据，探讨了18世纪以来300年间全世界特别是欧美各国的财富和收入分配的走向，揭示出贫富两极分化是市场经济社会内在固有的趋势，对主流经济学忽视贫富两极分化问题提出了严厉批评，并认为财富分配才是经济学的核心问题，引起了经济学界和学术界其他领域的震动。

一、贫富两极分化是市场经济运行的必然结果

《21世纪资本论》的核心问题是财富分配问题，其基本观点是：库兹涅茨关于经济发展自身能够消除贫富两极分化的理论是全然错误的，就决定财富分配的经济运行机制而言，市场经济的固有趋势是财富分配的不平等和日益扩大。根据西方发达国家在收入、资本、

---

[1] 参阅：皮凯蒂，《21世纪资本论》，第11—15页。

人口、增长率等方面的历史数据分析表明，自 18 世纪工业革命以来，西方主要资本主义国家 300 余年的贫富差距大致经历了三个阶段：从 18 世纪初至"一战"前，贫富差距持续扩大并达到历史高点；自"一战"到"二战"后的 30 多年时间里，贫富差距有所下降并以下降后的差距水平维持到 20 世纪 70—80 年代；而自那时以来，贫富差距则重新出现扩大趋势并于 2008 年金融危机爆发期间达到高点。尽管库兹涅茨关于 1913—1948 年期间美国的收入不平等状况下降的说明大体是正确的，但他关于经济发展的内在逻辑也可以产生同样的结果的预测显然是错了，因为，导致西方发达国家贫富差距在"一战"到"二战"后的 30 多年时间里有所下降的原因是"源于战争以及为应对战争冲击而出台的一系列政策"[1]，与市场经济本身的运作无关。如果没有政府干预等政治伦理因素，市场经济的运行必然会导致贫富差距日益扩大。由于市场机制本身的运行在当前的社会生产中起着主导作用，西方发达国家于 21 世纪的今天正在重复 19 世纪那种会产生严重经济社会问题的不可持续的收入不平等，这就必须重视财富分配问题，将财富分配问题视为经济学的核心问题，寻找可能的解决问题之道。

在皮凯蒂的财富分配分析框架中，财富可分为作为存量的财产和作为流量的收入两个部分。就财产与收入的关系而言，一方面，财产是指"能够划分所有权、可在市场中交换的非人力资产的总和，不仅包括所有形式的不动产（含居民住宅），还包括公司和政府机构所使用的金融资本和专业资本（厂房、基础设施、机器、专利等）"，简而言之，主要包括房地产和金融资产两部分，它们能够带

---

[1] 参阅：皮凯蒂，《21 世纪资本论》，第 21 页，参阅第 279—280 页。

来收入，因此皮凯蒂把财产等同于资本，[1] 其带来的收入就是资本收入，包括全部不动产的收入（主要是房租）和金融资产的收入（例如体现了企业利润的股权红利、债权和银行利息，也包括知识产权收入）；另一方面，财产又来源于收入，除了财产本身带来的包括遗产在内的资本收入外，收入主要来自劳动收入，即"工资收入"，扣除遗产之后的资本收入加上劳动收入，大致相当于国民经济的净产出。这样来定义资本和劳动收入虽然与传统的看法不太一致，容易引起质疑，却由于资本分配蕴含着资本收入的分配，我们便能够将财富分配简化为资本的分配和劳动收入的分配。按照这样的概念分析框架，皮凯蒂运用数据分析，对欧美主要发达国家的财富分配状况及其演变得出了三个具体论点。

首先，无论是从历史还是从现状看，欧美发达社会中的财富分配都是高度不平等的，而这种财富的高度不平等分配，主要体现在资本或财产及其收入的不平等分配之上。

尽管财富分配可分为资本分配和劳动收入分配两个方面，但是，"资本导致的不平等总比劳动导致的不平等更严重，资本所有权（及资本收入）的分配总比劳动收入的分配更为集中。……劳动收入分配中收入最高的 10% 的人一般拿到总劳动收入的 25%—30%，而资本收入分配前 10% 的人总是占有所有财富的 50% 还多（在有些社会高达 90%）。……工资分配底层的 50% 总能占到总劳动收入的相当比例（一般为 1/4—1/3，与最上层 10% 的人大体一样多），而资本收入分配底层 50% 的人一无所获（总是低于总财富的 10%，一般低于

---

[1] 参阅：皮凯蒂，《21 世纪资本论》，第 46—47 页。皮凯蒂将财富分配分为两个方面：作为存量的资本（即财产）分配和作为流量的收入分配，作为流量的收入又包括资本收入和劳动收入（工资）。但在《21 世纪资本论》的中文版中，"财富"一词的主要含义是指资本，这样"财富"就有了两种含义，一种含义只是指资本，另一种含义还包括收入。为了避免误解，除引文外，本文所说的"财富"包括资本和收入，而将资本称为"财产"或"资产"，不称为"财富"。

5%。或者相当于最富有 10% 的人 1/10）。劳动方面的不平等一般较为轻微或者比较适度，甚至是合情合理的……相比而言，资本方面的不平等则总是很极端"[1]。

具体而言，在 1910 年，欧洲最上层统治阶级 1% 的人占有社会总资产的 50%，其后 9% 的富裕阶层占有 40%，两者合计最上层 10% 的人占有社会总资产的 90%；中间的 40% 中产阶层占有社会总资产的 5%；而最下层 50% 的人也占有社会总资产的 5%；所谓的中间阶层与最下层人民贫富相差不大；整个社会是一个少数人极富裕而大多数人极贫困的贫富悬殊的社会。到了 2010 年，美国最富有的 10% 人群拥有全部资本的 70%，其中有一半为最富有的 1% 人群所有。在此 10% 人群之下的 40% 人群，即中产阶级，拥有全部资本的大约 25%（其中很大部分为房产），全部人口中剩下的 50% 几乎一无所有，只拥有总财富的 5%；同时期典型的欧洲国家稍微平均一些：最富有的 1% 人群拥有 25% 的总资本，中产阶级拥有 35%，其余阶层与美国相同。相对于 1910 年欧洲中产阶级不拥有任何财富的极其不平等的"承袭制社会"，2010 年的欧美社会虽然多出了中产阶级这个规模的财产所有权，但这样的财富分配仍然是极其不平衡的。[2]

因此，资本及其收入的不平等是导致贫富差距拉大的根本因素；即便 20—21 世纪之交工资收入的不平等也是造成晚近欧美发达国家贫富差距扩大的原因之一，但这种工资收入的不平等迟早会通过储蓄和承袭转化为资本及其收入的不平等，成为贫富差距扩大的根本因素。[3]

其次，造成欧美发达社会这种财富高度不平等分配的原因，主

---

[1] 参阅：皮凯蒂，《21 世纪资本论》，第 248 页。
[2] 参阅：同上书，第 252 页。
[3] 参阅：同上书，第 340、391 页。

要在于市场经济体制本身的运行，而其具体机制则在于，"r>g（资本收益率＞经济增长率）"是市场经济的基本规律。

皮凯蒂认为，历史数据表明，市场经济本身的运行含有 r>g 即资本收益率始终大于经济增长率的规律。[1] 由于资本收益率等同于资本增长率，经济增长率又等同于国民收入增长率，因此 r>g 意味着，如果没有政治和社会的外部力量冲击，市场经济本身的运行必然会导致资本或财产的增长快于国民收入和劳动收入的增长，长此以往又会导致资本／收入比与资本收入占国民收入比重的不断上升。[2] 而由于初始资本分配的不平等，资本收入越来越高于劳动收入的趋势就必然会使资本或财产越来越集中、贫富差距越来越大。用皮凯蒂本人的话来说："如果 g=1%，r=5%，节约下 1/5 的资本收入（消费掉剩下的 4/5）就已足够保证从上一代继承下来的资本可以与经济增速保持一致。如果财富足够多，不必消耗完每年的租金就可以过得很好，从而有更多的储蓄，那么财富的增长将快于经济的增长，即使没有从劳动中得到收入，财富的不平等也会有扩大的倾向。"[3]

当然，皮凯蒂并不否认 20 世纪末以来的工资收入差距扩大也是造成欧美发达国家贫富差距扩大的原因之一。法国从 1982—1983 年至 2010 年，"国民收入中的利润比重飞速上涨"，"资本／收入比

---

[1]　参阅：皮凯蒂，《21 世纪资本论》，第 590、362—367 页。

[2]　"资本／收入比"是"某个时点上的财产总额"与"某段时间内（一般为一年）生产与分配的产品数量"之比，皮凯蒂发现，当今发达国家的"资本／收入比"大约为 5—6，即人均私人财富大约是 15 万—20 万欧元，而人均国民收入大约是 3 万—3.5 万欧元。由此可导出：资本收入占国民收入的份额 = 资本收益率（r）× 资本／收入比。上述论证也可以表述如下：由于资本／收入比 = 储蓄率／经济增长率（s/g），当 r=g 时，资本收入占国民收入的份额 = 储蓄率（s），这意味着，唯有资本收入全部变为储蓄或投资时，才能保持"资本／收入比"的长期稳定；因此，当 r>g、使得资本收入占国民收入的份额＞储蓄率时，就会导致储蓄率上升，从而导致资本／收入比上升，随之又会导致资本收入占国民收入的份额上升。

[3]　皮凯蒂，《21 世纪资本论》，第 360—361 页。

几乎回到了'一战'前夕的水平",与此同时,"工资不平等再次上升","尤其是大型企业和金融机构高管们的报酬达到了惊人的程度",两者共同使得收入不平等上升。美国在这一时期的财富分配差距扩大趋势则更为明显,从 1980 年到 2010 年,前 10% 人群的收入占总收入的比重从不足 35% 上升至近 50%,其中前 1% 人群的收入比重上升得最快最大;而在这样的贫富差距扩大中,工资收入不平等所起的作用更甚于欧洲:工资收入最高的 1% 人群在全部工资收入中所占的份额为 12%,其下的 9% 人群占 23%,中产阶级的份额大约为 40%,剩余的 50% 人群拥有 1/4 左右;相对而言,欧洲的工资收入不平等要小一些:最高 10% 人群的份额略低,另两个群体的份额略高。[1] 与 20 世纪初的贫富差距几乎全是由资本及其收入的差距所决定不同,欧美发达国家 21 世纪初的贫富差距扩大在很大程度上也是由工资收入的不平等造成的,从而使皮凯蒂将前者称为"食利者社会",而将后者称为"经理人社会"。

但皮凯蒂强调,高工资收入并不能被消费掉而总是会转化为财产或资本及其收入。因此,"发挥决定作用的还是不平等规律 r>g,大部分的财富集中都可用该规律解释。不论一个 50—60 岁年龄段的人的财富是挣来的还是继承来的,只要财富超过了相应的界限,那么资本就会不断自我复制并开始加速累积。r>g 这一规律意味着,每个创业者最终都会变成食利者"[2]。总而言之,即资本收益率超过经济增长率造成的过高资本收益是导致贫富两极分化的根本原因。

其三,虽然造成贫富悬殊的原因主要在于市场经济体制本身的运行,但决定财富分配状况的因素还有社会和政治等各种其他因素。为了解决贫富悬殊的问题,主要应当依靠资本税等政治伦理因素。

---

[1] 参阅:皮凯蒂,《21 世纪资本论》,第 295—300、251 页。
[2] 同上书,第 406 页。

皮凯蒂认为，就市场社会而言，有两种主要力量推动着财富分配的动态变化，推动财富分配趋同或差距缩小的主要力量是"知识的扩散以及对培训和技能的资金投入"，因为它能"使整个社会群体从经济增长中受益"；而推动财富分配分化或差距扩大的主要力量是资本收益率高于经济增长率所导致的过高资本收入，以及劳动收入分配差距的扩大。在这两种力量的较量中，"无论传播知识和技能的力量有多么强大，……它都可能被强大的敌对力量阻扰和击溃，从而导致更大的不平等"。[1] 不过，除了对知识和技能的投资之外，还有政府政策等其他因素也能够缩小财富的不平等分配。

例如，19 世纪欧美发达国家极为悬殊的财富分配差距在 20 世纪发生了显著的缩小，就不是由于经济体制本身运行的结果，而是源于一系列外在的政治等因素的冲击。以法国为例，法国 20 世纪收入不平等程度的显著缩小，完全来自上层人群资本收入的减少：自 1910 年以来，法国前 10% 人群的收入占国民收入的比重从一战前的 45%—50% 下降为今天的 30%—35%。这种不平等程度的缩小主要是因为资本及其收入分配不平等程度的缩小，与劳动收入分配的不平等无关，因为从 1910 年至 2010 年期间，法国工资收入的不平等程度没有变化，工资收入最高的 10% 人口的收入始终保持在总工资收入的 25%，而工资收入最低的 50% 人口的收入也始终保持在 25%—30% 之间。进一步的数据分析表明，法国收入不平等的这种缩小很大程度上集中于 1914—1945 年期间，在这一时期，前 10% 和前 1% 人群的收入占总收入的比重跌至谷底并延续至今，这就说明，这些人群资本收入的坍塌式下降，是因为这一时期两次大战、经济大萧条以及高额累进税等各种公共政策对私有资本或财产造成

---

[1] 参阅：皮凯蒂，《21 世纪资本论》，第 22—24 页。

了极大的破坏。[1]

　　基于以上的数据分析和理论解读，皮凯蒂最后对欧美发达国家的财富不平等分配趋势做了悲观的预测，并提出了相应的政策建议。

　　在他看来，一方面，21世纪欧美发达国家的平均资本收益将维持在4%—5%左右，另一方面，无论采取何种经济政策，无论怎样通过投资教育、知识和无污染技术来促进经济增长，发达国家在21世纪的经济增长率都不大可能提高到4%—5%，而大致会保持在1%—1.5%左右。于是，"r>g可能将再度成为21世纪的准则，就像它曾经贯穿历史，直到第一次世界大战前夜一样"。这是一个令人可怕的前景，而要避免这样的前景，"正确的解决方案是征收年度累进资本税。……100万欧元以下的财富的税率为0.1%—0.5%，100万到500万欧元之间为1%，500万—1000万欧元之间为2%，几千万或数十亿欧元的税率高达5%或10%"[2]。

二、按劳分配的救治方案

　　皮凯蒂为了遏制贫富差距扩大而提出征收财产税或资本税的主张，实质上乃基于按劳分配的价值观念。

　　显然，除非基于某种目的或价值追求，单凭事实是无法提出任何政策建议的。同样，关于财富分配的政策建议需要基于公平合理的价值追求之上：除非认为贫富悬殊是不公平不合理的，否则就没有理由提出任何建议去遏制贫富悬殊。因此，关于财富分配的政策建议是否合理的关键问题之一便在于，什么样的财富分配状况和分

[1]　参阅：皮凯蒂，《21世纪资本论》，第276—280页。
[2]　同上书，第590—591页，参阅第225页。

配原则是公平合理的？但对这一问题，《21 世纪资本论》并没有进行系统的论证，也没有给出十分清晰的答案，而只是提出了两个皮凯蒂所说的价值共识。

其一，贫富悬殊之所以是不公平不合理的，并非因为完全平等或均等的财富分配才公平合理："不平等本身未必是坏事，关键问题是判断它是否为正当的，是否有存在的理由"，而是因为，唯有公共福祉，即"有利于全体公众特别是有利于最弱势的社会群体，……将基本权利和物质福利尽可能覆盖每一个人"，才是衡量财富分配是否公平合理的标准，"因为这最有利于那些权利最小和机会最少的弱势群体"；"在权利方面，人人与生俱来而且始终自由平等，非基于公共福祉不得建立社会差异"。[1]

其二，贫富悬殊之所以是不公平不合理的，是因为贫富悬殊是极少数人凭借不劳而获的资本收入或高额工资收入占据大部分社会财富形成的"承袭制社会"和"食利者社会"。

皮凯蒂根据数据分析强调，"1900—1910 年资本收入在最高 1% 人群的收入中占据了绝大部分比重。1932 年，尽管处于经济危机之中，资本收入仍然是收入分布中最高 0.5% 人群的主要收入来源"。今天的情况虽然有了意义深远的变化，即社会已"从'食利者社会'走向了'经理人社会'，也就是说，从一个由食利者占最高 1% 的社会，转向一个最高收入层级主要由那些靠劳动收入为主的高薪个体构成的社会"，但与此同时，和过去一样，"随着收入阶层的逐步提升，劳动收入的地位逐步削弱，而在收入分布最高 1% 和 0.1% 中，资本收入越来越占主导地位——这一结构性特征并没有改变"[2]，另一方面，这些人数极少的高薪阶层迟早也会变成食利者。

---

[1] 皮凯蒂，《21 世纪资本论》，第 20、494、1 页。
[2] 同上书，第 280—283 页，参阅第 284—286、300—302 页。

针对有些美国经济学家认为高级经理人的超高收入是对他们的劳动成果即个人才能和成就的物质回报的看法，皮凯蒂进行了驳斥。皮凯蒂认为："从个体'生产率'角度为这部分人的高薪寻求客观依据是十分天真的。当工作是重复性劳动时，我们可以估计每增加一个工人或服务生带来的'边际产出'的增加。而当个体的工作职能具有独一无二的性质时，这一误差幅度将大得多。实际上，一旦我们在标准经济模型中引入信息不对称假设，则'个人边际生产率'这一概念将变得很难定义。……唯一合理的解释是：那些有权决定薪酬的人天然拥有对自己慷慨的动机，或至少会对自己的边际生产率给出过度乐观的估计。"[1] 换言之，皮凯蒂并不认为那些高级经理人的超高薪酬其实属于劳动收入，因而一旦当它们转化为资本时，也应该征收高额累进税。

总之，贫富悬殊之所以不合理的价值观依据主要有两个方面：不利于公共福祉以及不劳而获。但这两个方面是可以通过按劳分配加以克服而关联在一起的：一方面，贫富悬殊有利于少数不劳而获的富人而不利于广大辛勤劳动的平民，不符合民主社会的平等价值观，会导致社会危机乃至战争，因此是不可控和不可持续的；[2] 另一方面，按劳分配不仅能够消除不劳而获，而且不会产生贫富悬殊而有利于每一个人。换言之，唯有按劳分配才能达到公平的财富分配。

不可否认，按劳分配大概是西方经济伦理中争议最小的财富公平原则，无论是古典正义理论的代表亚里士多德的正义原则、古典经济学的代表人物亚当·斯密的经济分配理论、马克思的《资本论》，还是当代罗尔斯的正义理论，都蕴含着按劳分配的原则。然而，按劳分配又仅仅是一个抽象的原则，要具体贯彻这一原则，还

[1] 皮凯蒂，《21世纪资本论》，第338—339页。
[2] 参阅：同上书，第2、485—486页。

会遇到许多复杂的问题。就它的"不劳动者不得食"的第一层含义来说，会涉及这样的问题：资本收益是否涉及劳动呢？而就它的"按劳动份额进行分配"的第二层含义来说，则又会涉及：如何衡量劳动份额？是仅仅考虑劳动时间？抑或还要考虑到劳动成果，进而涉及与劳动成果有关的其他因素如人的能力、市场风险等等？于是会产生各种不同的按劳分配方案，例如只考虑劳动时间的计时工资制、考虑到劳动能力的计件工资制、综合考虑劳动时间和劳动能力的底薪加奖金制，乃至包括市场风险在内的个人边际生产率工资制，等等。具体的按劳分配方案并不存在唯一正确的模式。

那么皮凯蒂提出的资本税救治方案体现了哪一种具体的按劳分配原则呢？

如前所述，在皮凯蒂看来，20世纪中期西方发达国家贫富差距缩小的因素，除了战争等外部冲击之外，主要的途径有两条：政府干预性质的税收政策和对教育的投资。遗产税和房产税等财产累进税能够遏制资本或财产的集中度，所得累进税能够遏制不劳而获性质的资本收益和高额工资收入的增长，对教育的投资能够普遍提高大众的劳动能力从而平抑劳动收入的差距；而20世纪末以来西方发达国家贫富差距重新扩大的主要原因，则在于政府为了刺激经济而导致的遗产税和房产税等财产累进税以及所得累进税税率的倒退。[1]因此，要避免21世纪重复19世纪的社会因贫富悬殊而走向危机乃至战争的覆辙，救治的办法除了加大教育投资的力度与提高最低工资标准之外，主要的途径是调整政府税收政策：除了保留原有的所得（包括资本收入和劳动收入）累进税和财产累进税并加以调整之外，还要增加一个新的税种即资本累进税。这一资本税不同于原有

---

[1] 参阅：皮凯蒂，《21世纪资本论》，第522—523页。

财产税的地方在于，原有的财产累进税不计入金融资产，而资本累进税除了要计入房地产之外，还要计入全部金融资产。[1]

就体现按劳分配原则而言，皮凯蒂遏制贫富悬殊的方案主要体现了按劳分配的第一层含义，即不劳而获是不正当的或"不劳动者不得食"：由于资本收益和超高工资收入属于不劳而获，食利和承袭制是不正当的，所以应当通过保留原有的所得（包括资本收入和劳动收入）累进税和财产累进税并加以调整，来遏制资本收益、超高工资收入和财产的不合理增长，并通过增加新的资本累进税来进一步遏制财产及其资本收益的不合理增长。至于按劳分配的第二层含义，即财富应当"按劳动份额进行分配"，由于皮凯蒂觉得劳动份额难以计量而将劳动收入等同于合理的工资收入，于是只能通过大力发展教育来提高底层人群的劳动能力，从而缩小工资收入的不合理差距，不过这一缩小贫富差距的措施在皮凯蒂的政策建议中不占主导地位。

从贯彻按劳分配原则的角度看，皮凯蒂政策方案是否合理的关键在于区分正当的劳动收入和不正当的不劳而获：工资收入作为劳动收入是正当的，应当通过各种办法提高它们在国民收入中的比重，而基于房地产等的租金收入和基于金融资产的股权红利、债权利息和知识产权则属于不劳而获的不正当资本收入，应当通过资本累进税降低它们在国民收入中的比重。

这样来区分正当的劳动收入和不正当的不劳而获，的确有其合理性。其一，将劳动收入归结为工资收入，包括企业家和高级管理人员的奖金和股票期权，[2]这就考虑到了，影响劳动收入分配差距的要素不仅有劳动时间，也包括劳动能力，虽然不符合传统的劳动价

---

[1]　参阅：皮凯蒂，《21世纪资本论》，第314、316—317、533—534页。
[2]　参阅：同上书，第309页。

值论，却避免了传统劳动价值论的缺陷：即忽视劳动能力的差异而仅仅以体力劳动时间来衡量劳动，由此仅把工人的工资视为劳动收入，而不加区分地把企业家的劳动收入与资本家的利润一概归入剩余价值和不劳而获，不仅抹杀了能力的价值，甚至会将脑力劳动收入归于不劳而获。其二，将资本归结为财产，将资本收入归结为包括知识产权收益在内的基于不动产的租金以及基于金融资产的股权和债权收入，虽然也不太符合传统的资本定义，拓宽了资本的外延，但也并没有违反资本的本质，反倒简化了财富分配问题。

但这样来体现按劳分配原则，也存在着一些明显的争议性问题。根据皮凯蒂的资本定义，他提出的新增资本累进税的财产计税范围应当包括三个方面的来源：1.遗产、无风险的不动产租金和国债利息等资本收入；2.含有风险的股权债权利息和知识产权等资本收入；3.企业家的奖金、股票期权等高额工资收入。问题在于：1.遗产、无风险的不动产租金和国债利息等资本收入尽管属于非劳动收入，应当通过税收加以遏制，但对于已存在遗产税和所得税的地区来说，新增的资本累进税明显属于重复征税；2.含有风险的股权债权利息和知识产权等资本收入大都属于风险投资收入，是要劳心劳力的，因此也包含着劳动与承担风险的收入，不应划入纯资本收益；3.激励性股权价值和奖金既然含有劳动所得，更不应划入纯资本收益。

三、按劳分配与创新和风险

从经济伦理的角度来说，合理的财富分配状况和分配原则不仅应当有利于公平正义，还应当有利于经济效率或经济发展。由于并不存在永恒不变的公平正义，当有利于公平正义的财富分配不利于经济发展时，我们便应当调整公平的财富分配，使之也有利于经济效率。

根据历史唯物主义的观点，财富分配是由生产方式决定的，财富的分配"只要与生产方式相适应，相一致，就是正义的；只要与生产方式相矛盾，就是非正义的"[1]。但从生产方式是否合理的角度来看，现实的财富分配方式是否公平正义，归根结底要看决定它的生产方式及其包含的产权制度是否适应或促进了生产力的发展："当一种生产方式处在自身发展的上升阶段的时候，甚至在和这种生产方式相适应的分配方式下吃了亏的那些人也会欢迎这种生产方式"；"只有当这种生产方式已经走完自身的没落阶段的颇大一段行程时，当它多半已经过时的时候，当它的存在条件大部分已经消失而它的后继者已经在敲门的时候——只有在这个时候，这种越来越不平等的分配，才被认为是非正义的，只有在这个时候，人们才开始从已经过时的事实出发诉诸所谓永恒正义"[2]。因此，财富分配的公平与否归根结底要取决于它是否有利于经济的发展。

就此而言，皮凯蒂的资本累进税建议蕴含着一个公平与效率的矛盾：它尽管能够消除不公平的贫富两极分化导致的尖锐的社会矛盾，甚至能够消除有效需求的不足而防止经济危机，但也有可能阻碍各种创新而阻碍经济发展。由于按劳分配的原则并没有唯一的实施标准，因此在根据按劳分配原则实施资本累进税时，我们还应当考虑到财富分配的效率原则，即按劳分配的具体方案与创新和风险的关系。

具体地说，皮凯蒂为了缩小贫富差距提出的资本累进税政策，是建立在 r>g 即资本收益率大于经济增长率这一市场经济运行规律

---

[1] 《马克思恩格斯文集》第 7 卷，人民出版社 2009 年版，第 379 页。
[2] 《马克思恩格斯文集》第 9 卷，人民出版社 2009 年版，第 155 页。

会扩大贫富差距的理论之上的，但这种理论和政策主张却蕴含着一种公平与效率的矛盾。一方面，$r>g$ 会扩大贫富差距，为了缩小贫富差距就必须设法遏制 $r>g$，皮凯蒂的办法是增设资本累进税。但另一方面，r 从理论上说完全有可能因"资本边际收益递减律"而随着资本积累规模的扩大不断下降至小于 g，那么现实中 r 为什么会大于 g 呢？原因就在于人们的创新和技术进步打破了"资本边际收益递减律"，由于风险资本在创新和技术进步中发挥着巨大的作用，而运用风险资本进行创新以谋取资本收益和劳动收益是风险投资的主要驱动力，不加区别地征收资本累进税以遏制 $r>g$，就可能阻碍创新和科技进步，最终影响经济增长。

历史经验表明，科学技术的发展和各种创新是推动经济增长和人类历史进步的根本动力，但这种动力的背后是为了牟利引发的激烈竞争，需要资本的参与或运用资本的劳动。因此，运用风险资本进行创新是一把双刃剑，一方面能够推动经济增长，另一方面却能够加剧贫富分化。这是皮凯蒂的新增资本累进税一方面能够遏制贫富分化，另一方面也会阻碍创新进而阻碍经济增长的根源。

从近现代市场经济社会的发展来看，科技创新不仅是以大工业生产为特征的现代市场社会形成的核心要素之一，而且是克服因竞争而生产过剩发生的经济危机、使市场社会保持经济增长活力的根本要素之一。为了克服生产过剩引发的经济危机，除了设法缩小贫富差距来提高有效需求之外，根本的途径是创新和技术进步，用新产品来取代旧产品，例如用各种高产优质的农产品新品种取代传统的低产劣质的农产品品种，用数码相机取代光学相机，用激光光盘取代录音带，用液晶显示取代显像管，乃至用智能手机将传统的电话机与电脑合二为一，如此等等。为了应对国际竞争、产能过剩和发展经济，发达国家无一不专注于科技创新战略，美国近年来制定了在清洁能源、注重生物技术和纳米技术的先进制造业、空间技术、卫生医疗领域和教育水平等五个方面做出突破性创新的战略计划；英国制定了在信息技术、现代服务业、清洁能源、航空和海洋风电等方面大力创新的战略计划；而德国则提出了旨在建立一个高度灵活的个性化和数字化的产品与服务生产模式、在技术和市场两方面都要继续处于领先地位的《德国工业 4.0 战略》，以区别于用机器替代人工的工业 1.0、大规模零件制造和流水线整机生产的工业 2.0、运用电子和信息化技术的机器人生产的工业 3.0，其战略内容涉及互联网、物联网、供应链、信息安全、智能工厂、云计算等领域。[1]

　　然而，基于牟利和竞争的科技创新也造就了不同于小规模的传统农业生产和商业经营模式的大规模的现代工业生产和商业经营模式，从而使得创新性劳动成为贫富差距扩大的主要原因之一：在竞争中胜出的创新性劳动能够获得巨大财富，而在竞争中失败的创新性劳动则一无所有。传统社会的贫富悬殊是由权力和财产的世袭造成的，小规模经营的农业和商业劳动不可能产生巨大的收入差异，现代社会的贫富悬殊则往往出于科技进步和规模经营导致的巨大劳动收入差异，然后通过财富的继承造成的。如同皮凯蒂所强调的，尽管资本往往会进行有风险的投资，资本也伴随着开拓创新的企业家精神，但是，资本"总是在积累到够大的数额后向租金的形式转化，那是它的使命，也是它的逻辑终点"[2]。

　　传统农业和商业的产出与投入之间有极强的线性关系，例如粮食生产所需要投入的种子、肥料和劳动的边际成本难以随着产量的增加而递减，这就使农业生产难有规模效应，限制了农民创收空间。

---

[1]　参阅：黄海霞、陈劲，《主要发达国家创新战略最新动态研究》，载《科技进步与对策》第 32 卷第 7 期，2015 年 4 月。

[2]　皮凯蒂，《21 世纪资本论》，第 116 页。

但现代制造业的产出和投入之间不完全是线性关系，它们可以通过新技术提高生产效率并减少人工成本占比，还可以利用生产规模优势迫使供应商降低价格，使生产资料和劳动投入的边际成本能够随着产量的增加而递减，形成规模效应，即便每件产品的边际成本降到一定水平后其产出和投入之间依然会趋向于一种线性关系，其收入仍然远高于传统农业。至于腾讯和微软这样的新兴信息产业，其产出和投入之间的关系则完全是非线性的，只要投入一定的创新性劳动开发出一款新产品后，厂商卖一万份还是卖十亿份，总体成本差别很小，因为每一份的边际成本几乎为零，这就造成了其收入和成本投入之间的关系非常弱，赚钱能力空前提高。

皮凯蒂并没有充分认识到科技创新既能够促进经济发展同时也会扩大贫富差距这一矛盾。他尽管也认识到，持久的科技创新是经济发展与平衡私人资本积累的重要因素，并指责马克思忽视了这一点，但另一方面却认为："历史经验表明，财富的这种巨大不平等与企业家精神没有任何关系，也对提高增长毫无益处，……它也和任何'公共福祉'无关。"[1] 正因为如此，他提出的资本累进税方案对财产征税对象的来源不加区别。

如上所说，皮凯蒂将资本或财产分为两个主要部分，一是以房地产为主的不动产，二是体现了生产资料、以股权和债权为主的金融资产；由于贫富悬殊表现为这些资本或资产主要集中在前 10% 尤其是前 1% 的富裕人群之中，新增资本累进税便能够遏制贫富悬殊。问题在于，这些资本或财产既可以来自遗产、房租和国债利息等资本收入，也可以来自含有风险的股权债权利息和知识产权等资本收入，以及企业家的奖金、股票期权等高额工资收入，而后两者其实

---

[1]　参阅：皮凯蒂，《21 世纪资本论》，第 10、591 页。

都源于运用资本的创新性劳动。皮凯蒂的资本税方案对此不加区分，因此在遏制贫富悬殊的同时也完全可能阻碍创新和技术进步。由于资本税的双重作用，为了尽量缓和资本税的不利后果，必须区分资产的来源。

首先，遗产、房租和国债利息等纯资本收益属于不劳而获，产生"腐朽"的"寄生"的食利阶层，食利和不劳而获既不公平也不利效率，对它们征收高额累进税符合公平原则。据皮凯蒂的数据，遗产可能占到整个国民收入的5%—20%；二十世纪初，英、法、德三国每年的新继承遗产相当于国民收入的20%，经过两次世界大战，降到20世纪60年代的5%左右，然后稳步上升到2010年的约15%。[1] 因此，仅累进遗产税就能在很大程度上遏制贫富两极分化。但对遗产税的幅度也要考虑到对创新激励的影响，若征收100%的遗产税，即禁止财富的继承，也会抑制创造财富的动力。

其次，除去遗产之外，剩下的资本税征税对象还包括含有风险的股权债权利息和知识产权等资本收入，以及企业家的奖金、股票期权等高额工资收入，它们也是皮凯蒂所说的资本即房地产和金融资产的主要来源。对遗产等纯资本收益征税，对创新激励没有直接影响，但对债息、红利等金融资产征收重税，不免会妨碍资本的利用，而资本对于现代经济是不可或缺的因素。尤其是，诸如乔布斯和马云等人所展现的创新性人力资本，是经济发展最稀缺和最宝贵的资源，其亿万身家主要来自知识产权和激励性股权，对知识产权和激励性股权征收重税，其实是对创新性劳动所得征收重税，不仅不符合公平原则，而且会沉重打击对经济发展至关重要的创新性劳动，最终影响全社会包括低收入群体的绝对收入的增加。

---

[1]　参阅：皮凯蒂，《21世纪资本论》，图11.12、第438页。

四、结语

《21世纪资本论》一书揭示了重大的现实经济问题，其主要贡献有三：首先，花大力气收集和梳理了资本主义发达国家300年来的财富分配数据；其次，运用经验不等式r>g对这些数据进行了趋势分析：由于经济增长等于工资增长与资本收益增长的加权平均和，r>g意味着劳动收入增长落后于资本收益的增长，由于市场经济中没有自然的力量可以遏制这种趋势，如果没有政府的干预，贫富差距将日益扩大；最后，解决问题的办法是新增资本累进税来对冲r，降低资本收益的份额，提高劳动者的收入比例。根据索洛的看法，这一资本税或财产税也许能将资本回报率与经济增长率之间的差额压缩1.5%，从而遏制贫富差距的扩大。[1]

然而皮凯蒂的论述也存在一些可争议的问题。

其一，皮凯蒂以"资本/收入比"和r>g等概念，对市场经济体制本身的运行必然会产生贫富差距扩大的机制进行了解读，却并没有说明r>g是市场经济运行规律的内在机理。其实这种内在机理早就为马克思的经济危机理论深刻地揭示出来：资本主义私有制所内含的生产无计划或自由竞争，必然会导致生产过剩和企业的优胜劣败，进而导致资本的高度集中和贫富两极分化。马克思没有明确说明的仅仅是，导致优胜劣败的根本原因在于人与人的能力不同以及市场的不确定性。

其二，皮凯蒂论证贫富悬殊不合理的价值观依据是，造成贫富

---

[1] 参阅：索洛，《托马斯·皮凯蒂是对的：关于〈21世纪资本论〉一书你所需要知道的一切》，载《比较》2014年第4期。

悬殊的原因在于不劳而获的资本收益过高，需要用"按劳分配"的伦理原则来加以克服。但是，他对资本收益的界定没有区分基本不涉及劳动的纯资本收益与涉及劳动的资本收益。如果劳动意味着时间和能力的运用，那么资本收益至少可以区分为：1. 遗产、房租和国债利息等纯资本收入，2. 含有劳动的知识产权与股权债权利息等风险资本收入，以及 3. 被他纳入劳动收入而又不认为真正属于劳动收入的企业家奖金、股票期权等高额工资收入。后两者不仅与资本有关，而且与劳动能力有关，包括资本运作能力、管理能力、创新能力、承担风险的能力等等。"按劳分配"应当考虑到，由于个人能力的不同，不同的劳动具有不同的价值，同等劳动时间的所得就会有很大差异，这就会导致明显的财富收入差别；即便这种收入差别也会造成贫富悬殊，但社会精英的贡献对整个社会的财富创造的确起着很大作用，不仅也会惠及弱者，而且不至于引起大的嫉妒心而导致社会不稳；至于如何确定其边际收益或贡献，除了市场定价之外似乎并无更好的方法。

其三，就"按劳分配"与创新的关系来说，皮凯蒂没有充分认识到科技创新性劳动既能够促进经济发展也能够扩大贫富差距的双重效应，导致他的资本累进税建议不仅没有区分财产征税对象中来源于不劳而获的部分与来源于含有劳动的风险资本收入，也没有看到这种区分对创新激励的影响，因此虽然能够遏制贫富分化，却也会阻碍创新乃至经济发展。合理的资本累进税应当充分考虑公平与效率的平衡，遗产、房租和国债利息等纯资本收入既不公平，也不利于财富创造，应当利用累进遗产税和所得税加以抑制，但对于含有劳动的风险资本收入特别是知识产权和激励性股权征收重税，就需要考虑高额累进税税率对创新积极性的影响，因为任何市场创新都不仅需要能力，而且必然要冒一定的风险，劳动收入的差异除了受能力影响之外，还受到市场不确定性的影响，过分的累进税税率会打击市场创新的积极性。

最后，皮凯蒂理论的主要分析对象是法制比较完善的西方发达国家，没有涉及权力腐败、违法乱纪和经济垄断等不法行为对于贫富悬殊的影响。而造成一些国家贫富悬殊的原因要比皮凯蒂的分析复杂得多。因此，皮凯蒂的理论对分析这些国家的贫富悬殊问题作用有限。

就中国而言，中国自改革开放走上社会主义市场经济道路以来，市场经济内在的竞争和优胜劣败因素所产生的资本集中和两极分化趋势的确是造成贫富差距的原因之一，就此而言，皮凯蒂基于市场经济财富分配状况的分析提出的资本税"二次分配"方案，对我们克服贫富悬殊问题无疑具有启示和参考价值。然而，中国的改革蕴含着社会转型，在社会转型时期，法治的不健全所产生的权力腐败、违法乱纪和经济垄断等不法行为可能是贫富差距形成更为重要的原因，就此而言，皮凯蒂的分析和对策便毫无启示作用。因此，在分析和克服中国的贫富差距问题时，除了关注政府税收和转移支付等"二次分配"领域之外，更重要的恐怕是关注市场经济运行产生的"初次分配"领域，即通过法治形成公平竞争，从根本上遏制各种不法行为，消除既不靠办企业、也不靠真正意义上的"资本运作"、更不靠科学技术的"农村圈地运动的腐败""国企改制中的腐败""城市拆迁运动中的腐败""金融领域中的腐败"等各种利用政治权力谋取经济利益的腐败行为，消除不是凭借技术、管理和创新，而是依靠行政权力，包括行政许可权、行业准入权、资源占有权、价格制定权、行政执法权等，对生产、市场和经营管理等进行高度控制，凭借对政策、资源、审批等的高度垄断谋取高额利润的不正当竞争行为，如此等等。当然，并非可以忽视的还有，一定要设法遏制房地产投机和金融投机产生的巨大贫富差距。[1]

---

[1] 参阅：徐大建，《社会主义市场经济的财富分配原则》，载《伦理学研究》2013年第3期。

6 创新的伦理前提 [1]

　　关于创新和伦理的关系，目前国内外很多文献都是从科技创新会对人类社会产生一些不利的影响这个角度来讨论的：例如，在生物基因和人工智能等研究领域，是否应当禁止从长远来看有可能威胁人类生存的研究。这样的讨论视角可能是因为，很多发达国家的创新已达到了很高程度，创新已经不成问题，所以要考虑创新的不利影响。但从中国目前的情况来看，创新不是很多，而是远远不够。中国自从明清尤其是踏入近现代以来，真正影响世界的创新几乎没有。所以，本文要从另一个角度来讨论创新与伦理的关系问题：对中国来说，第一，创新非常非常重要。第二，中国在创新方面可能还缺乏一些伦理条件。

　　创新对于中国的极大重要性表现为两点：一是中国本身已经迫在眉睫的可持续发展问题；二是中国已不得不需要处理的相对激烈的国际竞争问题。

───────────
　　[1]　原载陆晓禾编，《道德与创新》，上海社会科学出版社 2020 年版。

从中国的可持续发展来说，一方面自然资源和劳动力已面临枯竭的风险，希望寻找新的资源，试图通过知识和科技的创新来解决问题；另一方面各种传统产业的产能却大量过剩，需要新的产业和产品来摆脱过剩危机。其关键，便是科技创新和制度创新。中国目前亟待解决的这种经济结构转型问题，是改革开放从计划经济向市场经济转型的必然后果。市场经济虽然调动了广大人民的生产积极性，使中国经济取得了前所未有的发展，但其本身也必然会经历周期性的生产过剩危机。如何摆脱生产过剩，可以进行政府干预，采取各种宏观调控政策，但要让经济不仅摆脱生产过剩的困境，而且还上一个新台阶，就必须要靠创新了。

正因为如此，所以我们现在要发展各种新兴产业，例如动漫、游戏、电影、影像等文化产业，软件、生物制药、人工智能、高端装备制造等高科技产业；开发各种新产品，例如环保节能、新能源、新材料等新产品。然而很明显，无论是发展各种新产业还是开发各种新产品，都离不开创新。

与此同时，中国的经济发展还面临激烈的国际竞争。为了在竞争中立于不败之地，创新同样必不可少，因为创新对于一个国家的实力具有根本作用。美国之所以强大，当然是由于它具有世界第一的经济、科技和军事实力，但最根本的原因，主要还在于它具有极其强大的创新能力。面对国际上的激烈竞争，中国如果不提高创新能力，是难以与美国竞争的。

虽然中国目前已认识到了创新的重要性，从中央到地方，从学校到企业都非常重视创新，但仅仅重视是不够的，因为我们的重视方式存在问题。

一方面，国家和各单位都比较重视科技和知识创新，表现为多给钱，加大资金投入。例如学校和企业普遍实行的经济刺激手段，各种各样的纵向和横向科研项目,从学校到企业、从省部到国家数不清的各种科技进步奖和发明奖。因此,国家和企业近年来的科研投入是非常大的。可是效果却并不理想,表现为投入与产出不成比例。大量钱投进去后,产出的东西尽管确实有一点成果,但是除了少数外,大部分是复制性的而不是创新性的,有一些虽然表面上看起来确实有点理论创新,但却不能解决实际问题;不管是社会科学还是自然科学,都有这个问题。

另一方面,我们在大量投钱的同时却比较忽视制度的创新,包括评价制度和知识产权保护制度的创新。评价制度有问题,资金就不会真正用在合理的地方,产出的成果往往都是复制性的,或者不能解决实际问题。知识产权保护制度不完善,不仅是产生复制性成果的原因之一,还会伤害有真正创新成果的人,使他们丧失创新积极性。所以,只投钱而没有相应的制度创新配合,是无法促进创新的。而我们之所以只知道投钱却不重视制度创新,原因之一恐怕是因为我们并没有真正明白创新的本质及其伦理前提。

在本文看来,要有真正的创新能力,首先应该明白创新的本质:第一是要突破原来的理论或技术,没有这种突破,就谈不上创新;第二是一定要解决实际问题,不能解决实际问题的理论和技术都是无效的。这似乎是老生常谈但确是最关键的要点。从这两个关键要点出发,我们可以得出一些必要的伦理前提。这些伦理前提在创新能力强的国家已经解决了,它们不会再去谈论这个问题,但在创新能力较差的地方,确实是存在问题的。

首先,创新一定要突破原有的理论和技术,但是要有这种突破,就一定要破除对权威的迷信,破除绝对真理观,解放思想,摆脱思想上的束缚,这一点非常重要。只要头脑里存在绝对真理观,认为权威不可怀疑,那么头脑就会僵化,从根本上丧失创新的活力和可能。为了破除绝对真理观，摆脱思想上的束缚，我们应当在思想和言论方面保持宽松的氛围，坚持法治下的思想言论自由，否则创新就是一句空话，投再多的钱下去也没用。在我国，这一点始终不是做得太好，原因非常复杂，除了传统权威主义比较盛行外，我们能切身感受到的中国教育体制就明显存在问题。著名科学家钱学森临死之前也提过，为什么中国培养不出真正有创新能力的大学问家、科学家？这个问题就涉及教育。

现行的中国教育，实际上从中小学到大学，其根本宗旨还是对绝对真理的追求。这种绝对真理如果还存在于老师头脑中，那么在很大程度上只能培养出思想僵化的学生。这一点最明显的表现就是我们的中小学教育，教学基本上就是背诵和理解一些绝对真理，反复做题，按标准答案答题和评分。其结果就会形成一种思想束缚，使培养出来的学生基础不错但缺乏创新能力。我们平时接触到的很多大学生，虽然很聪明，但却会发现，他们的思想实际上已经僵化。创新必须破除绝对真理观和解放思想，这虽然在发达国家已是一个常识，但在我们这里是否真正意识到了这一点，值得怀疑。

其次，创新是为了解决实际问题也必须能够解决实际问题，它不是做一些表面文章。要做到这一点，必须有解决问题的导向和求真务实的态度，有真正解决问题的兴趣和志向，以此作为自己的生活和工作意义。创新的理论和技术要能够指导实践，解决实践问题，关键的一点是树立问题导向的创新观而不是理论导向的创新观。理论本来是人们创造出来去解决现实问题的，无论这些现实问题属于理论还是属于实践。可是理论一旦被迷信为反映了客观规律的绝对真理，那就不仅会成为思想的枷锁，还会异化为生活的终极追求，仿佛理论的目的不是为了解决问题而是为了发现永恒不变的真理。如果抱着这样的目的去进行理论创新，那么理论创新往往就会脱离现实，丧失求真务实的态度，就会从理论到理论，创新出来的理论和技术也会脱离实际，不能解决现实问题。

　　然而，我国目前大量的所谓创新成果，不管自然科学还是社会科学，往往脱离实际。就自然科学成果而言，往往是一些实验室里的成果，并不能真正用于实际，转化为商品生产，甚至包括一些弄虚作假的东西。就社会科学成果来说，情况也好不了多少，有些东西甚至不知道究竟想说什么、在说什么。原因何在？大家从自己的切身经验中就会找到，那就是跟我们现在急功近利的体制有关。很多人做科研，并不是为了解决实际问题，相反，或者是为了理论而做理论，与前面所说的追求绝对真理有关，或者纯粹就是为了评奖、评职称，为了个人的一些物质利益。这已经完全脱离了解决问题的求真务实态度。

　　最后，中国由于原来搞计划经济，进入市场经济比较晚，所以目前整个知识产权法律制度不是很完善。我们应当明白，虽然知识产权与市场经济紧密相关，但若不努力建设，它不仅不会自发产生，还会危害市场经济和企业创新。我们还应当明白，市场经济的创新主体是企业，脱离了企业，无论是学校还是科研机构的创新，都会变成纸上谈兵。

　　从企业角度来看，中国的企业虽然由于基础薄弱的原因创新能力不强，但并不是没有，有些企业如华为与阿里巴巴，其创新能力还很强。但是不得不承认，现在有很多企业不愿意创新，原因就在于缺乏知识产权保护。因为企业创新要投入很多钱，并且还不一定成功，然而新成果出来以后，却往往很快被他人复制了，连创新成本都收不回来。所以很多中国企业都宁愿不创新，宁愿去复制。没有完善的知识产权保护制度，人们便不愿意去创新，创新也就成了空谈。近现代世界经济与社会的发展表明，凡是知识进步与经济繁荣的国家，无一不是知识产权制度健全与完善的国家。从目前世界上占有优势的英美文化来看，近代英国是专利法与著作权法的发源地，没有这些知识产权保护，就不会出现英国工业革命时期雨后春笋般爆发的新技术。美国则主要在两次世界大战后，特别是 20 世纪80 年代以来在知识产权保护方面颁布了多种法案，这对美国得以拥有强大的创新能力功不可没。

总之，从创新的本质特征，即突破原有的理论或技术并产生能够解决实际问题的新理论或技术出发，能够得出创新所必不可少的三个伦理前提：基于破除绝对真理观的科学怀疑精神；解决实际问题的求真务实态度；不抄袭复制他人的创造发明。而为了培养人的这些伦理品质，不在确保宽松的言论环境、评价和知识产权保护等方面做出切实有效的制度创新，创新也只能成为空话套话。

图书在版编目(CIP)数据

哲学方法与经济伦理：理性的有限与公平的相对 /
徐大建著. -- 上海：上海人民出版社，2025. -- ISBN
978-7-208-19455-7

Ⅰ. B5-53；B82-053

中国国家版本馆 CIP 数据核字第 2025J3B685 号

责任编辑　王笑潇
封面设计　胡斌工作室

哲学方法与经济伦理

——理性的有限与公平的相对

徐大建　著

出　　版	上海人民出版社	
	（201101　上海市闵行区号景路 159 弄 C 座）	
发　　行	上海人民出版社发行中心	
印　　刷	上海商务联西印刷有限公司	
开　　本	635×965　1/16	
印　　张	21.5	
插　　页	4	
字　　数	255,000	
版　　次	2025 年 5 月第 1 版	
印　　次	2025 年 5 月第 1 次印刷	

ISBN 978-7-208-19455-7/B·1826

定　　价　88.00 元